CFO
Chief Financial Officer

のための
バリュエーションと
企業価値創造

井上貴裕　矢崎芽生
藤森裕司　本合暁詩

【共著】

税務経理協会

はじめに

　2003年末あたりから転換社債型新株予約権付社債の発行が相次いで行われています。ソニー，ソフトバンク，ＪＡＬなど多くの企業が発行に踏み切っています。このことは，バブル崩壊後の失われた10年を既に経過し，景気回復に明るい兆しが見えはじめたことを意味していると捉えることができるかもしれません。将来の株価上昇にマーケットが期待を寄せている局面を迎えているといえるでしょう。

　しかし，日本経済の状況は，かつてのような元気を取り戻したとはいい難いように思われます。右肩上がりの経済成長を遂げた時代は既に過去のことであり，不連続で不確実な時代である今だからこそ，未来への処方箋が必要なはずです。それは，政府の構造改革プランだけに任せておくことはできそうにありません。明るい未来は待っていてもやって来ないはずです。自らが積極的に行動し，前向きな努力を積み重ねることが活力ある日本経済の復活に貢献するのです。そのためには，ＣＦＯが価値創造の意味を知り，行動を起こすことが大切だといえるでしょう。

　この書籍は，日本企業の価値創造に貢献したいという思いから4名が集い，議論を重ね完成したものです。第1部では，"ＣＦＯの役割"についてファイナンス理論を中心に全般的に幅広い解説をしております。一言にＣＦＯの役割をまとめることは極めて難しいことですが，ここでは資金の調達，運用，リターンの還元，リスクヘッジの各意思決定でいかにして企業価値を高めるかについて書かれています。第2部では，"企業価値評価の実務"について，アナリストの立場から解説をしています。ＣＦＯは，あらゆる意思決定においてマーケットを意識しなければいけません。そのマーケットの代表選手としてのアナリストが，単なる個別の評価指標の解説だけではなく，より普遍的な評価方法について言及しています。第3部では，企業価値創造に最も適しているＥＶＡ

について解説しております。単なるＥＶＡという評価指標の解説ではなく，企業経営の中にＥＶＡをどのように融合させ，価値創造に役立てるかの具体的な実務についてふれています。

　本書は，"ＣＦＯのための……"という題名ですが，ＣＦＯもしくはＣＦＯを目指す方だけが対象になるわけではありません。企業経営にかかわるＣＥＯ，ＣＦＯ又はその予備軍をはじめとし，金融機関や財務部で働く方，さらに証券アナリストや公認会計士のような資格試験受験生にもぜひ読んでいただきたいと思っています。近年，財務スキルや金融スキルは全てのビジネス・パーソンが持つべき技能であるといわれています。私も多くの金融機関や事業会社で営業社員の方を対象に本書の内容を含む研修を実施しております。その意味では，全てのビジネス・パーソンが本書を手にとっていただければと思っています。

　最後に，本書を出版するにあたって税務経理協会の砂田由紀さんに大変お世話になり，書籍の企画の段階から校正に至るまで熱心に面倒をみていただきました。この場を借りてお礼をいわせていただきたいと思います。

2004年7月

著者を代表して
井上　貴裕

目 次

はじめに

第1部　CFOの役割

1. CFOとは何か ……………………………………………………… 2
2. 企 業 価 値 ………………………………………………………… 5
3. CFOの役割 ……………………………………………………… 7
   - 3.1　資 金 調 達 ………………………………………………… 8
     - 1.1　デット・ファイナンス ……………………………………… 8
     - 1.1a　借　　入 ………………………………………………… 8
     - 1.1b　コマーシャル・ペーパー ………………………………… 9
     - 1.1c　社　　債 ………………………………………………… 9
       - 1c.1　社債発行のメリット …………………………………10
       - 1c.2　社債発行のデメリット ………………………………11
     - 1.1d　リ　ー　ス ………………………………………………14
       - 1d.1　リース取引とは …………………………………………14
       - 1d.2　オフバランスでの資金調達 …………………………14
     - 1.2　エクイティー・ファイナンス ………………………………17
     - 1.2a　普通株式の発行 …………………………………………17
     - 1.2b　優先株式の発行 …………………………………………17
     - 1.2c　劣後株式 …………………………………………………19
     - 1.2d　転換社債型新株予約権付社債(Convertible Bond) …………19
   - 1.3　資本コスト …………………………………………………20

1.3 a　負債のコスト ……………………………………………………20
1.3 b　株主資本コスト ……………………………………………………21
　3 b.1　ポートフォリオ理論とＣＡＰＭ ……………………………21
　　1.1　ポートフォリオ理論 ……………………………………21
　　　1.1. a　リスクの意義 ……………………………………21
　　　1.1. b　最適ポートフォリオ ……………………………25
　　1.2　システマティック・リスクと
　　　　　　アンシステマティック・リスク ……………………45
　　1.3　資本資産評価モデル（Capital Asset Pricing
　　　　　　Model：ＣＡＰＭ）……………………………………46
　　1.4　ＣＡＰＭの問題点 ……………………………………49
　3 b.2　配当割引モデル ……………………………………………51
　　2.1　配当割引モデルの基本式 ……………………………51
　　2.2　安定配当の場合 ………………………………………51
　　2.3　定率成長配当割引モデル ……………………………52
　　2.4　サステイナブル成長率 ………………………………54
1.3 c　加重平均資本コスト ………………………………………………55
1.4　最適資本構成 …………………………………………………………56
1.4 a　MMの見解 …………………………………………………………56
　4 a.1　MMの第１命題 ……………………………………………57
　4 a.2　MMの第２命題 ……………………………………………58
　4 a.3　修正されたMM命題 ………………………………………59
　4 a.4　MM理論の問題点 …………………………………………59
1.4 b　トレード・オフ理論 ………………………………………………60
3.2　資金の運用 ……………………………………………………………63
2.1　事業投資の方法 ………………………………………………………63
　2.1 a　平均投資収益率 …………………………………………………63

2.1b　回収期間法 …………………………………………………64
2.1c　ＮＰＶ …………………………………………………………64
2.1d　ＩＲＲ …………………………………………………………65
2.2　金融資産での運用 ………………………………………………68
2.2a　トレーディング目的の有価証券 …………………………68
2.2b　持合株式 ………………………………………………………69

3.3　配当政策と自己株式の取得 …………………………………71
3.1　配　当　政　策 ……………………………………………………71
3.1a　ＭＭ理論 ………………………………………………………71
3.1b　バード・イン・ザ・ハンド仮説 …………………………73
3.1c　税制の影響 ……………………………………………………73
3.1d　発行費用，取引費用などの影響 …………………………74
3.1e　配当の顧客効果 ………………………………………………74
3.1f　配当のアナウンスメント効果 ………………………………75
3.1g　エージェンシーコスト理論 …………………………………75
3.2　配当と自己株式取得 ……………………………………………77
3.3　自己株式を取得する理由 ………………………………………78
3.3a　一度限りの余剰資金の分配手段となる ……………………78
3.3b　ＥＰＳの上昇効果 ……………………………………………78
3.3c　ＲＯＥの上昇効果 ……………………………………………79
3.3d　最適資本構成の達成手段 ……………………………………79
3.3e　アナウンスメント効果 ………………………………………79
3.4　自己株式取得と株価 ……………………………………………79

3.4　企業活動とリスク ………………………………………………80
4.1　原材料調達リスク ………………………………………………81
4.2　時価会計リスク …………………………………………………81
4.2a　有価証券保有リスク …………………………………………81

  4.2b 退職給付のリスク ……………………………………82
  4.2c 土地保有のリスク ……………………………………83
 4.3 為替リスク ………………………………………………85
 4.4 信用リスク ………………………………………………85
3.5 リスクヘッジの方法 …………………………………………90
 5.1 リスクヘッジの実態 ……………………………………90
  5.1a 通貨スワップ …………………………………………90
  5.1b 金利スワップ …………………………………………91
 5.2 リスクヘッジの会計処理 ………………………………92

4. 企業の財務目標の変遷 …………………………………………94
 4.1 損益計算書重視 …………………………………………95
 4.2 貸借対照表重視 …………………………………………97
  2.1 ＲＯＡ ………………………………………………97
  2.2 ＲＯＥ ………………………………………………98
   2.2a ROEの意義 ………………………………………98
   2.2b 財務レバレッジ …………………………………98
 4.3 キャッシュフロー計算書重視 ………………………102
  3.1 キャッシュフロー ………………………………102
  3.2 資本コスト …………………………………………103
 4.4 フリー・キャッシュフロー ……………………………106
  4.1 株主持分へのフリー・キャッシュフロー ………106
  4.2 企業全体へのフリー・キャッシュフロー ………106
   4.2a 企業価値の算定 …………………………………107
   4.2b 株価の算定 ………………………………………108
   4.2c ターミナル・バリュー …………………………108
 4.5 EVA重視 ………………………………………………109
  5.1 EVAの計算 ………………………………………109

5.1a　ＮＯＰＡＴ······110
　5.1b　資本費用······110
　5.2　調　整······111
　5.2a　広告宣伝費及び研究開発費······111
　5.2b　非経常項目······112
　5.2c　暖　簾······112
　5.2d　調整項目選定の留意点······113
　　2d.1　経済的現実(経済的実態)······113
　　2d.2　重　要　性······113
　　2d.3　理解可能性······114
　5.3　株主重視の経営······114
　5.3a　ＭＶＡ······114
　5.3b　ＥＶＡとＭＶＡ······114
　5.3c　ＥＶＡの優位性······115

第2部　株式市場から見た企業価値評価

1. 企業価値とは何か······120
2. アナリストによる損益計算書の見方······123
3. ＤＣＦ法の利用及び問題点······125
4. ＤＣＦ法の問題点を踏まえた実務上の対応······127
　4.1　ＤＣＦ法をより利用しやすいように簡素化するアプローチ······127
　　1.1　ゼロ％利益成長モデル(松下，ソニー)······127
　　1.2　ゼロ％利益成長モデルの定義······129
　　1.3　ゼロ％利益成長モデルによる他社比較······130
　　1.4　ゼロ％利益成長モデル(シャープ)······132
　4.2　伝統的バリュエーションを工夫するアプローチ······133

  2.1 配当利回り(Dividend yield) ································· 134
  2.2 株価収益率(Price Earnings Ratio：ＰＥＲ) ·················· 135
  2.3 株価純資産倍率(Price Book Value Ratio：ＰＢＲ) ········· 136
  2.4 株価キャッシュフロー倍率 ····································· 137
  2.5 ＥＶ／ＥＢＩＴＤＡ倍率 ·· 137
 4.3 事例によるバリュエーションの決定要素 ························· 139
  3.1 事例研究１：花王のケース ····································· 139
  3.2 事例研究２：Ａ社 ··· 142
  3.3 事例研究３：Ｂ社 ··· 143
5. アナリストから見たＥＶＡ ··· 146
 5.1 経営管理のツールとしてのＥＶＡ ································ 146
 5.2 ＤＣＦ法からＥＶＡへ ··· 147
 5.3 ＤＣＦ法とＥＶＡによる価値評価の等価性 ······················ 148
 5.4 ＥＶＡの利用法（バリュードライバー分析） ···················· 150
 5.5 ＥＶＡの利用法（ＭＶＡを用いた評価） ························ 153

第３部　ＥＶＡによる価値創造経営

1. 経営におけるＥＶＡの役割 ··· 156
 1.1 共通言語としてのＥＶＡ ·· 156
 1.2 ４Ｍ（Measure, Management Process, Motivation,
    Mindset）の重要性 ·· 159
 1.3 ＥＶＡとコーポレート・ガバナンス ····························· 160
 1.4 市場の期待と経営戦略の融合 ··································· 163
2. 業績測定：Measure ·· 167
 2.1 適切な業績評価指標とは ·· 167
 2.2 制度会計の数値は業績評価指標として不適切 ··················· 168

2.3　ビジネスモデルによってEVAの計算は異なる………………172
　2.4　指標の目的は測ることではなく使っていくこと………………173
　　4.1　投下資本の計算は資産サイドから………………………………174
　　4.2　資本コストはある程度一定に……………………………………175
　　4.3　資本コストはわかりやすく………………………………………176
　　4.4　調整項目に凝りすぎない…………………………………………176
　2.5　銀行EVA……………………………………………………………177
　2.6　バランス・スコアカード（BSC）との関連……………………181
3.　意思決定：Management Process ………………………………184
　3.1　改善の重要性…………………………………………………………184
　3.2　EVAを改善する4つの方法………………………………………187
　3.3　価値創造への事業計画策定…………………………………………193
　3.4　EVAに基づく投資決定……………………………………………202
　　4.1　新規投資による価値創造…………………………………………205
　　4.2　資産効率改善(＝売却)による価値創造…………………………205
　3.5　EVAドライバー……………………………………………………211
　　5.1　EVAドライバーとトレードオフ………………………………213
　　5.2　意思決定演習………………………………………………………216
　　5.3　将来価値ドライバー………………………………………………221
4.　報酬制度：Motivation ……………………………………………223
　4.1　投資家との利害の一致を図る仕組み………………………………223
　4.2　EVA報酬制度の基本構造…………………………………………225
　4.3　EVA報酬制度の検討事項と導入例………………………………232
　4.4　長期インセンティブ，他報酬ツールとの関連……………………237
　4.5　ストック・オプションとの併用……………………………………239
5.　意識改革：Mindset …………………………………………………242
　5.1　啓蒙活動の重要性……………………………………………………242

5.2　ＩＲ：投資家とのコミュニケーション…………………………………245
6.　実践ＥＶＡ：花王のケース …………………………………………249

参 考 文 献 …………………………………………………………………263
索　　　引 …………………………………………………………………265

第1部　CFOの役割

The part of CFO

1. CFOとは何か

Chief Financial Officer

近年，企業活動においてCFOの役割の重要性が極めて高くなってきている。CFOは，Chief Financial Officer の訳語であり日本企業では財務部長又は財務担当取締役などがこの役割を果たすものと考えられる。では，このCFOは，何をしているのだろうか。換言すれば，財務部ではどのような業務が行われているのだろうか。

一般的なイメージでは，財務部で行っている業務というと，日々の取引の記帳や金銭出納の管理だと思われている方が多い。これらはいわゆる経理に関する業務である。確かに経理業務の重要性を否定することはできない。日々の記帳をし，決算書を作成し，税務調査に対応していかなければ企業は存続することはできないし，適切な財務的意思決定を行うための資料さえ揃わないことになってしまう。しかし，ここでいう財務部は，日々の記帳や金銭の管理のみならず，更に広範な活動を行っている。CFOの役割は，多岐に渡り，企業の命運を左右するほど重要性が高いものである。

CFOの役割は一言でいってしまえば，企業価値を最大化することである。企業価値を最大化するために，企業活動における意思決定を財務的な側面から支援している。つまり，CEO（Chief Executive Officer）の補佐役として戦略的経営を財務的側面から支えているのである。あらゆる意思決定はお金と切り離すことができない。特に今日のように不連続な環境下では，何でも思いつきや過去の経験に基づいて意思決定をしているだけでは不十分である。財務的な側面から慎重な判断に基づく意思決定を行い，それを大胆に実行していくことが必要なのである。不採算事業の廃止やリストラクチャリングなど企業の将来を占う意思決定は全て財務的な側面から綿密な検討をしな

ければならない。企業が長期的に存続し，成長していくためには，ＣＦＯが大きな力を発揮することになる。ＣＦＯの力なくして，企業の存続・成長はありえない。それだけＣＦＯは重要なポジションにある。

　では，財務的意思決定は企業活動のどの場面で登場するのだろうか。ここでは，企業活動を大まかに，資金の調達・資金の運用・リターンの配分に分けることにする。

　企業活動の出発点は資金の調達である。企業活動を行うためには資金がなければ始まらない。オフィスを構えることも，原材料を仕入れることも，従業員に給料を支払うことも全てお金がなければできない。ＣＦＯは，資金調達の方法として大きく分けると負債による資金調達と株式による資金調達，更に流動化・証券化などのアセット・ファイナンスというの３つの選択肢を保有している（アセット・ファイナンスについては本書では取り扱わない）。メインバンクから借りる場合もあるだろうし，新株を発行して株式市場から資金調達することもあるだろうし，保有する資産を証券化して資金調達することもできるはずである。いずれにしろ，低コストで資金調達することがＣＦＯにとって重要な役割となる。

　次に，集めた資金を運用しなければならない。せっかくコストをかけて集めた資金が効率的に使われていないようだったら企業価値は低下してしまうだろう。そこで何らかの形で運用することを考えなければいけない。運用の方法も様々である。金融資産で運用することもできるし，事業投資を行うことも，更にＭ＆Ａを行うこともできる。いずれにしろ集めた資金のコスト以上のリターンを生む財務的意思決定を行わなければならない。企業価値を高めるための財務的意思決定がＣＦＯにとっては重要である。

　更に，運用からリターンが生じた場合には，リターンの使途も考えなければならない。儲かった部分は，企業に内部留保しておくこともできる。一般的な解釈からすると内部留保が潤沢な企業ほど優良企業だといえるかもしれない。しかし，内部留保した資金は，企業の所有者である株主のものである

ことを忘れてはいけない。配当や自己株式の取得を通じて株主に資金を還元する必要がある。ここでも，ＣＦＯは重要な役割を果たす。つまり，企業価値を最大化するためには，リターンをどのように配分すべきかという財務的な意思決定に迫られるのである。

2. 企業価値

> Chief Financial Officer

　CFOの役割は，企業価値を高めることである。企業価値を高めるためにあらゆる手立てを取らなければならない。CFOが直面する財務的意思決定は，全て企業価値との関連で考えなければならない。企業価値は，企業に帰属する負債（有利子負債）と株主資本の価値を合計したものをいう。つまり，貸借対照表の負債の部と資本の部を時価で評価した合計額のことをいう。これらの算定の仕方についてファイナンス理論では割引現在価値という手法を用いている。具体的な手法は，後述するが，将来生じるキャッシュフローを現在の価値に割り引いた合計金額が企業価値になるのである。この割引現在価値の考え方によると，10年後に生じるキャッシュよりも，今すぐ入ってくるキャッシュの方が価値が高いことになる。たとえ同じ金額のキャッシュが入ってくるとしても，タイミングが異なればその価値は大きく異なることになる。また，キャッシュフローを現在価値に変換する割引率についても，リスクの度合いによって異なることになる。リスクが高いということは，割引率が高くなり企業価値は小さくなる。逆に，リスクが低くなれば，割引率が低くなり企業価値は大きくなることになる。つまり，ローリスク・ローリターン，またはハイリスク・ハイリターンが成立しているということである。

　結局，企業価値を高めるためにCFOがなしうることは，2つである。まず1つは，将来のフリー・キャッシュフローを増額させることである。企業価値を算定する式の分子を増加させることにより企業価値が上昇する。もう1つが，分母の割引率を低下させることである。割引率としては，資本コストが使われる。資本コストは，投資家が要求する収益率のことを意味するので，企業のリスクが高いとみなされるときに高くなる。

■ 図表2-1　企業価値

$$V = \frac{C_1}{1+r} + \frac{C_2}{(1+r)^2} + \cdots + \frac{C_n}{(1+r)^n}$$

キャッシュフロー
企業価値
資本コスト

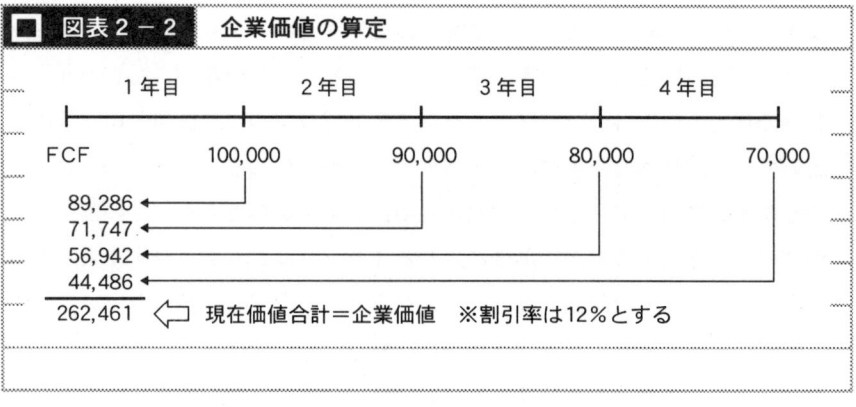

■ 図表2-2　企業価値の算定

	1年目	2年目	3年目	4年目
FCF	100,000	90,000	80,000	70,000

89,286 ←
71,747 ←
56,942 ←
44,486 ←
262,461　⇦　現在価値合計＝企業価値　※割引率は12％とする

3. CFOの役割

Chief Financial Officer

　CFOの役割は，企業価値を高めることである。企業価値を高めるために，日夜行動する必要がある。ここでは，CFOの業務をまず整理し，いかにしたら企業価値が上昇するかについて考えていくことにする。

　CFOの業務は様々であり，また企業によっても異なるのが現実であるが，ここでは代表的な4つを取り上げることにする。

　まず1つ目が，資金の調達である。企業活動を円滑に遂行していくためには，キャッシュの存在が不可欠である。このキャッシュを調達する際には，より低いコストで資金調達することがまず何よりも重要である。資本コストを下げることにより企業価値が増えるからである。更に，日常的な支払や投資額を賄えるだけの量を調達し，投資の期間ともうまくマッチングさせないといけない。つまり，量と期間に配慮しなければならない。大量の資金を長期間調達することは，将来のキャッシュフローを減額させることになり企業価値を低下させる要因となる。

　2つ目に，資金の運用である。コストをかけて調達した資金の多くは，何らかの形でリターンを生み出す案件に投資されることになる。ここでは，より多くのキャッシュを生み出す投資を行う必要がある。キャッシュフローが増加することにより企業価値も上昇することになる。

　3つ目に，投資から生じたリターンの配分である。投資の結果として生じたキャッシュフローは，内部留保して再投資するということも可能であるし，配当や自己株式の取得を通じて株主に分配することもできる。つまり，株主に資金を分配した方が企業価値が高まるかどうかが問題となる。

　最後に，リスク・マネジメントである。企業はあらゆるリスクに直面して

いる。そのリスクを認識し，管理していくことがＣＦＯにとっては非常に重要な役割であるといえる。リスクヘッジができれば，資本コストを低下させることができ，企業価値が増加することになる。

3.1 資金調達

　企業の資金調達方法は多岐に渡るが，大きく分けると負債による資金調達と株式による資金調達がある。前者をデット・ファイナンス(Debt Finance)といい，後者をエクイティー・ファイナンス（Equity Finance）という。デット・ファイナンスをした場合には，貸借対照表の負債の部が増加することになる。つまり，企業は借金を背負ったことになる。それに対して，エクイティー・ファイナンスを行った場合には，貸借対照表の資本の部が増加する（将来の増加も含む）ことになる。両者は資金調達という意味では同じだが，前者は借金をしたことになり，後者は返済義務を伴わないということに大きな違いがある。更に近年は，アセット・ファイナンス（Asset Finance）という手法も生み出されている。保有している資産を証券化・流動化するなどによって新たな資金を調達するのである。これらは，資産のオフバランス化と密接な関係があり，バランスシートの効率化につながる。

1.1　デット・ファイナンス

1.1a　借　　入

　デット・ファイナンスでまずあげられるのが借り入れであろう。我が国ではメインバンク制の影響などもあり，比較的多額の借り入れが行われている。借り入れといっても，手形による借り入れ，証書借り入れ，当座借越など様々な源泉がある。更に，賞与資金や納税資金を短期的に借り入れることもあれば，工場を建設するための資金を長期的に借り入れることもある。一般

的に，短期の借り入れは貸借対照表の流動負債に計上され，長期の借り入れは貸借対照表の固定負債に計上される。

1.1b　コマーシャル・ペーパー

コマーシャル・ペーパーは，企業が発行する無記名無担保の円建ての約束手形である。約束手形であるが証券取引法上は有価証券として扱われる。コマーシャル・ペーパーは，無担保であるので，資金調達ができるかどうかは発行企業の信用度によって異なってくる。格付けが高い企業であれば低金利での資金調達を行うことができるし，格付けが低い企業の場合には高い金利を支払ったとしても投資家が集まるかどうかわからない（ただし，コマーシャル・ペーパーは割引方式であるので実際に金利を支払うわけではない）。

コマーシャル・ペーパーは，短期の資金調達であり通常3～6ヶ月程度で発行されることが多い。優良企業であれば低利で発行できるメリットがあるが，設備投資などの長期的な資金としての性格は持っていないことに注意しなければならない。このコマーシャル・ペーパーを発行した場合には，貸借対照表の流動負債が増加することになる。

1.1c　社　　　債

企業が長期的な資金調達を行うために債券を発行するのが社債である。社債も証券取引法上の有価証券であるが，コマーシャル・ペーパーとは異なり約束手形ではない。社債は，一般的には1年以上の長期での資金調達のために発行するものであるので貸借対照表の固定負債に計上される。

社債は，企業の立場からすれば銀行ではなく市場の投資家から直接借り入れを行ったことになる。お金を借りたので当然，元本を返さなければならないが，それに加えて利息も支払うことになる。ただし，利息の支払い方は，毎期利息を支払う場合（利付債）と将来返済する額である元本よりも低い価額で発行し途中は利息を支払わない場合（割引債）の2つがある。

いずれにしろ社債のコストは，発行企業の信用力による。社債を発行するために必ず格付けを取得する必要はないが，実質的にはムーディーズやＳ＆Ｐなどの格付機関に格付けを依頼することになる。

1c.1 社債発行のメリット

貸借対照表の固定負債の区分を見ると社債の金額が比較的多く記載されていることが多い。これは，社債を発行することに何らかのメリットがあるからだと考えることができる。では，社債を発行することのメリットはどのようなものであろうか。

メリット① 利子支払の固定性

社債権者は企業が多額の利益を計上したとしても，通常は決まった利息額しかリターンとして得ることができない。これは裏を返せば，企業は固定された利子しか支払う義務がないことを意味する。もちろん利息が支払えなくなるような財務的な窮地に企業が追い込まれる可能性もある。しかし，健全な経営をしている以上は，決まったリターンだけを投資家である債権者に支払えばいいというメリットが社債にはある。

メリット② 長期性の資金

社債は，コマーシャル・ペーパーのように短期の資金ではなく，長期性の資金であるといえる。設備投資など多額で長期間で回収していく投資案件に対する資金は，長期性のものでなければいけない。つまり，貸借対照表の右側（貸方）と左側（借方）をうまくマッチングさせないと財務的に問題が生じてしまう。このときに社債の利用が考えられる。

メリット③ 利息の損金性

利付債を発行した場合には，利息を支払うことになる。この利息は，損金に算入可能であり黒字の企業にとっては課税所得を減額させる効果がある。これに対して，普通株式を発行した場合に支払うであろう配当額は，利益の中から支払われるものであり損金に算入することができない。従って，節税

効果という観点からは普通社債の発行の方が望ましい。

メリット④　経営参加権

社債権者は，企業にとっての債権者であるが，株主総会での議決権は持たない。普通株式を大量に発行すると議決権が希薄化してしまう。つまり，会社に対する従来からの株主の影響力が低下することになる。しかし，社債の場合にはこのようなことはなく，既存の株主の経営参加権という意味での利益を保護することができる。

1c.2　社債発行のデメリット

社債の発行は確かにメリットもあるが，そうでない側面もある。負債が増加することを意味するので，財務的状況によっては利息が支払えなくなる可能性もあるし，元本を返済できないこともありうる。

デメリット①　デフォルト・リスク

社債は，企業にとってみれば借金をしていることになる。借金をしている以上は，通常，利息を支払い，元本も返済しなければならない。しかし，財務的な窮地に追い込まれた企業にとって利子支払が非常に大きな負担になることも考えられる。

デメリット②　金利リスク

社債を発行する場合には，固定金利で利息を支払う契約をすることが多い。固定金利の場合には，利息額は固定されている。利子が変動しないということは，市場の金利動向がどう変動したとしても利率に変動はないということを意味する。このことは，一見すると発行側である企業に有利なように感じられる。しかし，現実的には必ずしもそうとはいえない。もしも市場金利が高いときに固定金利で社債を発行したとする。その後，日本銀行がゼロ金利政策を採用し，市場金利が大きく下落したとする。このときには，本来であれば支払利息の負担が軽減されるはずなのにそうはならないのである。

これとは反対に変動金利で利息を支払うことを考えてみる。このような社

債を変動利付債と呼ぶ。結局，短期借り入れでの借り換えを連続で行っているのと同じであるといえる。このときには，市場の金利動向によって利率自体が変わることになる。毎回のクーポンを決める指標として，LIBOR（London－Interbank－Offered rate）を用いることが多い。

デメリット③　財務制限条項

我が国の場合には有担保社債の発行が中心で社債発行会社と社債権者との契約で財務上の条件を付することはあまり多くない。しかし，社債を発行する際に財務制限条項が付されることがあり，今後注目されてくるであろう。財務制限条項には，配当額の制限，長期的な負債の追加調達の禁止，正味運転資本（流動資産－流動負債）の最低水準の維持など債権者保護のための契約である。

デメリット④　格付けの取得

社債を発行する際には一般的に格付けを取得する。格付け取得は義務ではないが，現実的には格付けのない社債を購入する投資家はいないであろう。そこで格付けを格付機関に委託することによるコストがかかることになる。

コラム ◇Too Big to Fail ?◇

　バブル華やかかりし頃，日本の銀行の格付けはトリプルＡを誇っていた。それにより低利での資金調達が可能で，多額の資金調達を行い，適切とは考えられない企業行動を行っていたのは否めない事実であろう。その間違った融資により多くの人が苦しめられ，国民の血税が投入された事実も否定できない。しかし，2004年3月現在，メガバンク3行の格付けは，大きく下落している。東京三菱銀行のムーディーズによる財務格付けはＤ－である。それに対して長期債券格付けはＡ２である。これは何を意味するのだろうか？

　東京三菱銀行といえば，誰しも"優良銀行"というイメージを持っているはずである。しかし，その財務内容は決して良いとはいえないということを意味している。ところが，この格付けが意味することは，銀行の長期債券がデフォルトになる可能性は低いということである。銀行は，経済にとっての血液である。血が流れなければ，人は生きていくことができない。それだけ大きな役割を果たしているといえる。もしも万が一のことがあったとしても，金融庁が救済してくれるはず。つまり，大きくなったら潰せないということだろうか。となると金融機関の再編は今後も更に続くことが予想される。"Too Big to Fail"は，非効率で適切ではない企業行動をも許すものなのだろうか。

（ムーディーズ社による格付け状況，2004年3月現在）

	財務格付け	長期債券格付け （シニア）	長期債券格付け （劣後）
東京三菱銀行	Ｄ－	Ａ２	Ａ３
三井住友銀行	Ｅ	Ａ３	Baa1
みずほ銀行	Ｅ	Ａ３	Baa1

1.1d リース

1d.1 リース取引とは

リース取引では，リース物件の所有者である貸手（リース会社など）が，借手に対して，リース期間に渡ってリース物件を使う権利を与え，借手は，リース料を貸手に支払うことになる。このリース取引は，借金をしていることと同じ意味であり，車・コピー機・FAX機など日常的なビジネスのあらゆる場面で登場する。

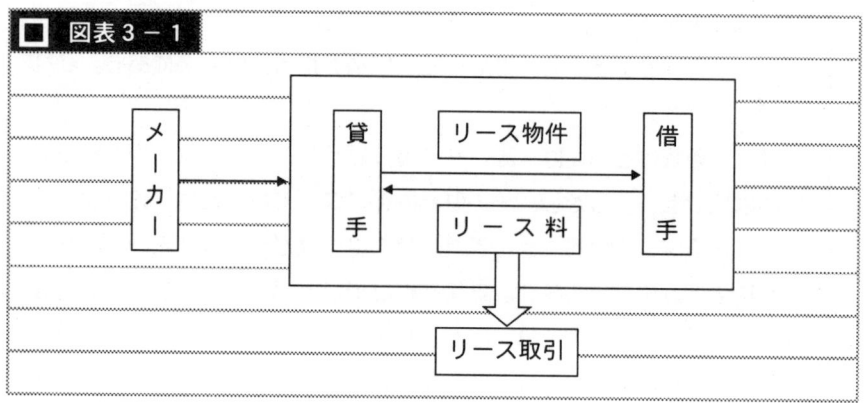

図表3－1

1d.2 オフバランスでの資金調達

リース取引を会計処理するにあたっては，リース取引をファイナンス・リース取引とオペレーティング・リース取引に分けなければならない。前者のファイナンス・リース取引は実質的に購入したとみなされるリース取引であり，後者のオペレーティング・リース取引はレンタルのように借りているとみなされるリース取引を意味する。

オペレーティング・リース取引は，レンタルのように借りているので，賃貸借取引として処理される。つまり，支払ったリース料をその期の費用とする。それに対して，ファイナンス・リース取引はその経済的実質は売買に相当するため，売買取引として会計処理されるのが妥当である。しかし，我が

国ではファイナンス・リース取引は，更に所有権移転を伴うファイナンス・リース取引と所有権移転外のファイナンス・リース取引に区別されている。前者は，リース期間終了後リース物件の借手に所有権が移転されるものである。これは実質的には売買取引と考えることができるので，売買処理がされ，リース資産及びリース負債が貸借対照表に計上される。それに対して，後者も売買処理が原則であるが，注記で売買処理に相当する情報を開示することを条件として賃貸借処理が容認されている。つまり，所有権移転外のファイナンス・リース取引では負債が貸借対照表に計上されないのでオフバランスでの資金調達を行っていることになる。更に，注記事項で売買取引に準ずる情報が開示されるといっても，それは1物件が300万円以上のリース取引であり，その他のものは省略されている。

　つまり，我が国企業の場合には，実質的には借金をしているにもかかわらず，リース取引がオフバランスとなっているケースが極めて多い。

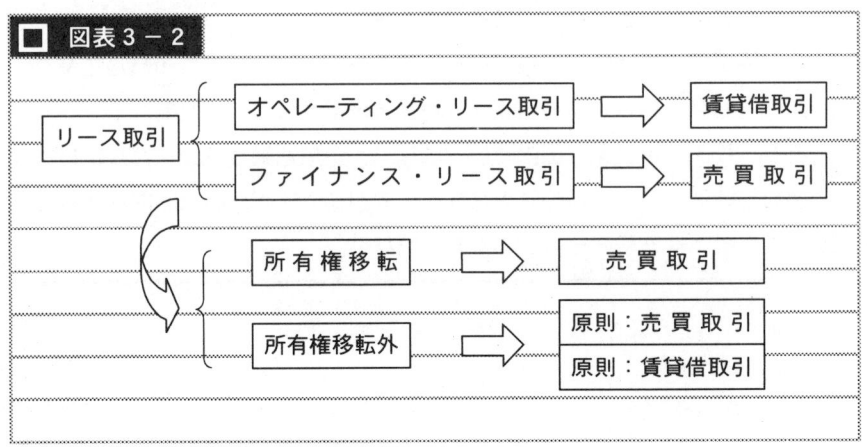

図表3-2

コラム ◆リース取引の国際的な会計処理◆

　借手の側面からリース取引を分類するとファイナンス・リース取引（米国ではキャピタル・リースという）とオペレーティング・リース取引に分けられる。ここまでは我が国の会計基準も米国及び国際会計基準と同じである。しかし，国際的には我が国と異なり所有権移転の有無によってファイナンス・リース取引がオフバランス処理されることはない。所有権移転外の場合に，オフバランス処理とするのは金融業としてのリース取引の発達には一役買ったかもしれない。しかし，経済的実質及び財務諸表の国際的調和化（海外企業の財務諸表との比較可能性）という観点からは望ましいものとはいえない。日産自動車のように所有権移転外のファイナンス・リース取引をオンバランスしようという企業も出てきている。更に，国際的な方向性としては全てのリース取引がオンバランスされていくことになるであろう。

　財務諸表は，比較可能性が命といってもいいだろう。ライバル企業と比べられなければ，財務諸表を分析する意義は著しく薄れてくるはずである。ライバル企業は国内だけではない。企業活動がグローバル化した今日，地球上にライバルは存在するのである。比べられない財務諸表ならば，開示する意味もないのかもしれない。

1.2 エクイティー・ファイナンス

1.2a 普通株式の発行

　普通株式（Common Stock）には，自益権と共益権が付与されている。自益権とは，経済的利益を得る権利のことを意味しており，配当やキャピタル・ゲインなどが含まれる。それに対して共益権は，会社の経営に参加する権利のことであり株主総会での議決権をはじめとする経営参加権のことである。

　既存の株式会社が行う増資の方法には，有償増資，無償増資，新株予約権の行使の3つがある。

1.2b 優先株式の発行

　優先株式（Preferred Stock）とは，普通株式に対して優先的に経済的利益を得ることができる株式であり，共益権のうち議決権が付与されていないものが一般的である。経済的利益には，配当と会社が解散する際の残余財産分配請求権がある。このうち配当について優先権が付与されていることが多く，残余財産請求権については優先権はないケースが多く見受けられる。

　優先株式は，普通株式に対して優先的に配当を受け取ることができるので，経済的な実質に関して社債と同様の性質があるとも考えられる。しかし，優先配当を支払わなくてもデフォルトに追い込まれるわけではないという意味で，法的な弁済義務のある負債とは性質を異にする。

　優先株式には，累積制度といい配当の支払をしなかった場合に次期の優先配当よりも先に配当がなされる制度がある。また，参加制度といい一定の優先配当だけではなく，企業が多額の利益を上げた際に普通株式に続いて利益を享受することができる制度がある。つまり，優先株式には，累積的優先株式・非累積的優先株式，参加的優先株式・非参加的優先株式がある。

　優先株式を発行するメリットとして，①投資家の立場から見ると普通株式

よりも安定的で，しかも多額の配当が得られる傾向があること，②企業の立場から見ると議決権が付与されない場合が多いので議決権の希薄化を防ぐことができること，③社債と異なり優先配当を支払わなくともデフォルトに陥るわけではないこと，があげられる。

➔ケース・スタディー　なぜ優先株か？

　みずほホールディングスは，2003年2月5日の臨時株主総会で優先株の発行を決議した。内容は，発行枠を4兆5,000億円とした。この中には，一定期間後に普通株式に転換できる転換型優先株も含まれている。みずほホールディングスは，2003年3月期に，連結ベースでの税引後当期純損失を国内企業では過去最大となる1兆9,500億円になると下方修正した。つまり，優先株の発行によって，株主資本の減少を避けることが目的であると考えられる。最終的には2,377,172百万円の当期純損失となった。

　では，なぜみずほホールディングスは，優先株を使ったのであろうか。単に自己資本を増強するための資金調達であるならば普通株式の発行でも良かったはずである。

　理由は簡単である。優先株を発行するのは，経済的な実質から考えるとデット・ファイナンスと同様の性質があるといえる。優先配当という比較的確定的なリターンを支払うからである。つまり，優先株式を発行しても，負債と似た性質があるので，一株当たり利益が希薄化しないことになる。一株当たり利益が希薄化し，大きく減少すると，株価が下落する恐れがある。つまり，希薄化を避けるために，普通株式ではなく優先株式を使うのである。このような優先株式の発行は，金融機関が政府に対して発行する場合にも，またゼネコンの救済などの場面でも頻繁に登場している。ただし，希薄化効果がないといっても，みずほホールディングスの例のように転換型優先株の場合には，将来，普通株式に転換される可能性もあることに注意しなければならない。

1.2c 劣後株式

　劣後株式は、普通株式よりも劣後して配当を受け取ることができる株式である。普通株式を発行しても買い手がつかない企業が、自社の経営者に対して発行するケースがあるが、現実的な発行事例は多くない。今後も資金調達に窮する企業が何らかの事情で経営陣に発行するケースが中心になるであろう。

1.2d 転換社債型新株予約権付社債（Convertible Bond）

　転換社債型新株予約権付社債とは、株式に転換できる権利が付与された社債である。つまり、転換権部分はコール・オプションであると考えることができる。普通社債の魅力に加えて、株式への転換権というオプションが付与されたものと考えられる。投資家の立場からすれば、社債としての安定性と株式に転換した際のキャピタル・ゲインという2つの魅力を持った商品である。オプションが付与されている分だけ、一般的に普通社債に比べるとクーポンは低く設定されており、ゼロクーポンの場合もある。

　この転換社債型新株予約権付社債は、ユーロ市場で円建てで発行されることが多い。2003年の末あたりから、発行が活発化してきている。例えば、ソニー、ソフトバンク、昭和電工、JALなどがオーバーパー（額面より高い価額）で発行している。オーバーパー発行の場合には、発行時に発行企業に額面超の金額が流入するので、額面を超えた部分を証券会社に対する手数料などとすることができる。

　昭和電工のケースを紹介すると、最大で230億円を調達し、ゼロクーポン債で、額面100万円に対して募集価格が102万5,000円のオーバーパー発行であり、実質的にはマイナス金利となる。更に、終値が30営業日連続して転換価格を30％以上上回った場合には、事前通知すれば額面で繰り上げ返済できるオプションが付いている。結局、ゼロクーポンであるというメリット、更に普通株式を発行するのに比べ、希薄化が将来になるというメリットが発行

体にあることになる。

1.3 資本コスト

　資本コスト（cost of capital）とは，企業が資金を調達し，利用することと引き換えに失うコストのことである。この資本コストを企業側から見ると，資本利用の見返りとして，その資金の提供者に対して支払わねばならない最低限の報酬であり，投資家側から見ると投資に対する必要なリターンのことである。

　つまり資金を調達するのにはコストがかかることを意味している。企業が原材料を調達したときには，原材料費がかかるはずである。また，従業員を雇用した際には人件費がかかるはずである。これと同じで資金を調達した際にも資金調達に関するコストがかかることになる。この資金調達に関するコストは，負債のコストと株主資本コストの2つに分けることができる。

1.3a　負債のコスト

　デット・ファイナンスを追加的に行う際に生じるコストが負債のコストである。この負債のコストは，企業が新規で債権者から資金調達をする際に負担するコストである。負債といっても，前述したように様々な源泉があり一律にコストを算定することは適切とはいえないが，簡便法としては利息支払総額をその期間の平均有利子負債残高で割って求める方法がある。利息の支払が，債権者の要求する収益率であると考えている。この支払利息は，損益計算書の営業外費用の欄に記載されているのでどのくらいのコストがかかっているかが明らかになる。また，企業の社債の格付けが行われている場合に，他社が発行した同じ格付けの社債の利子率を参考にすることも可能である。仮に厳密に計算するということであれば，社債を発行した場合であれば，複利最終利回りを社債のコストとして考えるのが適切である。複利最終利回り

は以下のように算定することができる。

$$PV = \frac{C_1}{1+r} + \frac{C_2}{(1+r)^2} + \cdots\cdots + \frac{C_n}{(1+r)^n} = \sum_{i=1}^{n} \frac{C_i}{(1+r)^i}$$

C：期末に受け取れる1年当たりのキャッシュフロー
r：金利　　　n：年金期間の年数

1.3b　株主資本コスト

　エクイティー・ファイナンスを追加的に行う際にあるいは内部留保した資金に対して生じるコストが株主資本コストである。株主が企業に投資をするからには，相応の期待収益率を要求しているはずである。ましてや債権者のようにあらかじめ決まった利息と元本の返済が契約によって決まっているわけではない。その分だけ，株主は高いリターンを求めるはずである。ハイリスクを負うので，ハイリターンを要求するのが当然であるといえる。しかし，この株主資本コストは，負債のコストのように明示的なコストではないので，どのように算定するかが問題となる。株主資本コストの算定の仕方にCAPM（Capital Asset Pricing Model）と配当割引モデル（Dividend Discount Model）がある。適用する際に問題もあるが，負債のコストのように明示的でない株主資本コストを算定するためには好都合の方法である。

3b.1　ポートフォリオ理論とCAPM

1.1　ポートフォリオ理論

1.1a　リスクの意義

　ファイナンスの世界では，単に資産の値下がりによる損失自体をリスクとは考えていない。値下がりが確実に予見できているのであれば，それに対する何らかの手を打つことができる。つまり，リスクとは，予見できない「不確実性」のことである。

　リスクを測定する方法として，平均・分散アプローチがある。平均，分散，

標準偏差を定義すると,以下のとおりとなる。

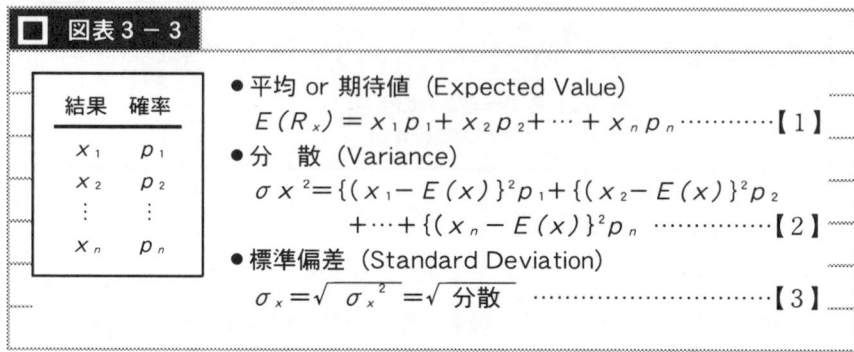

図表3-3

結果	確率
x_1	p_1
x_2	p_2
⋮	⋮
x_n	p_n

- 平均 or 期待値 (Expected Value)
$$E(R_x) = x_1 p_1 + x_2 p_2 + \cdots + x_n p_n \quad \cdots\cdots【1】$$
- 分 散 (Variance)
$$\sigma x^2 = \{(x_1 - E(x))\}^2 p_1 + \{(x_2 - E(x))\}^2 p_2 \\ + \cdots + \{(x_n - E(x))\}^2 p_n \quad \cdots\cdots【2】$$
- 標準偏差 (Standard Deviation)
$$\sigma_x = \sqrt{\sigma_x^2} = \sqrt{\text{分散}} \quad \cdots\cdots【3】$$

　事業投資の場合,意思決定者が予想する収益率の確率分布がどのようになっているのかを観察するのは不可能である。しかしデータが整備されている株式投資の収益率などの分析結果では,完全でないにしても正規分布(左右対称の分布)に近似していることが検証されている。こうした結果を踏まえて平均・分散アプローチでは将来の収益率を確率変数とする確率分布は正規分布であるとの前提に立っている。

　このような正規分布の場合,期待値(平均)はその中心を表している。また,標準偏差(分散)は度数分布の散らばりの程度を示している。

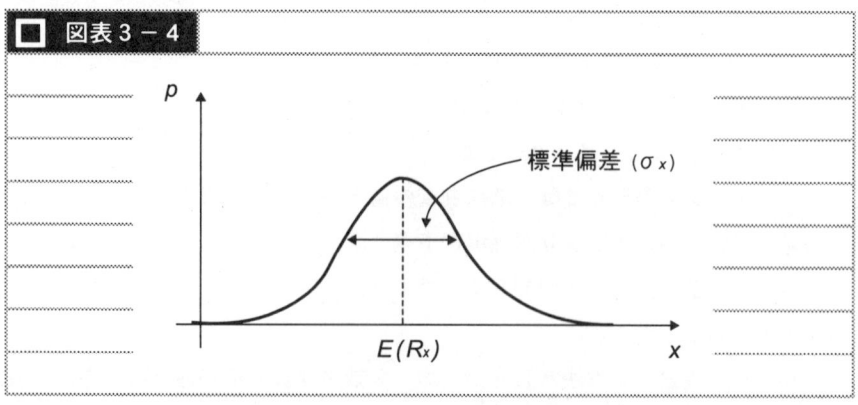

図表3-4

期待値(平均)や分散,標準偏差の計算上,なぜ,結果に対して確率を掛け合わせればいいのかと,疑問に思う人もいるかもしれない。以下の例を参考にしてみてほしい。

例えば,次のような株式があったとする。

◻ 図表3－5

事　　象	事象が起きる確率（p）	そのときの収益率（結果：x）
景　気　良	35%	15%
景　気　並	50%	10%
景　気　悪	15%	5%

この株式の収益率について100期間測定したとする。それぞれの事象が起きる確率から,景気良の期間は35期間,景気並の期間は50期間,景気悪の期間は15期間あったと考えられる。この100期間で得られる平均的な収益はいくらになるか計算してみる。

$$\frac{15\% \times 35期間 + 10\% \times 50期間 + 5\% \times 15期間}{100期間} = \frac{525+500+75}{100} = 11\%$$

この計算方法は,上で示した平均(期待値)の計算方法と同じである。それぞれの事象から得られる結果に,それぞれの事象が起きる確率を掛けることによって平均値を求めている方法と何ら変わりはない。先に各期間を100で割っておけば,確率で計算した場合と同じことになる。

$15\% \times 0.35期間 + 10\% \times 0.5期間 + 5\% \times 0.15期間 = 11\%$

分散の計算についても同じように考えることができる。

分散(標準偏差)は,平均値とそれぞれの事象から得られる結果との乖離の程度を測ったものである。まず,それぞれの事象から得られる結果と平均値の差を取ってみると,

図表3-6

事　　　象	事象が起きる確率（p）	事象から得られる結果と平均値の差
景　気　良	35%	15%－11%＝4%
景　気　並	50%	10%－11%＝－1%
景　気　悪	15%	5%－11%＝－6%

この場合も100期間で考えてみる。100期間でのブレの大きさの平均値はいくらであろうか。

事象から得られる結果と平均値の差の値をそのまま使って計算してみると，

$$\frac{4\%\times 35期間+(-1)\%\times 50期間+(-6)\%\times 15期間}{100期間}$$

$$=\frac{140+(-50)+(-90)}{100}=0$$

このように0になってしまう。そこで，2乗し，プラス，マイナスで打ち消し合うことを防ぐことにする。

$$\frac{(4\%)^2\times 35期間+(-1\%)^2\times 50期間+(-6\%)^2\times 15期間}{100期間}$$

$$=\frac{560+50+540}{100}=11.5$$

これがリスクの大きさ，分散の計算方法である。上で示した公式と全く同じ計算をしている。ところで，2乗してしまったため，平均値と測定単位の違いが生じてしまう。そのため逆に2分の1乗して測定単位を戻すことになる。これが，標準偏差と呼ばれる値である。

〔設 例〕
表に示されるケースについて期待値，分散及び標準偏差を求めなさい。

事象 S	収益率 R	確率 P
景気良	16(%)	0.25
景気並	10	0.5
景気悪	4	0.25

期待値：$E(R) = 16 \times 0.25 + 10 \times 0.5 + 4 \times 0.25 = 10$

分　散：$\sigma^2 = (16-10)^2 \times 0.25 + (10-10)^2 \times 0.5 + (4-10)^2 \times 0.25$
　　　　　$= 18$

標準偏差：$\sigma = \sqrt{18} = 3\sqrt{2}$

以上で，投資対象のリスクとリターンを計算する方法がわかった。以下，これらを使って理論を展開していく。

1.1b　最適ポートフォリオ

では，どのようなポートフォリオを組むことが投資家にとって最適であろうか。また，ポートフォリオを組むことによって，実際にリスクを小さくすることができるのかについて検討する。

ここでは，まず，ポートフォリオが2つのリスクのある株式（T，Sとする）のみで構成されている場合を分析する。これらの株式の収益率は景気によって影響を受けるものとする。

図表3-7　T社の株式のパフォーマンス

事　　象	確　　率	収　益　率
景　気　良	50%	4%
景　気　並	30%	12%
景　気　悪	20%	7%

期待収益率：$E(R_t)=0.5×4\%+0.3×12\%+0.2×7\%=7\%$

分　　　散：$\sigma_t^2=0.5×(4-7)^2+0.3×(12-7)^2+0.2×(7-7)^2$
　　　　　　　$=12$

標 準 偏 差：$\sigma_t=\sqrt{12}≒3.46$

図表3-8　S社の株式のパフォーマンス

事　　象	確　　率	収　益　率
景　気　良	50%	20%
景　気　並	30%	10%
景　気　悪	20%	－5%

期待収益率：$E(R_s)=0.5×20\%+0.3×10\%+0.2×(-5\%)=12\%$

分　　　散：$\sigma_s^2=0.5×(20-12)^2+0.3×(10-12)^2+0.2×(-5-12)^2$
　　　　　　　$=91$

標 準 偏 差：$\sigma_s=\sqrt{91}≒9.54$

T社を60%，S社を40%のポートフォリオを組むと以下のとおりとなる。

図表3-9

事象	確率	T株の収益率	S株の収益率	ポートフォリオの収益率
景気良	50%	4%	20%	4%×0.6+20%×0.4=10.4%
景気並	30%	12%	10%	12%×0.6+10%×0.4=11.2%
景気悪	20%	7%	-5%	7%×0.6-5%×0.4=2.2%

このポートフォリオ全体の収益率を計算する。

期待収益率：$E(R_p) = 0.5 \times 10.4\% + 0.3 \times 11.2\% + 0.2 \times 2.2\% = 9\%$

分　　散：$\sigma_p^2 = 0.5 \times (10.4-9)^2 + 0.3 \times (11.2-9)^2 + 0.2 \times (2.2-9)^2$
　　　　　　$= 11.68$

標準偏差：$\sigma_p = \sqrt{11.68} \fallingdotseq 3.42$

図表3-10

	期待収益率 ($E(R_i)$)	標準偏差 (σ_i)
T株のみ	7%	3.46
S株のみ	12%	9.54
ポートフォリオ（T：S=0.6：0.4）	9%	3.42

　この場合、T株、S株をそれぞれ単独で持つより、ポートフォリオを組んだ方が、リスクが小さくなる。

　このように、ポートフォリオを組むことによって、リスクが小さくなるのは、T株とS株とが、景気に対して同方向に動かないからである。このポートフォリオのメカニズムを数式で表現してみる。

図表3-11

事　　象	事象が起きる確率	株式Tの収益率	株式Sの収益率
景　気　良	p_1	T_1	S_1
景　気　並	p_2	T_2	S_2
景　気　悪	p_3	T_3	S_3

　株式Tへの投資割合をw，株式Sへの投資割合を1－wとすれば，ポートフォリオの収益率は，以下のとおりとなる。

図表3-12

事　　象	事象が起きる確率	ポートフォリオの収益率
景　気　良	p_1	$wT_1+(1-w)S_1$
景　気　並	p_2	$wT_2+(1-w)S_2$
景　気　悪	p_3	$wT_3+(1-w)S_3$

　従って，ポートフォリオの期待収益率は，以下のようになる。

$$E(R_p) = p_1 \times \{wT_1+(1-w)S_1\} + p_2 \times \{wT_2+(1-w)S_2\}$$
$$+ p_3 \times \{wT_3+(1-w)S_3\}$$
$$= w \times \underbrace{(T_1 \times p_1 + T_2 \times p_2 + T_3 \times p_3)}_{E(R_t)（株式Tの期待収益率）}$$
$$+ (1-w) \times \underbrace{(S_1 \times p_1 + S_2 \times p_2 + S_3 \times p_3)}_{E(R_s)（株式Sの期待収益率）}$$
$$= wE(R_t) + (1-w)E(R_s) \quad \cdots\cdots\cdots\cdots【4】$$

　つまり，各株式の期待収益率に，投資割合を掛け合わせたものに等しいのである。

　次に，このポートフォリオの分散（標準偏差）は，以下のようになる。

$$\sigma_p^2 = p_1 \times [\{wT_1+(1-w)S_1\} - \{wE(R_t)+(1-w)E(R_s)\}]^2$$

$$+ p_2 \times [\{wT_2+(1-w)S_2\}-\{wE(R_t)+(1-w)E(R_s)\}]^2$$
$$+ p_3 \times [\{wT_3+(1-w)S_3\}-\{wE(R_t)+(1-w)E(R_s)\}]^2$$
$$= p_1 \times \{w \times (T_1-E(R_t))+(1-w) \times (S_1-E(R_s))\}^2$$
$$+ p_2 \times \{w \times (T_2-E(R_t))+(1-w) \times (S_2-E(R_s))\}^2$$
$$+ p_3 \times \{w \times (T_3-E(R_t))+(1-w) \times (S_3-E(R_s))\}^2$$
$$= p_1 \times [\{T_1-E(R_t)\}^2 w^2 + \{S_1-E(R_s)\}^2(1-w)^2$$
$$+ 2w(1-w)\{T_1-E(R_t)\}\{S_1-E(R_s)\}]$$
$$+ p_2 \times [\{T_2-E(R_t)\}^2 w^2 + \{S_2-E(R_s)\}^2(1-w)^2$$
$$+ 2w(1-w)\{T_2-E(R_t)\}\{S_2-E(R_s)\}]$$
$$+ p_3 \times [\{T_3-E(R_t)\}^2 w^2 + \{S_3-E(R_s)\}^2(1-w)^2$$
$$+ 2w(1-w)\{T_3-E(R_t)\}\{S_3-E(R_s)\}]$$
$$= w^2[\{T_1-E(R_t)\}^2 p_1 + \{T_2-E(R_t)\}^2 p_2$$
$$+ \{T_3-E(R_t)\}^2 p_3] + (1-w)^2 [\{S_1-E(R_s)\}^2 p_1$$
$$+ \{S_2-E(R_s)\}^2 p_2 + \{S_3-E(R_s)\}^2 p_3]$$
$$+ 2w(1-w)[\{T_1-E(R_t)\}\{S_1-E(R_s)\} p_1$$
$$+ \{T_2-E(R_t)\}\{S_2-E(R_s)\} p_2$$
$$+ \{T_3-E(R_t)\}\{S_3-E(R_s)\} p_3]$$
$$= w^2 \sigma_t^2 + (1-w)^2 \sigma_s^2 + 2w(1-w)Cov(T,S) \quad \cdots\cdots\cdots 【5】$$

ここで共分散（Covariance）が出てくる。これは2つの変量の連動変化の方向と程度を表している。

図表3-13

事　　　象	確　率	T株の収益率	S株の収益率
景　気　良	50%	4%	20%
景　気　並	30%	12%	10%
景　気　悪	20%	7%	−5%
期待収益率		7%	12%

先の例で説明すると，景気良の場合は，

T株のブレは（4％－7％）でマイナスの方向へのブレ。S株のブレは（20％－12％）で，プラスの方向へのブレ。つまり，これら2つの株式は景気良の場合に収益率が平均値から逆の方向へブレていることがわかる。この2つの値を掛け合わせれば，マイナスの値になる。景気並の場合も同じことがいえる。景気悪の場合は，T株のブレが0となり，掛け合わせると0になる。

このようにある事象のときに，株式が平均値から同じ方向にブレていれば，掛け合わせた結果はプラスの値になる。逆に株式が平均値から逆の方向にブレていれば，掛け合わせた結果はマイナスの値になる。

共分散は，これらのブレの値を掛け合わせた結果の平均を取った値である。具体的に見ると，次のとおりである。

景気良：（4％－7％）×（20％－12％）＜0
景気並：（12％－7％）×（10％－12％）＜0
景気悪：（7％－7％）×（－5％－12％）＝0

これらの平均値を取ると，

$$Cov(T, S) = (4\% - 7\%)(20\% - 12\%) \times 0.5$$
$$+ (12\% - 7\%)(10\% - 12\%) \times 0.3$$
$$+ (7\% - 7\%)(-5\% - 12\%) \times 0.2$$
$$= (-3\%) \times 8\% \times 0.5 + 5\% \times (-2\%) \times 0.3 + 0$$
$$= -15\%$$

T株とS株は平均してマイナスの方向へブレていることがわかった。

■ 図表3−14

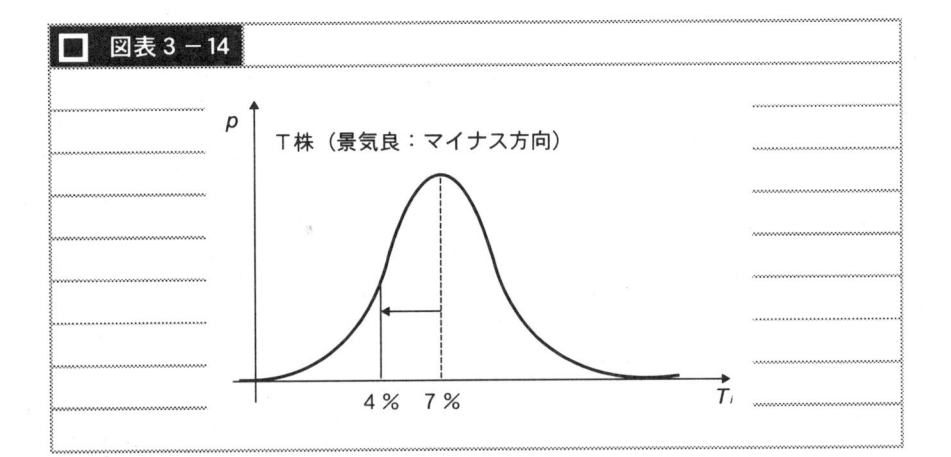

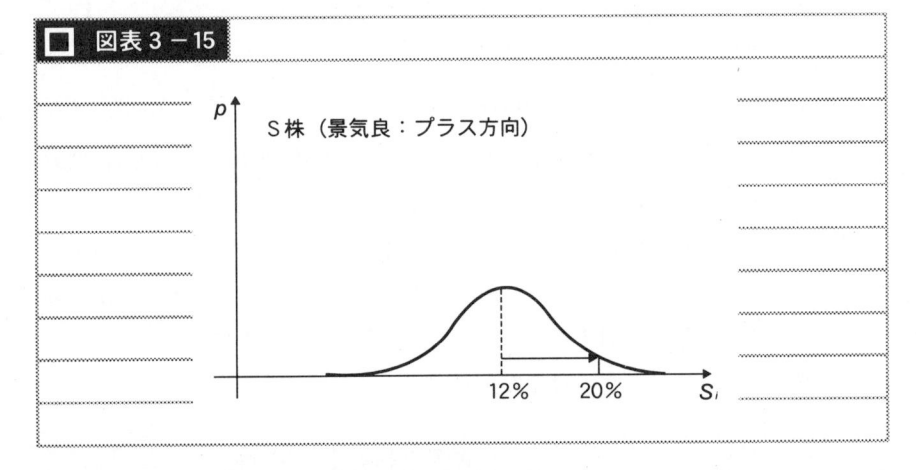

T株（景気良：マイナス方向）

4％　7％

■ 図表3−15

S株（景気良：プラス方向）

12％　20％

一般的に数式で示してみる。

$$Cov(T, S) = \{T_1 - E(R_t)\}\{S_1 - E(R_s)\} p_1$$
$$+ \{T_2 - E(R_t)\}\{S_2 - E(R_s)\} p_2$$
$$+ \cdots + \{T_n - E(R_t)\}\{S_n - E(R_s)\} p_n$$
$$= \sum_{i=1}^{n} \{T_i - E(R_t)\}\{S_i - E(R_s)\} p_i \quad \cdots\cdots\cdots\text{【6】}$$

図表3-16

事象	事象が起きる確率	株式T	株式S
1	p_1	T_1	S_1
2	p_2	T_2	S_2
3	p_3	T_3	S_3
⋮	⋮	⋮	⋮
n	p_n	T_n	S_n

共分散＞0　正の相関　両者が同方向に連動変化している。
共分散＜0　負の相関　両者が逆方向に連動変化している。
共分散＝0　相関なし，独立　両者が無関係に動く。

数式から上記のような関係が導ける。

共分散により，2つの株式がどのように動くかがわかった。しかし，共分散は計算上，各株式の収益率をそのまま使うので，規模の大きさによって，共分散の値に影響を与えてしまう。これでは，他の2つの株式からなるポートフォリオとの比較ができない。そこでリスク全体のうち，どの程度が連動して変化する部分かを割合で示す。これを相関係数（ρ：ロー）という。

相関係数は，次のように定義できる。

$$\rho = \frac{Cov(T,S)}{\sigma_t \sigma_s} = \frac{株式Tと株式Sの共分散}{株式Tの標準偏差 \times 株式Sの標準偏差} \quad \cdots\cdots【7】$$

σ_tは株式Sと連動変化する部分と，株式T独自で変化する部分からなる。
σ_sは株式Tと連動変化する部分と，株式S独自で変化する部分からなる。
株式Tと株式Sとは，次のことがいえる。

　$\rho = 1$のとき同じ動きをする（完全相関）
　$\rho = -1$のとき正反対の動きをする（完全不相関）

この ρ を使って,ポートフォリオのリスクを表す数式【5】式を変形させると,【8】式と表すことができる。

$$\sigma_p^2 = w^2\sigma_t^2 + (1-w)^2\sigma_s^2 + 2w(1-w)Cov(T,S) \quad \cdots 【5】$$

$$\sigma_p^2 = w^2\sigma_t^2 + (1-w)^2\sigma_s^2 + 2w(1-w)\rho_{ts}\sigma_t\sigma_s \quad \cdots\cdots 【8】$$

ポートフォリオのリスクを表す σ_p^2 の式における ρ は $-1 \leq \rho \leq 1$ の値を取ることがわかる。

では,具体的に2つの資産の関係を見てみる。ここに2つのリスク資産からなるポートフォリオがあるとする。

図表3-17

	H 株	M 株
期待値	$E(R_h)=12\%$	$E(R_m)=8\%$
標準偏差	$\sigma_h=15\%$	$\sigma_m=10\%$
投資割合	w	$(1-w)$

これらの株式からなるポートフォリオのリスクとリターンは,投資割合と相関係数によってコントロールできる。ここでは,各株式がさらされる様々な事象が起きる確率,そのときの収益率が明らかでない。そのため明らかにできない相関係数を様々な値で取り,このポートフォリオのリスクとリターンの関係を示してみる。

$\rho = 1$ とする。

$$E(R_p) = wE(R_h) + (1-w)E(R_m)$$
$$= 12 \cdot w + 8 \cdot (1-w) = 4w + 8$$
$$\sigma_p = \sqrt{w^2\sigma_h^2 + (1-w)^2\sigma_m^2 + 2w(1-w)\rho_{hm}\sigma_h\sigma_m}$$
$$= \sqrt{(w\sigma_h + (1-w)\sigma_m)^2} = w\sigma_h + (1-w)\sigma_m$$
$$= w \times 15 + (1-w) \times 10 = 5w + 10$$

これらの式から，wを消去し，$\rho=1$のときのリスクとリターンの関係式を求めると，以下のとおりである。

$$E(R_p)=0.8\sigma_p+0 \qquad (8\leq E(R_p)\leq 12)$$

$\rho=-1$とすると，次のようになる。

$$E(R_p)=wE(R_h)+(1-w)E(R_m)=12\cdot w+8\cdot(1-w)$$
$$=4w+8$$
$$\sigma_p=\sqrt{w^2\sigma_h^2+(1-w)^2\sigma_m^2+2w(1-w)\rho_{hm}\sigma_h\sigma_m}$$
$$=\sqrt{w^2\sigma_h^2+(1-w)^2\sigma_m^2-2w(1-w)\sigma_h\sigma_m}$$
$$=|w\sigma_h-(1-w)\sigma_m|$$
$$=|w\times 15-(1-w)\times 10|=|25w-10|$$

ここで，絶対値が出てきた。絶対値は絶対値の記号を外したとき，必ず正の値になる。wは株式Tへの投資割合であった。そのため，wは$0\leq w\leq 1$の間の値を取ることになる。とすれば，$|25w-10|$はwの値によって，絶対値の中がプラスになる場合と，マイナスになる場合が出てくる。そのため，ここでは，場合分けが必要となる。

$$=\begin{cases}25w-10 & (0\leq w\leq 0.4)\\ 10-25w & (0.4\leq w\leq 1)\end{cases}$$

これらの式から，wを消去し，$\rho=-1$のときのリスクとリターンの関係式を求めると，以下のとおりとなる。

$$E(R_p)=0.16\sigma_p+9.6 \qquad (8\leq E(R_p)\leq 9.6)$$
$$E(R_p)=-0.16\sigma_p+9.6 \qquad (9.6\leq E(R_p)\leq 12)$$

他にも，相関係数（ρ）が−0.5, 0, 0.5となる場合を考えると，その結果は以下の表に示したとおりである。

■ 図表3−18

投資割合(%)		ポートフォリオのリターン(%)	ポートフォリオの標準偏差（%）				
			相関係数（ρ）				
H	M		1	0.5	0	−0.5	−1
100	0	12.0	15.0	15.00	15.00	15.00	15.0
90	10	11.6	14.5	14.03	13.54	13.03	12.5
80	20	11.2	14.0	13.11	12.17	11.14	10.0
70	30	10.8	13.5	12.28	10.92	9.37	7.5
60	40	10.4	13.0	11.53	9.85	7.81	5.0
50	50	10.0	12.5	10.90	9.01	6.61	2.5
40	60	9.6	12.0	10.39	8.49	6.00	0.0
30	70	9.2	11.5	10.04	8.32	6.14	2.5
20	80	8.8	11.0	9.85	8.54	7.00	5.0
10	90	8.4	10.5	9.84	9.12	8.35	7.5
0	100	8.0	10.0	10.00	10.00	10.00	10.0

これを，図で表すと以下のように描ける。

図表 3－19

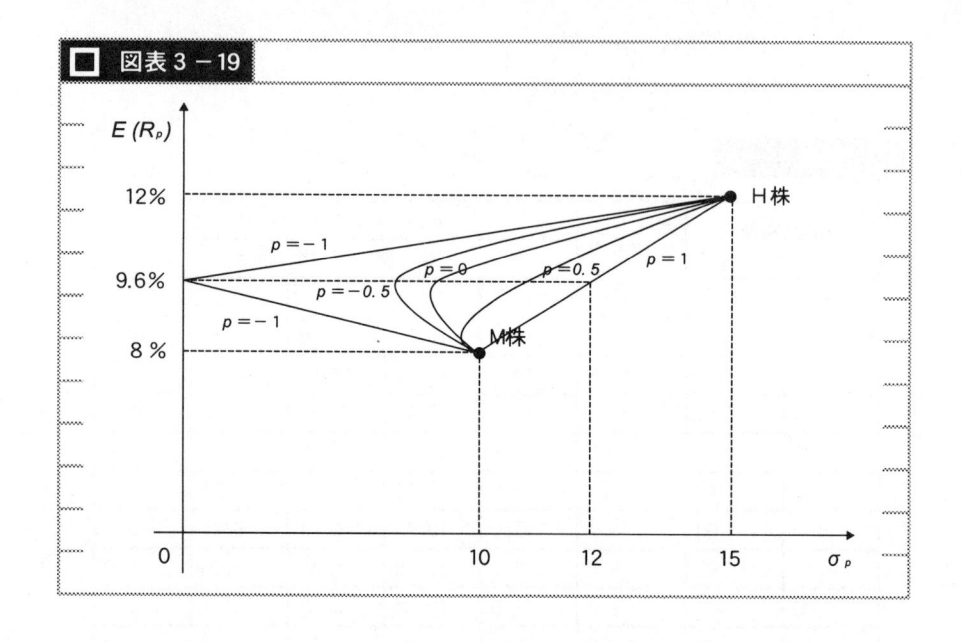

実際には，完全相関，完全不相関となる証券は滅多にない。2銘柄のポートフォリオのリスクとリターンの関係は，両銘柄のリスク・リターンの点を通る曲線になる。では，2銘柄に証券を限定せず，更に多くの他銘柄でのポートフォリオを組んだらどうなるであろうか。例えば，H株，M株に加え，I社の株式にも投資するとする。2つの資産に投資した場合は明らかにしたように，一般にリスクとリターンは双曲線になる。そこで，H株とM株のあらゆる組み合わせを個別の資産（ア）とみなし，それらの1つひとつとI社株との組み合わせを考えれば，やはり曲線になるはずである。

図表３－20

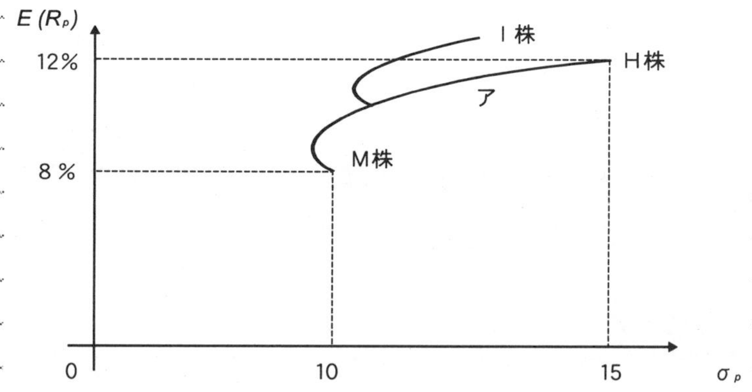

この論理を多数の資産の場合に繰り返して応用すれば，一般に資産の数がｎの場合のリスクとリターンの集合を描くことができる。

図表３－21

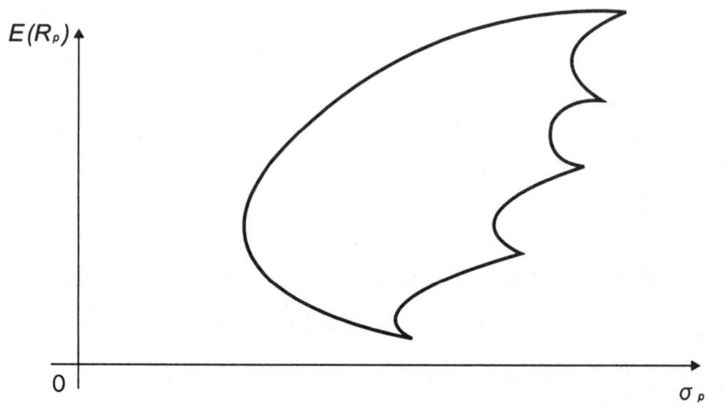

目的は，最適ポートフォリオを見つけることである。従って，この【図３－21】の中で，どこが最適ポートフォリオとなるか，明らかにしなければな

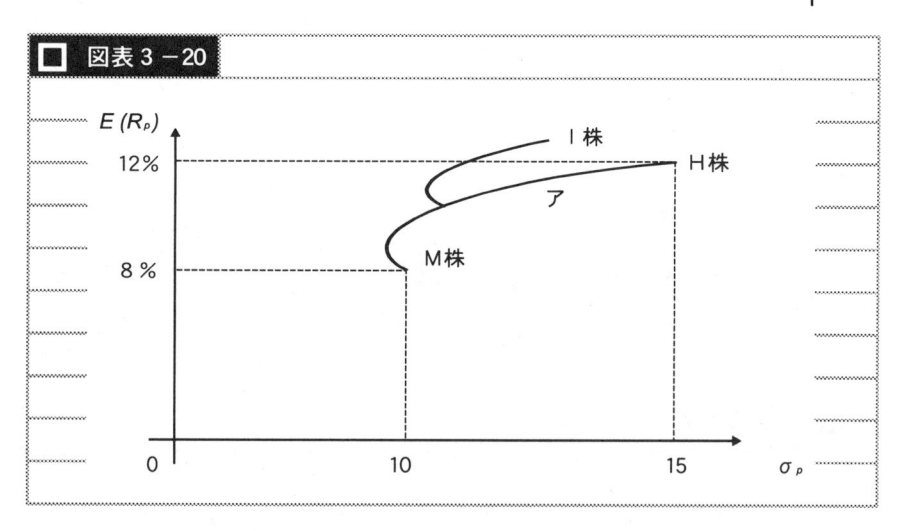

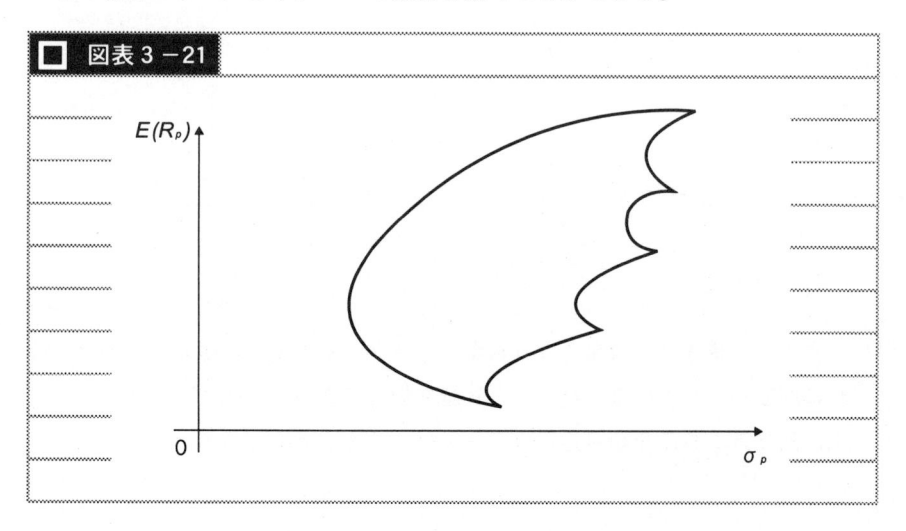

らない。

　同じリターンなら，リスクの小さい方を選択するのが合理的な選択である。また，同じリスクを負担するなら，リターンの大きい方を選択するはずである。従って，この投資機会集合の中でも，選択の対象として意味があるのは【図表３－22】中の実線部分で示した，集合の左上の縁（境界線）だけになる。この縁より有効な組み合わせが存在しないことは明らかだからである。この境界線は「効率的フロンティア」と呼ばれ，リスクとリターンに基づく投資の意思決定に対して本質的な情報を提供することになる。

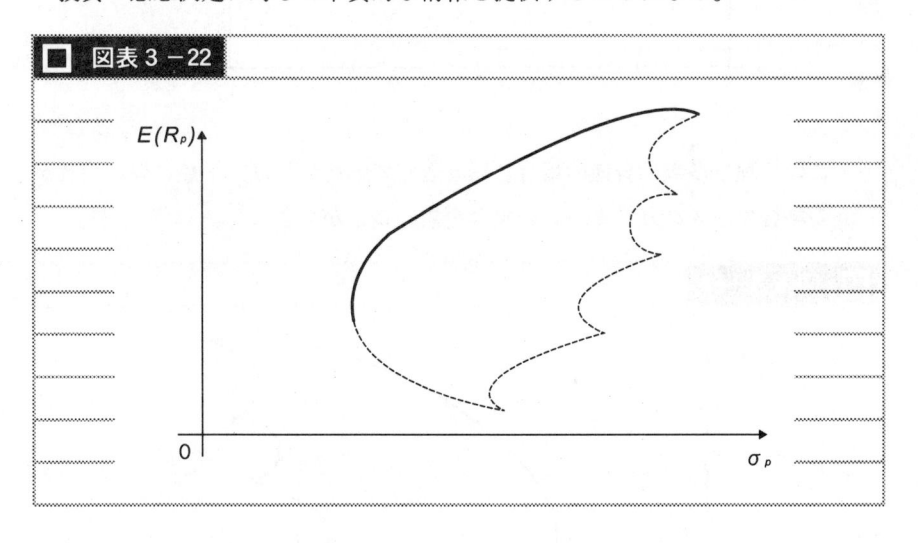

□ 図表３－22

　今までの議論は，対象となる資産をリスクのあるものに限定していた。これに国債等リスクのない無リスク資産を加えて議論を拡張する。例としてＴ株に無リスク資産を組み込んだポートフォリオを考えてみる。

図表3-23

事象	確率	T株	国債
景気良	50%	4%	2%
景気並	30%	12%	2%
景気悪	20%	7%	2%
期待値		7%	2%
分散		12	0
標準偏差		3.46	0
共分散		0	

　無リスク資産は経済事象がどのように変化してもリターンは変動しない。常に2%の期待収益率を生み出す。そのため，無リスク資産の分散と標準偏差はゼロになる。このような性質をもつ無リスク資産とT株を組み合わせたポートフォリオのリスクとリターンの関係を調べてみる。

　まず，このポートフォリオの期待収益率，リスク（標準偏差）を求めてみる。

$$\text{期待収益率}：E(R_x) = w \times 7\% + (1-w) \times 2\% = 5w + 2$$

$$\text{リスク(標準偏差)}：\sigma_p = \sqrt{w^2 \cdot 12 + (1-w)^2 \cdot 0 + 2 \cdot w \cdot (1-w) \cdot 0}$$
$$= \sqrt{12w^2} \fallingdotseq 3.46w$$

　リスクとリターン（期待収益率）の関係を知りたいので，これらの式から不必要なwを消去し，リスクとリターンの関係を示す式を導き出すと，次のようになる。

$$E(R_p) = \frac{5}{3.46} \sigma_p + 2$$

　この式を，グラフにすれば次のようになる。

図表3-24

$E(R_p)$

7%
4.5%
2%

5 / 3.46

1.73　3.46　σ_p

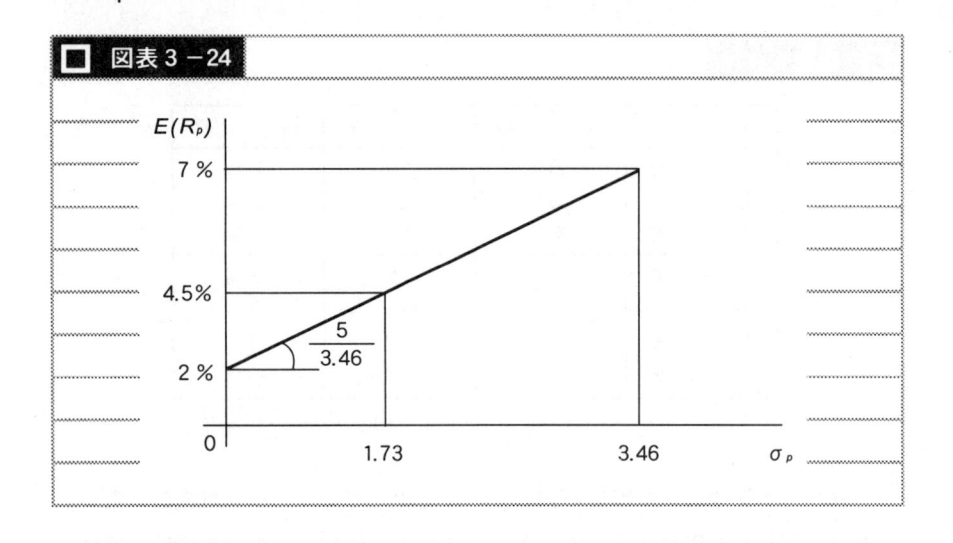

　このようにリスク資産と無リスク資産を組み合わせたポートフォリオのリスクとリターンをグラフにすると直線になる。投資家は，この直線の上で，リスクを冒してもリターンを追求するか，リスクを回避して確実なリターンを追求するか，リスク選好に応じてこの直線上の1点を選択すればよい。

　ここで，更にリスク資産を1つだけでなく，多数のリスク資産に置き換えてみる。リスク資産と無リスク資産とを自由に選択してポートフォリオを組むとどうなるかを考えてみる。

　リスク資産だけのポートフォリオであったら，効率的フロンティア上の点を選択する。この点を仮に，【図表3-25】のA点としよう。このA点をあたかも1つのリスク資産とみなし，このリスク資産と無リスク資産からなるポートフォリオが生み出す，リスクとリターンの関係を示してみる。

図表3-25

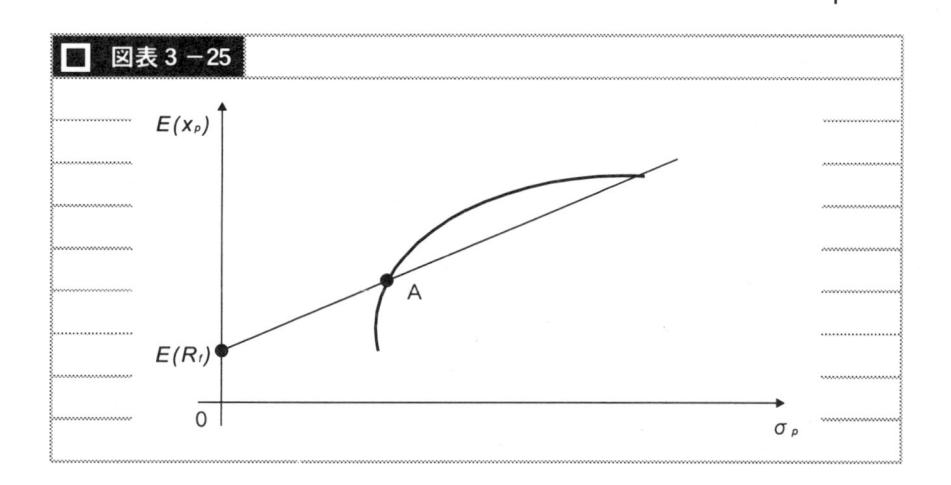

リスク資産が1つだった場合と同じように考えれば、A点とE(R_f)点を結んだ直線がポートフォリオのリスクとリターンの関係を示すことになる。投資割合によって、直線上のいずれかの点を選択することになる。

ここで、投資家について考えてみる。このファイナンスで前提としている投資家とは、同じリスクならより大きなリターンを得られるポートフォリオを選択し、同じリターンなら小さいリスクのポートフォリオを選択する、つまり、合理的な行動をする投資家を想定している。

そうすると、【図表3-25】で引いた直線上の点より、より合理的な結果をもたらす点が存在するということが考えられる。

次の【図表3-26】のように、A点を効率的フロンティア上を移動させ、K点まで移動させる。そして、K点とE(R_f)点とで直線を引く。すると、この直線上の点は【図表3-26】のA点とE(R_f)点とで引いた直線上の点が実現できるリスクとリターンよりも、合理的な、効率的なリスクとリターンを生み出す。具体的には、E(R_f)点とK点を結んだ直線上にあるB点はA点と同じリスクとなるが、大きなリターンを得ることができる。合理的な投資家ならば、必ずB点を選択するのである。このように考えると、合理的

図表3-26

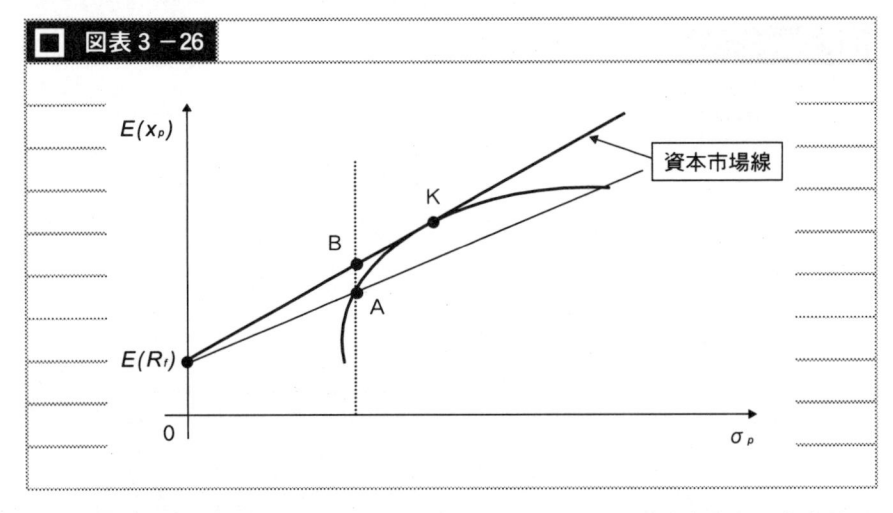

な投資家が必ず選択するであろう，ポートフォリオは$E(R_f)$点とK点を結んだ直線，つまり，$E(R_f)$点から効率的フロンティアに接するように引いた直線上の点になるのである。リスク資産と無リスク資産への投資割合により，直線上のいずれかの点が選択されるのである。この接線を資本市場線（Capital Market Line）と呼ぶ。

　このように，無リスク資産を組み合わせると，リスク資産の最適な組み合わせは，一点に決まる（【図表3-26】でいう点K）。このように投資家の選好にかかわらず，リスク資産の最適な組み合わせが独立に決定されることを，ポートフォリオ分離定理と呼ぶ。

　ただし，各投資家のリスク資産に対するリスクとリターンの予想が異なれば，効率的フロンティアや，資本市場線の位置は異なってくる。

　投資家はそれぞれ自分のリスク選好に応じて，資本市場線上のポートフォリオを選択することになる。多少リスクを多く負担することになっても，大きなリターンを得たいと考えるならば，【図表3-26】の資本市場線上のK点に近い，もしくは，K点を超えた点を選択するはずである。逆に，リスクをあまり負担したくないならば，無リスク資産により多くの投資を行う，

$E(R_f)$ に近いリスクとリターンの点を実現できるポートフォリオを組むことになる。このことは無差別曲線を使うことにより，【図表3−27】で示すことができる。

　ここで，無差別曲線について少し説明を加える。無差別曲線とは，その曲線上の組み合わせ（ここでは，リスクとリターン）ならば，同じ満足度（効用）が得られることを表す曲線である。無差別曲線は下の図のような形状を持つことは直感的にも理解しやすいと思われる。例えば，リスクの低い水準でリスクが1単位増加した場合に，効用をそれ以前の水準に保つために必要なリターンの増加分とリスクが高い水準において同様にリスクが1単位増加した場合に効用維持のために必要となるリターンの上昇分を比較すると，明らかに後者の方が大きくなると考えられる。

　【図表3−27】に描かれた右上がりで下に凸の無差別曲線は，このような性質を表しているのである。無差別曲線は等高線として描かれるため，左上方に位置している曲線が高い効用をもたらすことはいうまでもない。

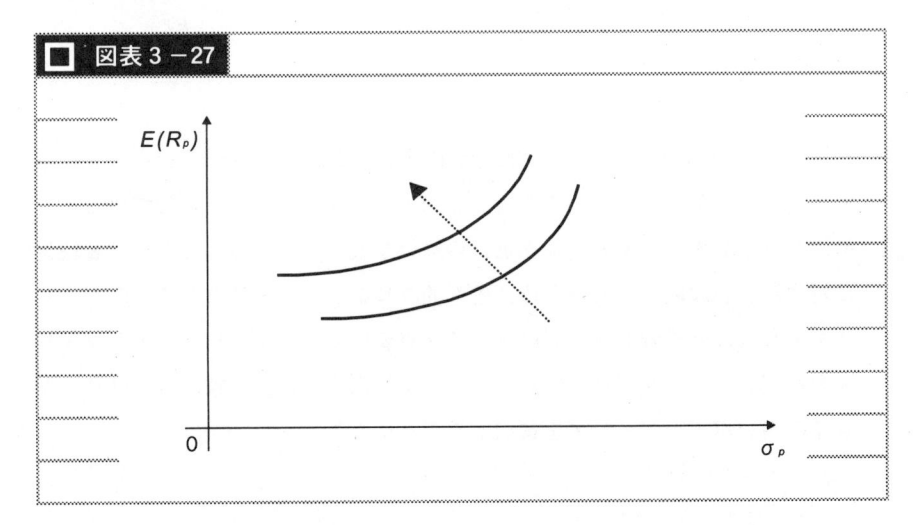

□ 図表3−27

以上の結果を統合すると，最適ポートフォリオの問題に解答を与えることができる。無差別曲線はなるべく左上方にあり，かつ資本市場線上の点となるポートフォリオ，つまり，無差別曲線と資本市場線の接点が最適ポートフォリオとなるのである。

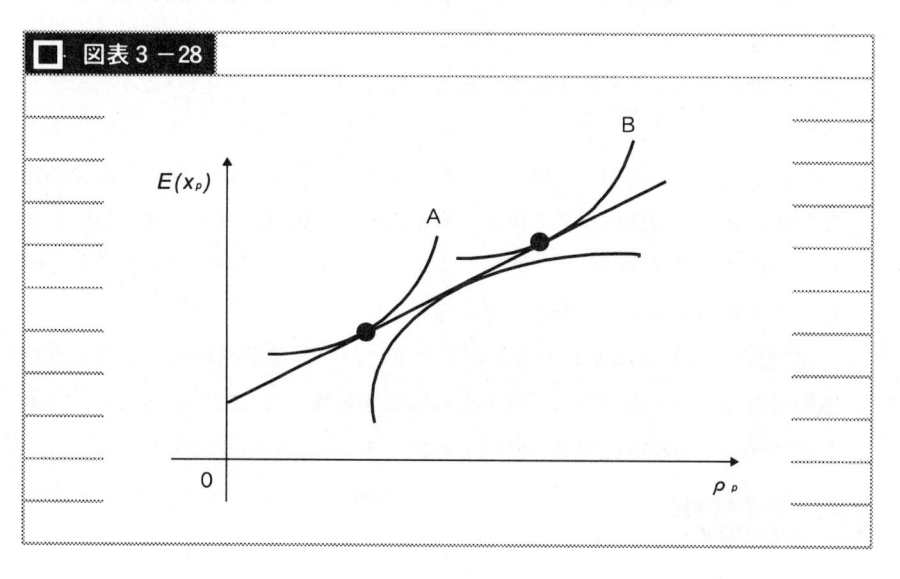

◻ 図表3－28

【図表3－28】には，2つの無差別曲線が描かれているが，どちらも効率的フロンティアと接しているため，最適ポートフォリオを実現している。この違いは，意思決定者のリスク選好の違いを反映している。2人の投資結果に対する予想は同一であるため，効率的フロンティアを共有しているが，リスクを避けたい投資家（A）は無リスク資産のウエイトの高いポートフォリオを選択し，リスクを冒してもリターンを追求したい投資家（B）はリスク資産の高いポートフォリオを選択することになる。

1.2 システマティック・リスクとアンシステマティック・リスク

分散投資をすることによってリスクを低減させることができる。これは，ポートフォリオ理論の教えである。財産は，三分割して運用する，1つの籠に卵を入れない，など，我々が日々の生活の中から経験的に学んできたことを統計的に証明したものであるといってもよいであろう。

ポートフォリオ理論では，個別のリスク資産のリスクはポートフォリオによって減らすことができることがわかった。同時に，減らすことのできる限界もある。各資産のリターンは，共通な経済的要因に影響されるので，相互に相関するケースが多い。この共通的な経済的要因に起因するリスクをシステマティック・リスク（市場リスク）といい，これは除去することはできない。システマティック・リスクは，例えば，市場金利の予想外の変化などがある。他方，投資家がポートフォリオを組むことにより除去できるリスクは，それぞれ独立なリスク要因に起因するアンシステマティック・リスク（非市場リスク）という。アンシステマティック・リスクには，経営者の突然の交代のような個別の企業に起因する要因がある。

2つのリスクを図で表すと以下のようになる。

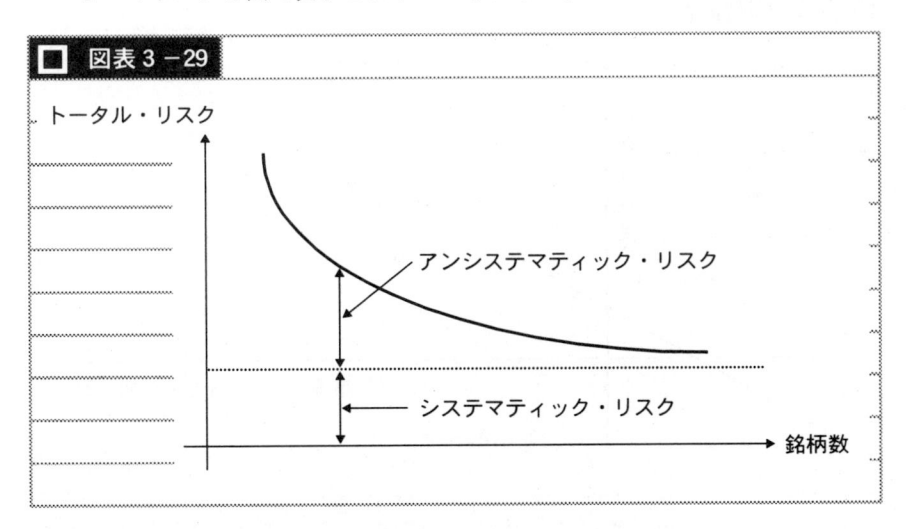

■ 図表3-29

（縦軸：トータル・リスク，横軸：銘柄数。右下がりの曲線で，アンシステマティック・リスクとシステマティック・リスクを示す）

リスク資産におけるリスクのうち、ポートフォリオを組んでも除去できないシステマティック・リスクに対しては、リスク・プレミアムが支払われることになる。除去できないリスクに挑戦することに対する代償が与えられるのである。このような投資家が負うリスクと、システマティック・リスクとの関係を定量的に表したものがβ（ベータ）である。

1.3 資本資産評価モデル（Capital Asset Pricing Model：ＣＡＰＭ）

分散投資をし、効率的なポートフォリオである市場ポートフォリオが負っているリスクは、システマティック・リスクである。市場ポートフォリオの収益率は、リスク（＝システマティック・リスク）を負担することによる見返りである。ということは、個別証券のシステマティック・リスクを負担することによって得られるリターンは市場ポートフォリオの収益率と何らかの関係を持っているはずである。

この関係を表したものがβ値であり、市場ポートフォリオの収益率が1％変化したとき、個別証券の収益率が何％変化したかを意味している。

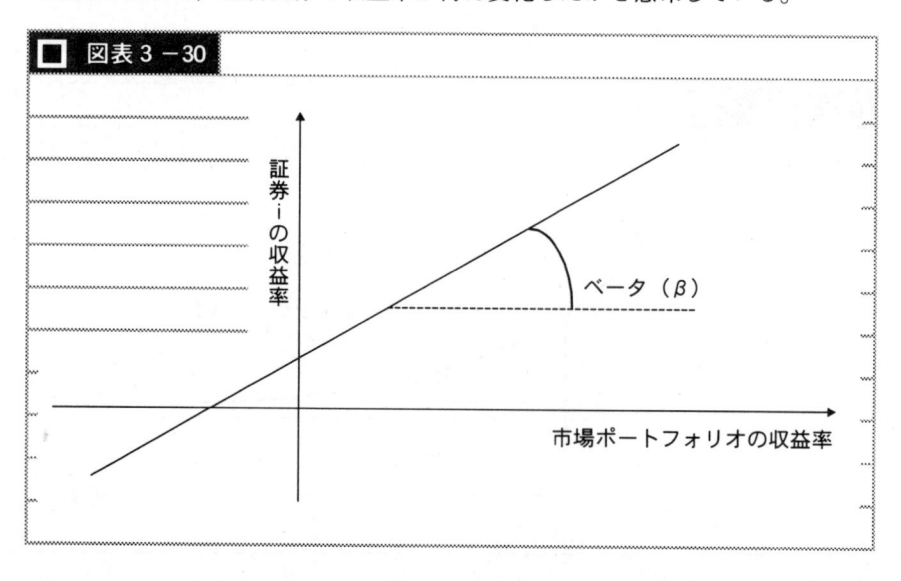

□ 図表3－30

β値の算定方法は，縦軸に証券 i の収益率，横軸に市場ポートフォリオの収益率を取り，このグラフ上に i と M の収益率を表す点をプロットしていく。様々に書けた点が表す直線を求め，その傾きを回帰分析を使って調べれば，βを求めることができる。

　以下に示す【図表3－31】は企業別のβ値を示している。この表からも明らかなように市場インデックスと個別銘柄の相関を表すのがβ値である。

図表3－31

企　　　　　業	β値　過去60ヶ月 1998. 4～2003. 3
東　京　電　力	0.04
キ リ ン ビ ー ル	0.39
Ｋ　Ｆ　Ｃ	0.14
清　水　建　設	0.89
カ　ネ　ボ　ウ	0.88
花　　　　　王	0.16
東 京 三 菱 銀 行	1.53
大　和　證　券	1.80

　このようにして求めたベータ（β）値を用いて，個別証券の収益率を求めると，以下のように表すことができる。

$$E(R_i) = R_f + \{E(R_m) - R_f\} \beta_i \quad\cdots\cdots\text{【9】}$$

　　$E(R_i)$：個別証券 i の期待収益率
　　R_f：無リスク資産の収益率
　　$E(R_m)$：市場ポートフォリオの期待収益率

　この式によって示された個別資産価格の決定モデルを資本資産評価モデル（ＣＡＰＭ）といい，株主資本コストを算定する際にも用いることができる。

　このβ値が1の証券は，市場ポートフォリオの収益率と同じように変化する。市場ポートフォリオの収益率が1％変化すれば，同じく個別証券の収益

率も1％変化する。β値が1より小さければ，収益率の変化は市場ポートフォリオの収益率の変化より低い。また，β値が2であれば，市場ポートフォリオの収益率が期待より10％高ければ，その個別証券の収益率は期待よりも20％高くなり，市場ポートフォリオの収益率が期待より10％低ければ，その個別証券の収益率は期待より20％も低くなる。

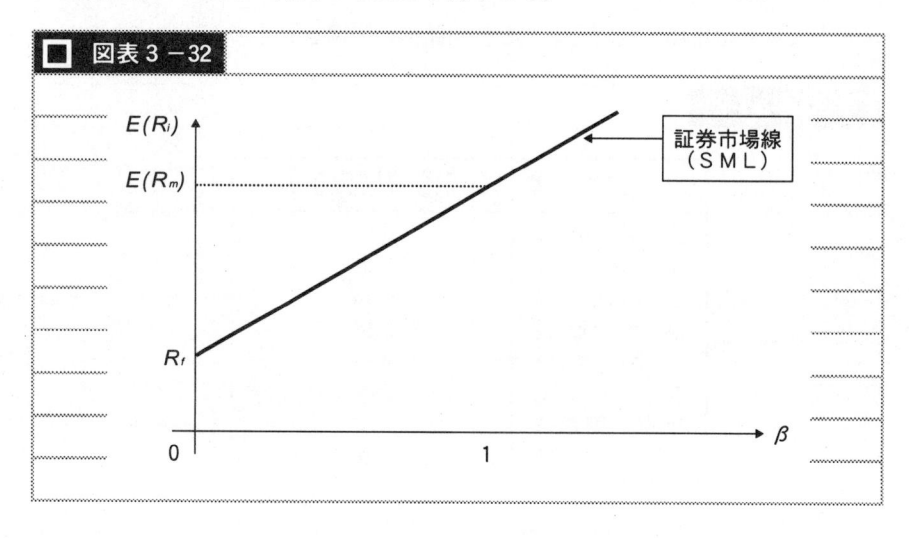

図表3-32

証券市場線（SML）を示すグラフ。縦軸は $E(R_i)$，横軸は β。切片は R_f，$\beta=1$ のとき $E(R_m)$ を通る右上がりの直線。

【9】式をグラフで表すと【図表3-32】のようになる。CAPMが成立していると，全てのリスク資産の期待収益率（$E(R_i)$）とリスク（β_i）の組み合わせは，【図表3-32】中の直線上に位置することになる。この直線を証券市場線（Security Market Line：SML）と呼ぶ。

もし，ある証券がSML上に位置していないとすれば，CAPMに反することになる。例えば，【図表3-33】中の点Jで示される証券を考えてみよう。点JはSMLより上に位置するため，その期待収益率は均衡よりも高いといえる（又は，その証券の市場価格が低すぎるともいえる）。期待収益率が高いということは，期待収益率を計算する際の分母である市場価格が低いということがいえる。分母が小さくなると，全体の結果は大きくなる。

3．CFOの役割　49

□ 図表3－33

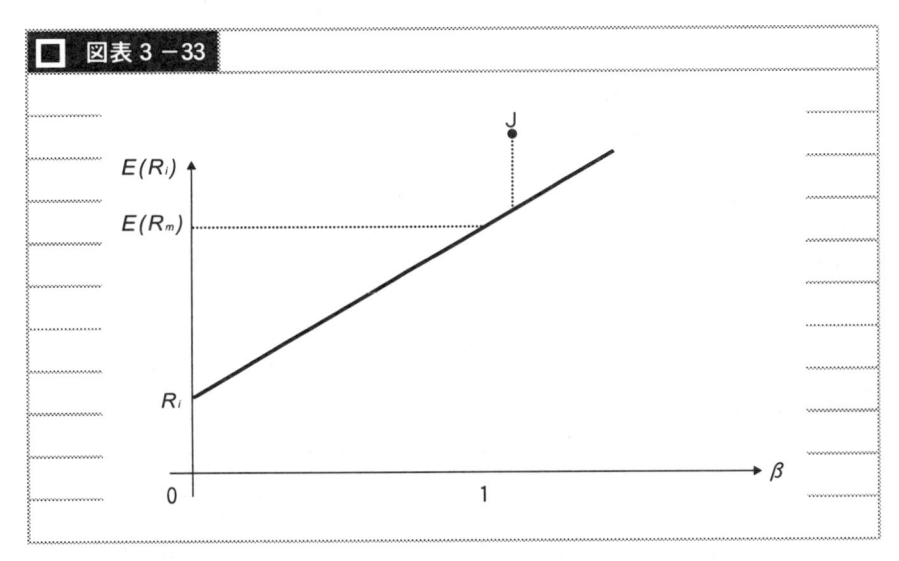

こうした状態はCAPMに反する。こうした状態は，市場が均衡にないか，投資家の行動が最適でないことになる。CAPMの前提によれば，投資家は，点Jの証券に投資しようとし，他の証券を手放そうとすることにより，ポートフォリオの期待収益率を上げることができることになる。ゆえに，その証券に対する超過需要と，他の証券に対する超過供給が生じ，結局均衡価格まで上昇し，期待収益率も均衡水準に落ち着くことになる。

1.4　CAPMの問題点

実務的には広く用いられているCAPMであるが，その導出に際して完全資本市場であるなど強い仮定があるので，現実の説明力という観点から疑問が投げかけられることも多い。そのため実務上は様々な工夫がされている。

◆ シングルファクターモデル

CAPMは，βというリスクしか考えていない。しかし，現実的にはβ以外の要因で個別銘柄の収益力が変動する可能性もある。従って，βというシングルファクターだけでは，説明不足であると指摘される。そこで，その欠

点を補足するために，マルチファクターモデルを適用する。

◆インデックスとして何を使うか

ＣＡＰＭでは，市場ポートフォリオという何らかの市場インデックスを反映した数値がわからなければ，株主資本コストを算定することができない。しかし，市場インデックスといっても，ＴＯＰＩＸ（東証１部上場銘柄の収益率），日経225，更にはサブトピックスがあり，どれを適用するかによってβ値は異なってしまう。

例：インデックスの違いによるβ値（2003.1～2003.12）

図表３－34　デイリー・ベース

	ＴＯＰＩＸ	日経225	サブトピックス
花　　王	0.48	0.43	0.62（化学）
東京三菱銀行	1.53	1.19	1.31（銀行）

◆頻度をどうするか

βを推定する際に，頻度をどのように取るかによっても，β値は様々な値となる。つまり，日次，週次，月次，年次など期間をどう考えるかによってβ値は異なってくる。

例：頻度の違いによるβ値（ＴＯＰＩＸ）

図表３－35　デイリー・ベース

	日次（２年）	週次（３年）	月次（５年）	年　次
花　　王	0.44	0.42	0.15	0.32（18年）
東京三菱銀行	1.48	1.80	1.37	－

◆無リスク資産の収益率

ＣＡＰＭの算定においては，無リスク資産の収益率を用いるが，これは短

期と長期のいずれを適用するのであろうか。どちらでなければならないということはないが，実務的には10年国債を用いることが一般的である。

3b.2 配当割引モデル

2.1 配当割引モデルの基本式

資産の理論価格は，資産から生み出される将来のキャッシュフローの現在価値合計で決定される。債券であれば，クーポンと元本の現在価値合計であり，株式であれば，将来の配当の現在価値合計が株式の理論値と考えるのが配当割引モデルである。

$$株価(p) = \frac{D_1}{(1+r)} + \frac{D_2}{(1+r)^2} + \cdots\cdots + \frac{D_n}{(1+r)^n}$$

配当をDとし，現実の株価をpとしたときの，rが株主資本コストとなる。株式の場合には，債券のように償還期限が存在しない。そこで，配当が永続するものとして，この配当割引モデルを変形して考えることにする。

2.2 安定配当の場合

毎年の配当が一定である場合の配当割引モデルでは，基本式を以下のように変形することができる。

$$p = \frac{D}{(1+r)} + \frac{D}{(1+r)^2} + \cdots\cdots + \frac{D}{(1+r)^n} = \frac{D}{r}$$

このような仮定が必ずしも現実的であると断言はできないが，多くの日本企業の場合には安定配当政策が採用されることが極めて多いことからすると，現実の説明力が最もあると考えることもできる。しかし，投資家が期待するリターンは配当だけではないので，現実の株価と整合性が見出せないこともある。

2.3 定率成長配当割引モデル

配当が一定で成長する場合，配当成長率を一定（g％）とすると，理論株価は次のようになる。

$$p = \frac{D_1}{(1+r)} + \frac{D_1(1+g)}{(1+r)^2} + \cdots\cdots + \frac{D_1(1+g)^{n-1}}{(1+r)^n}$$
$$= \frac{D_1}{r-g} \text{（ただし } r > g\text{）}$$

現実的に配当が一定で成長することはありえない。一定期間は，成長することもあるかもしれないが，永続的に配当が成長するというこのモデルも非現実的であると考えることができる。しかし，花王（株）のように配当が毎年増加しているケースも例外的に存在する。ただし，一定成長ではなく，配当が永続するという仮定はやはり現実的とはいえないはずである。

➡ケース・スタディー　花王の配当額

安定配当政策を採用する企業が圧倒的であるが，その例外として花王のケースが興味深いところである。花王は，家庭用製品，化粧品（ソフィーナ），工業用製品を主に営むエクセレント・カンパニーである。花王の最も大きな収益源は，家庭用製品であり，メイク落としやＵＶカットの「ビオレ」，衣料用洗剤「アタック」，サニタリー製品「ロリエ」，特定保健用食品の食用油「エコナ」，体脂肪が気になる人向けのお茶「ヘルシア緑茶」などを聞いたことがない方は少ないはずである。花王をエクセレント・カンパニーと呼んだ理由は，当期純利益が毎年上昇していき，ＲＯＥ及びＲＯＡも上昇している。その結果，配当政策も従来の日本企業と一線を画する画期的な増額配当を実現しているからである。

花王の毎期の配当額は，以下のとおりである。

■ 図表3−36

	97年度	98年度	99年度	00年度	01年度	02年度
一株当たり配当金(円)	15.00	16.00	20.00	24.00	26.00	30.00
配当性向（％）	37.4	28.6	24.0	24.8	25.9	27.8

　このように配当額が毎期成長するケースは稀なことであり，花王の財務体質の強さをうかがい知ることができる。では，花王の強みはどこにあるのだろうか。1つの見方としては，EVAが財務指標の目標として浸透し，会社全体がEVAの改善に尽力していることである。

■ 図表3−37

	97年度	98年度	99年度	00年度	01年度	02年度
株主資本比率（％）	54.5	60.1	63.3	59.1	59.5	57.9

　【図表3−37】は，花王の株主資本比率の変遷である。高い配当にもかかわらず比較的高い株主資本比率を保っていることがわかる。花王のケースは，企業と株主の良好な関係を築き上げている良い例であり，EVA導入によって業績が明確に向上している，生きた証拠でもある。

➡ケース・スタディー　なぜデット・ファイナンスなのか？

　2004年初頭の花王によるカネボウ化粧品事業の買収の際に，花王は買収資金をデット・ファイナンスで調達する予定であったといわれる。デット・ファイナンスを行えば，株主資本比率が低下し，格付けが下がる可能性もある。それにもかかわらず，なぜデット・ファイナンスであったのだろうか。

　一般的には，デット・ファイナンスを行うのは節税効果とコストの安さが指摘できる。黒字の企業にとっては，財務レバレッジを高め支払利息の損金

算入による企業価値の上昇というメリットがあげられる。また，負債のコストは，株主資本コストよりも低いのが一般的である。株主は債権者に比べて，ハイリスク・ハイリターンであることからすれば当然だともいえる。花王は，後者のハイリスク・ハイリターンに着目したのである。つまり，大量のエクイティー・ファイナンスを行えば株主資本コストが上昇し，ひいては加重平均資本コストも上昇してしまい，企業価値を下落させることになるからである。市場動向等によりデット・ファイナンスが必ずしも最適の解であるとはいえないがCFOの重要1つのオプションである。

2.4 サステイナブル成長率

　定率成長配当割引モデルを適用した場合に，配当額がどのように成長するかを予測する必要がある。この成長率を予測する際に，サステイナブル成長率（Sustainable Growth Rate）を適用することがある。サステイナブル成長率とは，持続的に成長可能な成長率のことを指しており，企業が増資，社債発行などによって外部から新たに資金調達をせずに，内部留保し再投資のみによって達成できる一株当たり成長率をいう。ROE及び配当性向を毎年一定と仮定すると，増資を全く行わない場合には，利益の増加額は再投資された内部留保額（当期純利益－配当額）にROEを掛けた金額になる。これをもとに利益成長率を考えると，次のような式が展開できる。

　　もしもROEを期首の株主資本を基準にすると，
　　　当期純利益＝株主資本（期首）×ROEとなる。
　　配当性向を一定と仮定した場合には，
　　　配当額＝当期純利益×配当性向となり，
　　　留保利益＝当期純利益－配当額＝当期純利益×（1－配当性向）となる。
　　増資が行われないと仮定すると，
　　　株主資本（期末）＝株主資本（期首）＋留保利益となる。
　　この式の両辺を株主資本（期首）で割ると，

$$1+株主資本成長率 = 1 + \frac{当期純利益 \times (1-配当性向)}{株主資本(期首)}$$

$$= 1 + ROE \times (1-配当性向)$$

この式の両辺から1を消去すると,

　株主資本成長率 $= ROE \times (1-配当性向)$

ROE及び配当性向を一定と仮定すると,

　株主資本成長率＝当期純利益成長率＝配当性向

つまり,サステイナブル成長率は,以下のように表すことができる。

$$サステイナブル成長率(g) = 内部留保率 \times ROE$$
$$= (1-配当性向) \times ROE$$

1.3c　加重平均資本コスト

　企業価値を評価する際に,負債のコストと株主資本コストを加重平均した加重平均資本コスト（Weighted Average Cost of Capital：以下WACCという）を算定する必要がある。負債の節税効果を考えると加重平均資本コストは以下のような算式で算定することができる。

$$WACC = \frac{E}{E+D} \times r_e + \frac{D}{E+D} \times r_d(1-t)$$

　加重平均資本コストを算定するにあたっては以下の2つの事項に留意しなければならない。

◆時価を基準にして算定すること

　加重平均資本コストを推定する際には,株主資本と負債の時価を基準に算定しなければならない。株主資本といっても,通常,普通株式と優先株式がある。これらは,一株当たり株価×発行済み株式数の時価総額を適用することになる。また負債に関しても時価を推定すべきであるが,借入金など一般

的には市場価格が存在しないものもある。しかし，負債の帳簿価額と時価の乖離は一般的に小さいため，実務的に，帳簿価額が用いられることも多い。

◆目標資本構成で算定すること

　加重平均資本コストを投資の判定基準として用いる際の1つの考え方として，実際の加重平均資本コストを適用する方法がある。しかし，この考え方には問題がある。資金調達方法によって同一の投資案が採択されたり，そうでなかったりするからである。この問題点を回避するために，加重平均資本コストは，目標資本構成比率を基準に算定されなければならない。ＣＦＯは，貸借対照表の貸方の資本構成をどのようにマネジメントするかを考えているはずである。一時的には，ある資金調達方法が用いられるだろうが，長期的には目標資本構成で資金調達が行われるはずである。

1.4　最適資本構成

　ＣＦＯの役割の1つに資金の調達をどのように行うか，つまり負債と資本の割合をどのような水準にするかがあることは既に述べたとおりである。資本構成を変えることによって，資本コストを低下させることができ，その結果として企業価値を向上させることができるのであろうか。

1.4a　ＭＭの見解

　モジリアーニとミラーは1958年に「資本コスト，企業金融及び投資の理論」という共同論文を発表し，資本構成の違いによって資本コストや企業価値が異なることはなく，最適資本構成は存在しないという見解を表明した。それ以前の伝統的な見解である資本構成が企業価値に影響を及ぼすという結論を完全に覆すセンセーショナルな主張であった。

　ＭＭ理論では，重要な仮定が設けられている。1つは，完全資本市場を前提にしており，情報の非対称性，取引コスト，税金は一切存在しないという

ことである。もう1つは,負債はリスク・フリーであり,負債の比率を高めても倒産の可能性はないということである。更に,負債によって資金調達をしている企業と全て株主資本で賄っている企業が生み出す将来の期待営業利益は同一であり,付随する割引率も同一である。

4a.1　MMの第1命題

　MMによると,貸借対照表の右側である負債と資本の構成を変えることによって,資本コストや企業価値に変動をもたらすことはできないと主張される。これは,企業価値を決定する要因は,企業の資産が生み出す将来のキャッシュフローであり,負債と資本との間で生み出されたキャッシュフローをどのように分配するかは,生み出されるキャッシュフローそのものには影響を与えないことを意味している。つまり,CFOがどのように資本構成を変更したとしても,企業価値には何も影響を与えない。CFOは資本構成をどうするかを検討しているはずであるが,MM理論の結論によるとこのようなCFOの苦悩には意味がないことになる。

　では,なぜMM理論が成り立つのだろうか。実物投資機会は同一だが,資金調達方法,つまり,資本構成の異なる2つの企業を考えてみよう。

　借り入れのない企業を企業Uで表し,企業Uの毎期の期待営業利益(利子支払前利益)をXとする。企業Uは,必要な資金全てを株主資本で調達しており,負債による資金調達は一切行っていない。その発行済株式を市場価値で評価した株式時価総額をE_U,企業の総価値をV_Uで表す。

　他方,借り入れのある企業を企業Lで表し,投資家は企業Lの期待営業利益が,企業Uと同じであると予想しているものとする。企業Lは,資金の一部を社債の発行によって調達している。企業Lの総価値をV_L,社債の市場価値総額をD_L,株式時価総額をE_L,利子額をIとする。このとき,以下の関係式が成立する。

$$V_U = E_U = E_L + D_L = V_L$$

この関係式が成立するのは，裁定取引が有効に機能する結果，裁定利益が存在しなくなるからである。仮に，$V_U > V_L$ であれば，どちらの企業の期待営業利益も同じなのだから，投資家は企業Uの株式を売却し，企業Lの株式と負債を購入する。また，逆の関係も当然成り立つ。このような裁定取引を通じて，裁定利益が消滅し，$V_U = V_L$ という関係が成立することになる。

MMの見解を図示すると，以下のようになる。

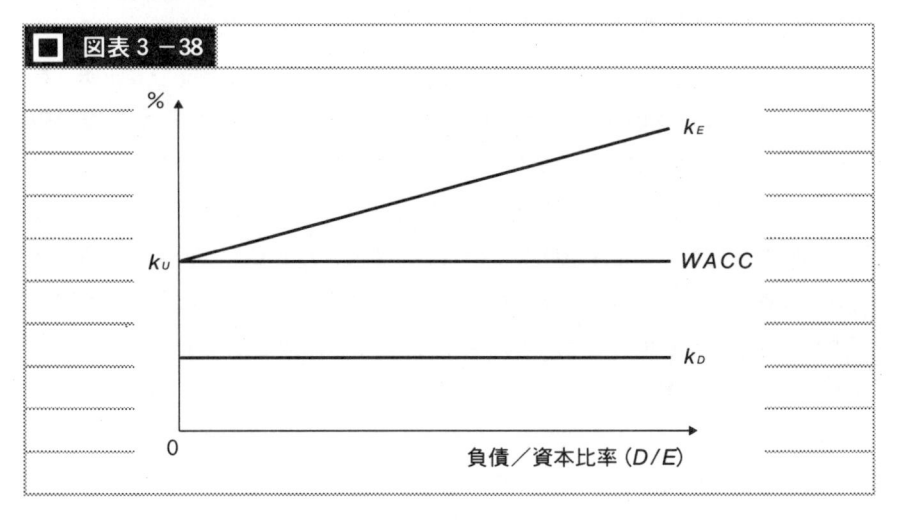

図表3-38

4a.2 MMの第2命題

MMの第2命題は，第1命題が成立しているという場合には，株主資本コストは財務レバレッジに比例するというものである。MMの第1命題では，負債と資本の割合を変えても加重平均資本コストは一定に保たれることを証明した。となると無借金経営である株主資本100％による資金調達を行う企業が少しずつ負債を導入したとしても加重平均資本コストは一定にならなければならない。そのためには，一定である負債のコストに対して，株主資本コストは上昇しなければならない。

4a.3 修正されたMM命題

当初のMM理論では，税金の存在を無視していた。しかし，1963年にモジリアーニとミラーによって，現実の実務への適用を考えて，法人税を考慮するという形で修正が行われた。完全資本市場という前提を緩め，法人税を考慮すると負債を用いることによって支払利息が損金に算入され，その分だけ節税効果が働くことになる。つまり，法人税の導入により節税効果分だけ企業価値が上昇するはずである。

このことを図示すると以下のようになる。

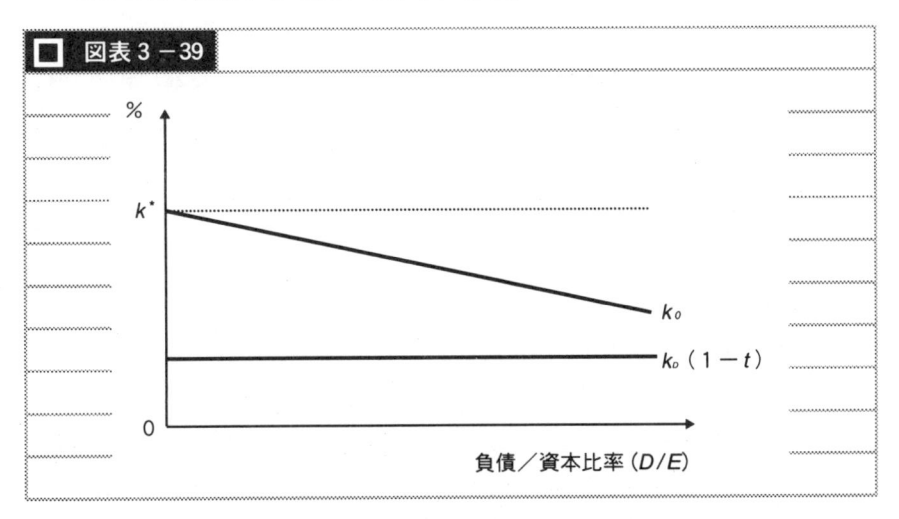

図表3-39

縦軸：％，k^*，k_0，$k_0(1-t)$
横軸：負債／資本比率（D/E）

4a.4 MM理論の問題点

◆ 裁定取引の有効性

完全資本市場の仮定のもとでは，裁定取引は有効に機能するはずである。しかし，現実の資本市場は完全ではなく，裁定利益を得るチャンスは存在するはずである。つまり，$V_L = V_U$は保証されなくなる。

◆ 負債利子率の上昇

MM理論において，負債は安全であり負債のコストは一定に保たれること

になっている。しかし，財務レバレッジを高めていけば，貸倒れのリスクを反映して利子率は上昇する。更に，負債比率が過大となれば，倒産の可能性も高くなる。倒産してしまえば様々なコストが生じることになる。このような倒産に伴う追加的なコストは，倒産が生じないという前提に比べて，企業価値を低めることになるはずである。

◆節税効果の不確実性

修正されたMM理論は，法人税を導入することにより支払利息が損金に算入されることが前提となっている。しかし，節税効果があるといっても，これは課税所得が存在しない企業にはこのような議論はそもそもありえない。つまり，黒字の企業でないと節税効果が生まれないことになる。更に，修正されたMM理論の結論のように負債100%が良いとしても，節税効果が生じる範囲には限界があるはずである。なぜならば，企業の黒字幅は決まっており，どこまでも損金に算入できるというわけではないからである。

1.4b　トレード・オフ理論

負債量がある一定のところに至るまでは，倒産コストはほとんどなく，節税効果が働く，つまり資本コストは下降し，企業価値は上昇する。しかし，ある一定の範囲を超えると，倒産コストが発生し，節税効果の一部を相殺する。最適資本構成は，限界節税と限界倒産コストが等しくなる点であり，節税効果と倒産コストを考慮した点になる。

図表3-40

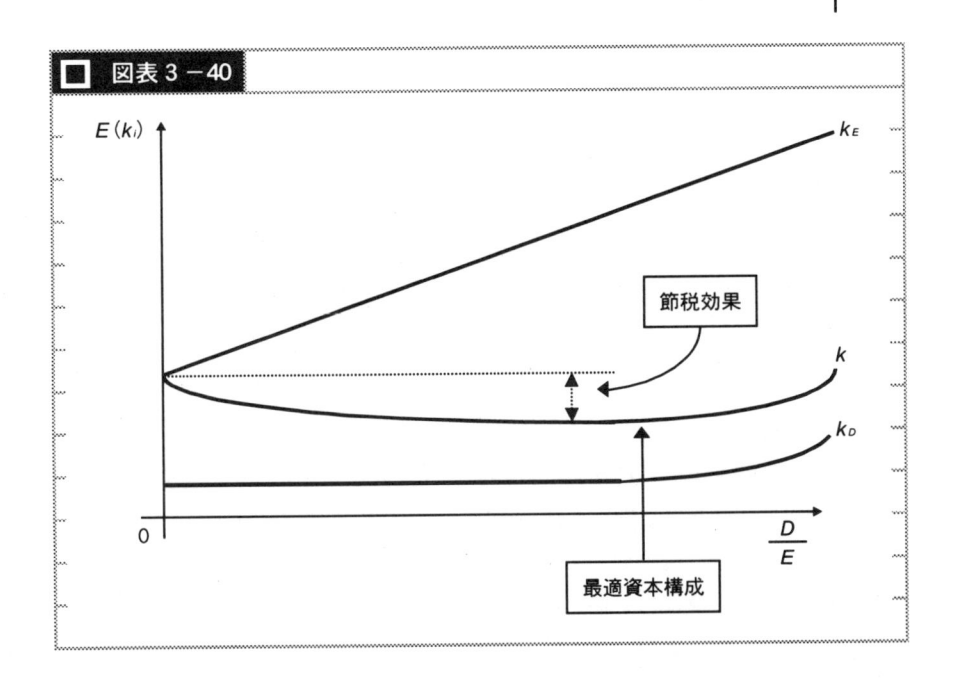

$E(k_i)$

k_E

節税効果

k

k_D

最適資本構成

$\dfrac{D}{E}$

コラム ◇ピザ理論は有効か？◇

　MM理論は，ピザ理論とも呼ばれる。これは，フランコ・モジリアーニとマートン・ミラー（シカゴ大学教授）がシカゴ名物のピザにたとえてMM理論を紹介したことに由来している。1枚のピザをどのように切ったとしても，ピザ全体の大きさは変わらない。つまり，デット・ファイナンスとエクイティー・ファイナンスの割合を変えたとしても，企業価値は変わらないという意味である。このピザ理論は実務で応用することができるだろうか。本当に有効な議論なのだろうか。結論からいうと，実務ではそのまま用いることができない。それは，ピザ理論に多くの仮定が存在するからである。

　MM理論は，完全資本市場を前提にすると成立する。そこでは，裁定取引が有効に機能し，裁定利益を得るチャンスがないことを前提としている。しかし，実際にはMM理論が仮定するような世界は存在しない。更に，現実的には取引費用が存在し，節税効果といっても，それは黒字企業にとってのみ働くものである。また，負債は安全で負債額にかかわらず利子率は一定と仮定されるが，レバレッジが高くなれば，貸倒れリスクを反映して利子率は上昇する。負債比率が過大となれば，倒産の可能性も高くなる。つまり，MM理論は，現実から大きく乖離した結論を導き出している。

　しかし，MM理論の主張は，新古典派経済学の主張そのものであり，経済学の中にファイナンス理論を位置づけた大きな功績がある。

3.2 資金の運用

　CFOは，企業価値を向上させるために，コストをかけて集めた資金を何らかの形で運用しリターンを創出していかなければならない。そのためには，リターンを生み出す案件に投資を実行していく必要がある。

　CFOが持っている投資のオプションには，設備投資，M&A，金融資産への投資などがある。CFOがどのオプションを行使するかは自由であるが，収益性を考慮に入れながら投資を継続していかなければならない。

2.1 事業投資の方法

　企業が存続し，長期的に成長していくためには事業投資を実行し，そこからリターンを得る必要がある。その意味で，事業投資は企業にとっての生命線を決する重要な投資であると位置づけることができる。この事業投資に関する意思決定の方法に以下の4つの代表的な方法がある。

2.1a 平均投資収益率

　実務的に多くの企業で適用される方法の1つに平均投資収益率法（Average rate of return on investment）がある。この平均投資収益率法は，ある投資プロジェクトの会計上の予想利益の金額を投資資産の減価償却後の平均簿価で割ることによって求めることができる。

　この方法は，会計上の利益と投資額という比較的予想しやすいデータを基礎にしているというメリットがあるが，①キャッシュフローベースの金額ではなく，会計上の利益を使っていること，②プロジェクトの採否を決定する基準が不明確であること，③貨幣の時間価値を考慮していないことが問題点としてあげられる。

2.1b 回収期間法

　回収期間法（Payback Period）とは，投資額が何年間のキャッシュフローで回収できるかによって投資のプロジェクトを判断する方法である。非常に簡便な方法であり，また実務的にも適用しやすいというメリットがある。

　しかし，最大の問題点は，回収期間後のキャッシュフローを一切考慮に入れていないことがあげられる。回収期間がたとえ長期に及んだ場合であっても，回収期間後に多額のキャッシュフローが生じる可能性は否定できない。また，貨幣の時間価値を考慮していないので，長期に渡る多額の事業投資計画の採否を決定する際には望ましい方法とはいえない。

2.1c ＮＰＶ

　ＮＰＶ（Net Present Value）とは，貨幣の時間価値を考慮した計算方法であり，投資プロジェクトから生じる将来のキャッシュフローを現在価値に割り引いた金額と初期投資額を比べる方法である。初期投資額よりも現在価値が大きい場合に投資を実行すべきである。ＮＰＶは，以下の式で表すことができる。ただし，C＝キャッシュフロー，r＝割引率，I_0＝初期投資額とする。

$$NPV = \frac{C_1}{(1+r)} + \frac{C_2}{(1+r)^2} + \cdots\cdots + \frac{C_n}{(1+r)^n} - I_0$$
$$= \sum_{i=1}^{n} \frac{C_i}{(1+r)^i} - I_0$$

　ＮＰＶ＞０となる意思決定を繰り返していくことにより企業価値が高まっていく。このＮＰＶによる投資の判定は，設備投資のようなケースばかりでなく，Ｍ＆Ａのような場合にも適用可能である。Ｍ＆Ａをすることによる将来キャッシュフローを現在価値に割り引き，当初の買収価額と比較するのである。

◻ 図表3－41

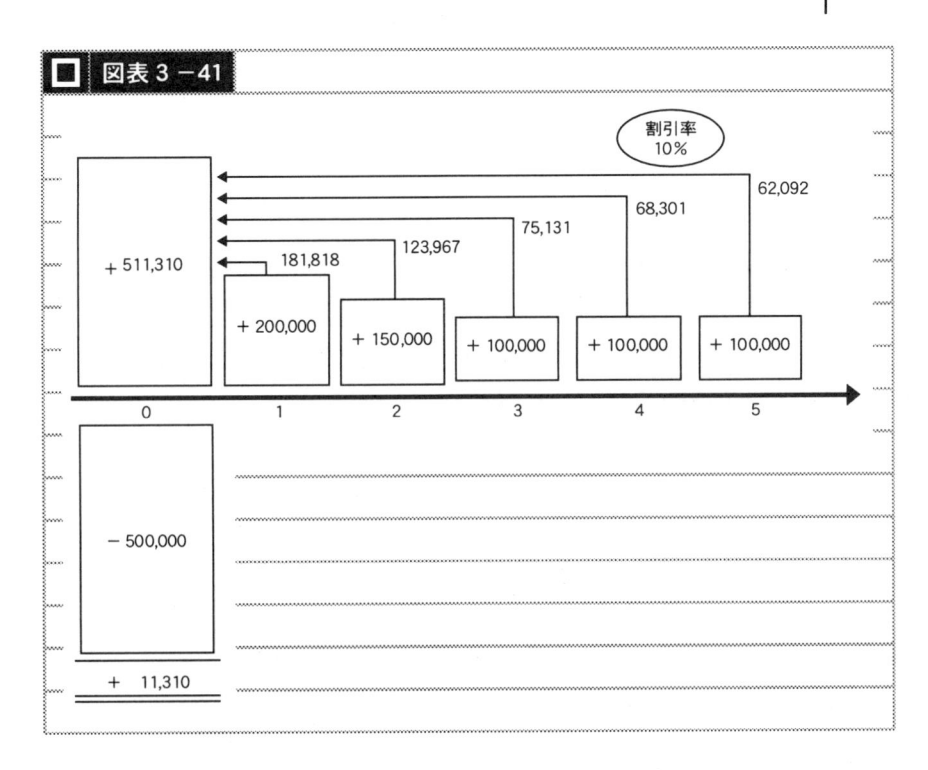

```
                                              割引率
                                               10%
    ┌──────┐ ←───────────────────────── 62,092
    │      │ ←──────────────────── 68,301
    │      │ ←─────────────── 75,131
    │+511,310│ ←────────── 123,967
    │      │ ←───── 181,818
    │      │ ┌────┐
    │      │ │+200,000│ ┌────┐
    │      │ │    │ │+150,000│ ┌────┐ ┌────┐ ┌────┐
    │      │ │    │ │    │ │+100,000│ │+100,000│ │+100,000│
    └──────┘ └────┘ └────┘ └────┘ └────┘ └────┘ ──────→
       0     1     2     3     4     5

    ┌──────┐
    │      │
    │-500,000│
    │      │
    └──────┘

    +11,310
```

2.1d I R R

NPVを展開することにより，IRR（内部収益率）を算定することができる。IRRとは，NPVをゼロとする割引率のことを意味している。このときの割引率を要求収益率と比較して，要求収益率よりも内部収益率が大きいときには投資を実行し，反対に要求収益率の方が大きい場合には投資案は採択されないことになる。IRRの算式は，以下のようになる。

● IRRの考え方
　　内部利益率 ＞ 要求収益率 ⇨ 投資実行
　　内部利益率 ＜ 要求収益率 ⇨ 投資しない

図表3-42

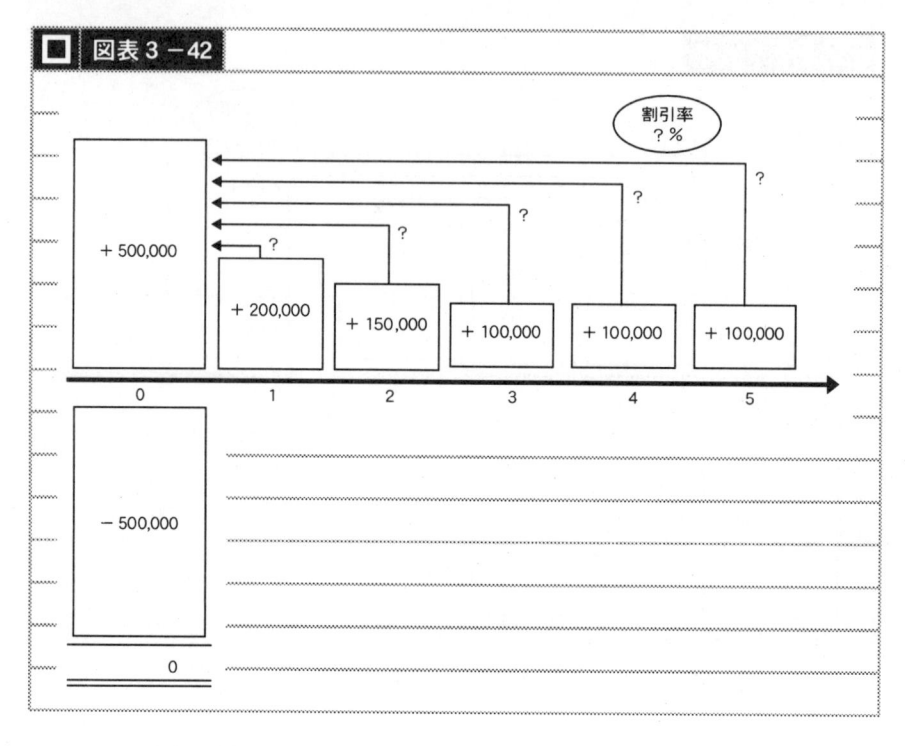

割引率 ?%

+500,000 / +200,000 / +150,000 / +100,000 / +100,000 / +100,000
0 / 1 / 2 / 3 / 4 / 5

−500,000
0

◆IRRの問題点

　NPVとIRRは，一見すると同じ結論を導き出すようにも感じられる。しかし，IRRの場合には，解が複数個になる場合もある。高次方程式を解くわけであるから数学的な結論としても当然であるといえる。

　投資プロジェクトの途中で追加的な投資が必要になる場合にこのような問題が起こることになる。複数のIRRが算定された場合に，いずれを投資の判定基準として用いるかによって結論が異なることになる。

図表3-43

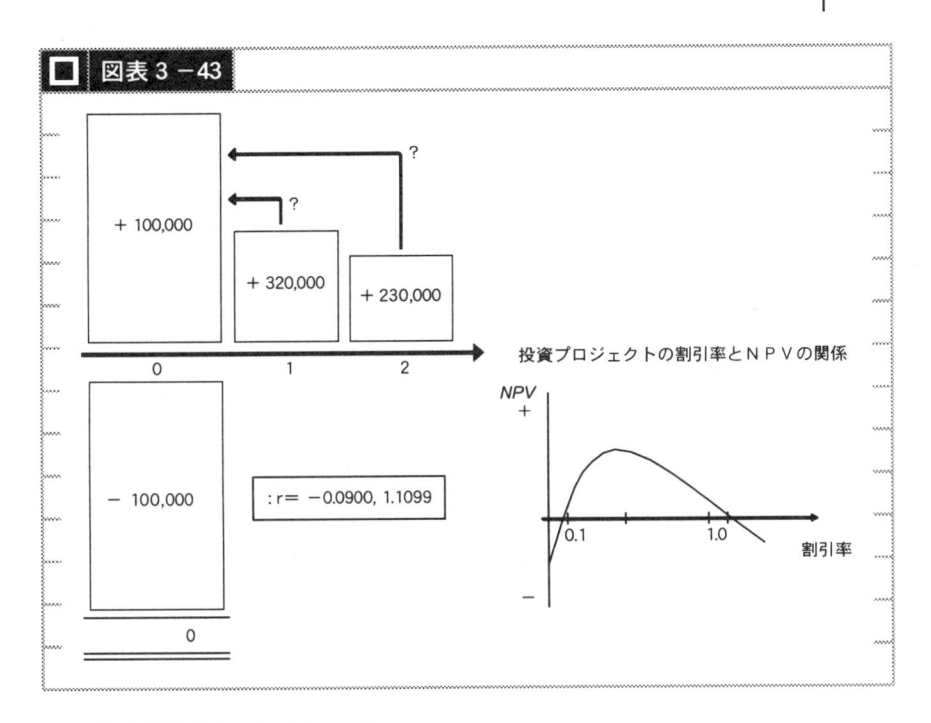

+100,000 / +320,000 / +230,000
0 / 1 / 2
−100,000
: r = −0.0900, 1.1099

投資プロジェクトの割引率とNPVの関係

◆相互排他的なプロジェクト

　投資の意思決定を行う際に，どれか1つの結論を選ぶような場合に，IRRの高低を基準にすると誤った結論を導き出すことが起こりうる。

　そこで，IRRのような利益率の高低ではなく，NPVを基準とし，どちらが多額の価値を生むかを選択の基準とすべきである。

> ☕ **コラム ◇NPVは適用されているのか？◇**
>
> 　NPVは，投資の意思決定に関して理論的な解を与えてくれる方法である。しかし，日本企業では，あまり割引現在価値の計算が用いられていないという調査結果も存在する。日本生産性本部の「企業の財務活動に関するアンケート調査報告書」(1993年) によると，1992年8月から9月に実施された日本の非金融系上場企業632社と外資系35社に関する調査で，NPVを用いている企業は17％に過ぎなかった。10年以上が経過した今日NPVが適用されることは確実に増加してきているはずだが，米国企業と比べるとまだこれからであるといえる。NPVのような割引現在価値の計算方法は，ファイナンスにおける原則的な考え方であり，今後は日本企業にも浸透してくるはずである。

2.2　金融資産での運用

　CFOのオプションとして金融資産で運用することも可能である。一言で金融資産といっても様々なものがあるが，ここではトレーディング目的で保有する有価証券と持合株式について考えていく。

2.2a　トレーディング目的の有価証券

　トレーディング目的で保有する有価証券を，金融商品に係る会計基準では，売買目的有価証券と呼んでいる。売却することを目的に保有し，キャピタル・ゲインを実現することが主たる目的である有価証券のことである。

　これらは，時価会計が適用されたことにより，時価評価されることになった。時価評価した際の評価差額は，当期の営業外収益又は営業外費用に記載されることになる。つまり，売買目的有価証券は保有しているだけで経常利

益に変動性が生じることになる。

　このような会計処理をするのは，売却することを目的に保有しているので，売却したという前提に立っているということである。現実的には，売却していなくとも経常利益が変動する可能性が出てくる。従って，近年，事業会社で売買目的有価証券を保有するケースは極めて稀になってきている。

2.2b　持合株式

　我が国の企業集団の特性として株式の相互持ち合いが広く行われている。株式をお互い少しずつ持ち合い，白紙委任状を出して，安定株主となることにより敵対的な買収などから身を守る守護神のような役割を果たしてきたのが持合株式である。

　また，持合株式は，政策保有株式とも呼ばれ，メインバンクを中心として政策的な目的で保有する株式としての性質も持っている。これらの持合株式は，金融商品に係る会計基準では，その他有価証券に分類される。売却することが目的でもなく，かといって保有し続けるというわけでもない中間的な存在という意味なのである。その他有価証券は，時価評価し，評価差額は税効果を調整の上，資本の部に記載することになっている（全部資本直入方式）。もしくは評価差額について評価益が生じている場合には，資本の部に記載し，評価損が生じている場合には当期の損失とする（部分資本直入方式）。更に，時価の下落が著しく，回復する見込があると認められる場合を除き，時価まで強制的に減損処理させなければならない。

　もしも，ある事業会社がメインバンクの株式を保有していて，その株価が相当程度に下落した場合には，多額の評価損が特別損失に計上されることも考えられる。また，時価評価が求められることにより，資本の部の変動が生じ，ＲＯＥなどの財務比率に大きな影響を及ぼすことになる。

　つまり，持合株式も保有しているだけで，時価が反映されるので，財務諸表においてリスクが顕在化することになってしまう。近年，持合解消の動き

が盛んになってきている。これは，会計基準によるリスクの顕在化という意味合いもあるだろう。

コラム ◇財テク活動は有効か？◇

　企業に余剰資金が生じた際に，金融資産で運用するという方法と実物資産に投下するという方法がある。金融資産の場合には，完全資本市場を前提にすると投資からのＮＰＶはゼロになる。これに対して，実物資産の場合には，ＮＰＶはプラスになる案件も存在する。これは，金融資産とは異なり，実物資産の場合には完全資本市場が想定されないことが理由としてあげられる。完全資本市場では，金融資産の理論価格は，その金融資産が生み出す将来キャッシュフローの割引現在価値となり，現実の価格がその理論価格から乖離した場合には，即座に大量の買いもしくは売りが発生するので，価格は均衡する。それに対して，実物資産では裁定取引は有効に機能しないはずである。

　このように裁定取引が有効に機能するのは，①情報が全ての市場参加者にコストなしで行き渡る，②取引費用，取引制限，税金が存在しない，③流動性が極めて高いという完全資本市場及び情報が，市場参加者に瞬時に行き渡り，価格に反映されるという市場の効率性を満たす場合である。このときには，金融資産へ投資をしても，超過利益を得ることができないことになる。また，完全で効率的な市場を前提とすると，余剰資金を投資家に配当して投資家が運用しても同じ結果となり，あえて企業が運用する必要がないことを意味する。

　この市場の完全性及び効率性という観点からは，財テク活動は否定されることになる。しかし，現実の市場は完全でも，効率的でもない。では，企業が行う財テク活動は有効だろうか。バブルの崩壊が我々に教えてくれたように財テク活動に精を出すＣＦＯは失格なのだろうか。

　金融商品に時価会計が適用されることになった今日，財テク活動の結果は，財務諸表において開示されることになる。金融資産を保有するリスクが財務諸表上で顕在化するのである，それにもかかわらず財テク活動をするのは妥当ではない。本業からの投資からリターンを得る姿勢がＣＦＯには必要なのである。

3.3　配当政策と自己株式の取得

　余剰資金をどのように配分するかもCFOに課された重要な役割である。配当を実施するか，内部留保するか，自己株式を取得するか，どれが企業価値を高めるのであろうか。企業価値を高めるようなリターンの配分方法がCFOには求められている。

3.1　配当政策

3.1a　MM理論

　モジリアーニとミラーは，完全資本市場では，配当をしても内部留保をしても企業価値に影響を与えないということを証明した。この議論は，配当無関連命題と呼ばれている。

　ここでは，企業が将来投資する将来キャッシュフローがあらかじめ決まっているとする。投資額に見合う資金が必要になるが，もしも企業の利益のうち内部留保した部分があればそれを投資に用いればいい。しかし，配当を実施し，投資額に見合うだけの内部留保が存在しない場合には資金の調達を行わなければならない。ただし，ここでの資金調達方法は，増資を想定している。

　内部留保したとしても，増資によって資金調達したとしても，企業の投資政策は同じである。そうであるならば，同額のキャッシュフローを獲得することになる。企業価値は，将来キャッシュフローの割引現在価値合計であるので，配当せずに内部留保しても，配当を実施し増資をしても，企業価値には影響がない。

　このMMの配当無関連命題によるとCFOが今期の配当をどうしようかという苦悩から開放されることを意味している。しかし，現実的にはCFOは

今期の配当をどうするかについて検討しているはずである。それは，資金調達とも密接に絡む重要な問題であるといえる。現実への説明力を欠いているMM理論に対しては多くの批判がある。以下に，それらに対する諸説を紹介する。

➡ケース・スタディー　マイクロソフトとKFC

　ケンタッキー・フライドチキンの配当性向（一株当たり配当金／一株当たり利益）は，平成15年11月期が413.1％で，平成14年11月期が328.6％である。つまり，利益の3倍～4倍程度の配当を行っていることを意味している。一般的に考えると利益以上に配当を支払うことなど考えられないのかもしれない。平成14年11月期と平成15年11月期で配当性向が変化したのは，一株当たり200円という配当に対して，利益額が減少したからである。利益が減少したにもかかわらず，安定配当を貫いた結果であると考えることができる。このように驚異的な配当性向を実現する企業もあれば，以前のマイクロソフト社のように普通株式に対する配当がゼロという会社もある（現在は，マイクロソフト社も配当を実施している。このことは，マイクロソフト社の周囲に魅力的な投資機会がなくなってきたことを意味するかもしれない）。

　一般的に，配当政策は，企業の成長ステージに応じて異なってくるといわれる。成熟企業ほど配当性向が高く，ベンチャー企業は配当がゼロであったりすることも稀ではない。つまり，成熟企業は余剰資金が豊富なので高配当で株主に報いていると考えられ，ベンチャー企業は資金不足であり魅力的な投資機会が豊富にあることを意味しているとも考えられる。しかし，異なる仮説を考えることもできる。それは，成熟企業の場合には，配当性向の分母にくる利益額が小さいので，結果的に配当性向が増加しているという見方である。また，ベンチャー企業など新興企業の方が利益額が大きいと考えることもできるかもしれない。

　いずれにしろ，どのような配当政策を採用するかは，CFOにとって非常

3．CFOの役割　73

に重要な役割であると考えられる。次の資金調達にも，また投資の意思決定にも関係することになる。配当政策は，CFOの株主に対する1つの姿勢を表す鏡と考えることができる。

3．1b　バード・イン・ザ・ハンド仮説

MMの配当無関連命題に対して，投資家はより高い配当を選好するので，より高い配当を支払う企業の株価は相対的に高くなるという議論がある。それを代表するのがバード・イン・ザ・ハンド仮説である。

この考え方は，配当とキャピタル・ゲインの不確実性の違いについて着目している。投資家はリスク回避的であるので，内部留保して再投資しキャピタル・ゲインという形でリターンを得るよりも，相対的に確実性が高い配当を好む傾向がある。となると，確実性が高い配当に対しては相対的に低い割引率が適用されるはずであり，不確実性が高いキャピタル・ゲインに対しては相対的に高い割引率が適用されることになる。結局，配当をした方が企業価値にプラスの影響があるという議論である。

3．1c　税制の影響

次に税制の影響を考えてみる。配当とキャピタル・ゲイン（利益の留保）に対する税率が異なれば，投資家は両者に無差別ではなくなり，より税率の低い方を選好することになる。結局，投資家の税引後リターンを大きくする配当政策が高く評価されることになる。このように税制の影響を考えると，配当をするか，内部留保をするかは無差別ではなくなる。

我が国では，かつて個人投資家にとっては配当よりもキャピタル・ゲインに対しての方が税率が低くキャピタル・ゲインの方が有利であった。しかし，法改正により，配当とキャピタル・ゲインの税率は同じになり，両者は税制の観点からは無差別であることになった。とはいっても，キャピタル・ゲインは売却するまで課税が延期できるので，実効税率ベースで考えればキャピ

タル・ゲインの方が有利ということになる。これに対して，法人投資家の場合には，配当課税の方がキャピタル・ゲイン課税よりも税率が低いので，配当の方が有利ということになる。

3.1d 発行費用，取引費用などの影響

発行費用や，取引費用の存在を考えると，配当と内部留保は無差別とはいえなくなる。

MM理論では，配当を実施した場合には，その分を増資によって賄うことを前提にしている。しかし，現実の市場では，発行費用が生じることになる。この点を考えると，内部留保の方が望ましいことになる。

このような観点からは，残余配当政策が望ましいことになる。残余配当政策とは，投資資金のうち株主資本で賄うべき部分は，コストの低い内部留保を用い，残りの利益があるときだけ配当に回すという配当政策である。

次に取引費用などの存在について考えてみる。配当無関連命題では，もし，企業が全額を配当しない場合でも，株価の増分を処分することで，全額配当したときと同じキャッシュフローを実現できる。つまり，企業がいかなる配当政策を選択しようが，投資家は希望する配当を実現できる（これは自家製（ホームメイド）配当と呼ばれる）ため，配当政策は企業価値と無関係となるとした。しかし，実際問題として，自家製配当をコストなしに複製することはできない。この結果，多くの配当を望む投資家にとっては，配当性向の高い株が選好され，資産の蓄積を望む投資家には，配当性向の低い株式が選好されることになる。

つまり，取引費用などが存在することで，配当と資本利得は無差別ではなくなる。ただし，どちらが選好されるか，ケースバイケースである。

3.1e 配当の顧客効果

税制の影響などにより投資家により最適とみる配当政策が異なることにな

る。これは企業の立場から考えてみると、その配当政策を最良とみる投資家層を顧客（株主）とすることができる。これを、配当の顧客効果という。

この配当の顧客効果があることにより、均衡においては、企業は配当性向を変更することによって株価を高めることはできない。もし高めることができるとなると、多数の企業が同じような配当性向を提供し、そのような配当性向を望む投資家にとっては超過供給となり、配当性向を変更しても株価は上昇しない。このように配当の顧客効果があると、税金や取引費用などを考慮に入れても相変わらず無関連命題は成立することになる。

なお、配当政策の顧客効果は、企業にいったん採用した配当政策をむやみに変更すべきではないことを示唆している。配当政策が変更されると、株主は自分の好みの配当政策を行う企業を新たに見つける必要が出てくるなど、様々なコストがかかってしまうからである。

3.1f 配当のアナウンスメント効果

完全資本市場では、全ての投資家は速やかに同じ情報を得ることができるが、現実的には、投資家は経営者ほど情報を保有していない。このような状況で、配当が重要な情報伝達手段として機能し、配当政策の変更が企業価値に影響することが考えられる。例えば、企業が一株当たりの配当額を増加させたとき、投資家がそれを経営者からの将来の収益見込に対する上方修正のシグナルと受け止めれば、投資家は、これまでの予測を修正して、企業価値が上昇することになる。これを配当のアナウンスメント効果と呼ぶ。いったん行った増配は、その後に取り消されづらいものである。減配することは、投資家に対して負の情報（シグナル）を流すことになってしまうからである。

3.1g エージェンシーコスト理論

エージェンシーコスト理論は、経営者と投資家に情報の非対称性があることが前提となっている。情報の非対称性があるときに、経営者は、配当性向

を低めて内部留保を高める方が新規の株主を増やさないで済むし，裁量権を高めることができると考えるはずである。また，内部留保することにより手元に十分なキャッシュがあるのは望ましいといえる。つまり，経営者は配当性向を低めて内部留保を高めたいという動機を持っている。

これに対して，既存株主は経営者の勝手な行動を抑制するのに，配当性向を高めて増資を増加させれば，それだけ新たなエージェンシー関係が生じることになる。従って，配当性向が高くなるほどエージェンシーコストが増加する。また，債権者との利害対立もある。配当性向を高めることにより，自己資本が相対的に低下するので，その分財務レバレッジが高まり債権者にとって望ましくない状況が生じる可能性がある。

このように配当性向を高める要因と配当性向を低める要因のどちらも存在するので，両社の相対的な力の強さによって配当政策が決定される。

> ☕ **コラム ◇増配は正のシグナルなのか？◇**
>
> 　増配をすると株価が上昇し，減配すると株価が下落する。これが一般的に想像される株式市場の反応であり，割引率を一定とした場合には，配当割引モデルによる理論株価の算定の考え方とも合致することになる。しかし，前述したマイクロソフト社のように成長軌道に乗っているときには，配当はゼロだが，企業が成熟してくると配当を実施するというような場合には，配当が負のシグナルを発することもある。ここでは，配当の実施が魅力的な事業が存在しなくなり，投資のハードルレートを上回るリターンをもたらす投資機会が存在しないことを意味する。今後，多額の余剰資金が存在し，投資先がない状況である。企業は実物資産への投資などにより企業価値を高めていく必要がある。投資機会がもはや存在しない以上は，配当は負のシグナルにもなりうるのではないだろうか。

➡ケース・スタディー　ＴＯＢ旋風が吹き荒れる

　2003年12月19日，米系投資ファンドのスティール・パートナーズが，毛織物染色加工大手であるソトーに対してＴＯＢ（Take Over Bit：株式公開買い付け）を仕掛けた（スティール・パートナーズはユシロ化学工業にもＴＯＢを同時期に仕掛けた）。スティール・パートナーズは，1,150円でＴＯＢを表明したが，ソトーはそれに対して，大和證券グループと組み，経営陣による買収策を発表した。その後，両者の値上げ合戦は続いたが，最終的には2004年2月16日にソトーが年間配当200円の大幅増配を発表し，ＴＯＢ合戦は終結した。

　日本では，敵対的な買収が決して頻繁に行われているわけではないが，1999年には国際デジタル通信（ＩＤＣ）を巡って日英企業がＴＯＢ合戦となり，結局，英国企業が競り勝ったこともあった。かつては，内部留保が潤沢な企業は，優良企業であるという考え方が我が国には存在した。しかし，必要以上の内部留保を抱えるということは，資本効率が悪いことを意味している。今後は，ＰＢＲや配当利回りが低い企業に対してＴＯＢが仕掛けられることが多くなるはずである。このＴＯＢ旋風が意味することは，企業価値を意識した経営をしなければいけないということである。ＴＯＢという新たなリスクに直面していることをＣＦＯは忘れてはならない。

3.2　配当と自己株式取得

　配当と自己株式取得は，企業の余剰資金の分配手段としてしばしば用いられる手法である。理論的には，配当と自己株式取得は株主の立場からすると得られる富に変わりがなく無差別であるといえる。つまり，配当を行った場合には，株主は配当を得ることになり，その配当の増加分だけ配当落ちした株価が株主に帰属する財産となる。それに対して，自己株式取得を行った場合には，余剰資金で自己株式を取得した場合に，株式が余剰資金とともに減

少し，株価には変動がない。つまり，配当の場合と同じだけの富を得ることになるはずである。

このように配当を行うか，自己株式を取得するかは株主にとって無差別であり，あえて自己株式取得を選択する理由はないはずである。しかし，企業は自己株式取得を頻繁に行っており，現実的には配当よりも自己株式取得を優先する傾向がある。

3.3 自己株式を取得する理由

3.3a 一度限りの余剰資金の分配手段となる

配当は，安定配当の傾向があり，いったん増配したあとに減配することは投資家に対してマイナスのシグナルを発する効果が生じてしまう。つまり，減配をした場合には，株価下落のリスクがつきまとうことになってしまう。潤沢な内部留保を持つ企業にとって，余剰資金の分配方法は大きな問題となる。余剰資金があるからといって，採算の取れないプロジェクトへの事業投資を繰り返したり，経営者個人のための必要以上に豪華な役員室などを設けることは株主の富を減らすことになってしまう。しばしば経営者は自己顕示欲からそのような行動をする傾向があるが，それは企業価値向上という観点からは高く評価されることはないはずである。

そこで，一度限りの余剰資金の分配手段として，配当ではなく，自己株式の取得が行われることが多い。自己株式を取得し，市場にキャッシュを還元していき，スリムな財務体質とすることが収益性を重視することにもつながる。

3.3b EPSの上昇効果

企業が余剰資金を利用して自己株式を取得しても当期純利益には影響がないが，流通株式数が減少するので，一株当たり利益が上昇することになる。

一株当たり利益は，投資の重要な指標の1つである。この一株当たり利益の上昇が，株価の上昇を招くことを期待して，企業が自己株式取得を行うのである。

3.3c　ROEの上昇効果
　自己株式を取得した場合には，自己株式を取得原価で評価し，貸借対照表の資本の部の末尾でマイナスされる。つまり，自己株式の取得は，株主への払い戻しと考えて，貸借対照表の資本の部が小さくなることを意味する。資本の部が減少したとしても，ROEを算定する際の分子である当期純利益には全く影響がないので，自己株式を取得するとROEが上昇することになる。

3.3d　最適資本構成の達成手段
　自己株式の取得によって，資本の部を圧縮し，財務レバレッジを高め，法人税の節税効果を期待するというものである。つまり，負債が過小な企業にとって，自己株式の取得は，負債比率を高める1つの手段となり資本構成を容易に変更することができる手法であるといえる。

3.3e　アナウンスメント効果
　企業が自己株式を取得するのは，自社株が過小に評価されているということを市場に伝達する手段であることが非常に多い。経営者と投資家との間には，情報の非対称性が存在するはずである。このような状況において，自己株式取得は，自社の状況に関する経営者からの有用なシグナルであると考えられる。

3.4　自己株式取得と株価

　自己株式を取得するとROEが上昇するなど財務的な効率性を高めること

ができる。その意味で，実務的には広く受け入れられている手法であると考えられる。では，この自己株式取得は，株価を上げる力を持っているのだろうか。答えは，ＮＯである。自己株式の取得によって，会社財産が減少するが，それと同時に流通株式数も減少するので，結果的に株価に影響はないはずである。しかし，一般的には，市場の反応は異なったものである。自己株式を取得することを市場は歓迎する傾向があり，株価にとってポジティブな要因になることが多い。

3.4 企業活動とリスク

　企業活動のあらゆる局面でリスクが生じている。そのリスクは，放っておくと肥大化し，手がつけられなくなってしまう危険性がある。そこで，ＣＦＯはリスクに挑み，リスクをヘッジしていかなければならない。それが資本コストを低下させることにつながり，企業価値の上昇につながることになる。

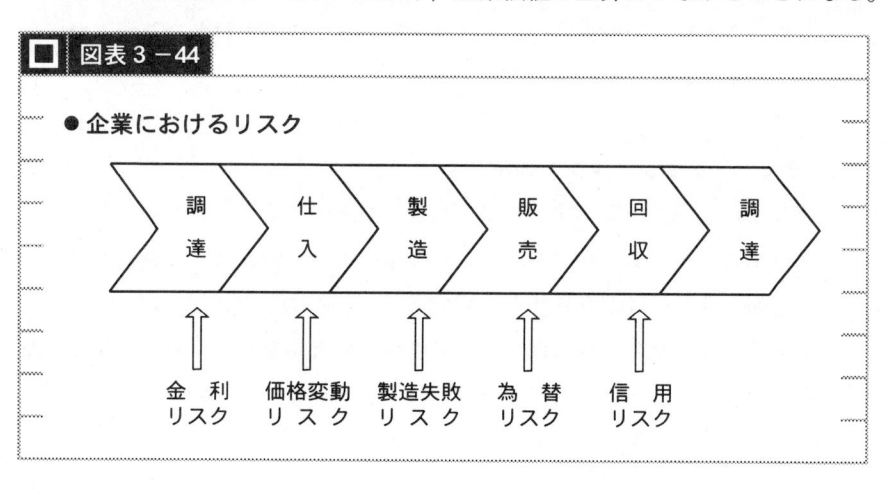

図表3-44

● 企業におけるリスク

調達 → 仕入 → 製造 → 販売 → 回収 → 調達

金利リスク　価格変動リスク　製造失敗リスク　為替リスク　信用リスク

4.1 原材料調達リスク

多くの事業会社では，原材料を仕入れ，それを加工し，製品を完成させているはずである。この工程のうち，原材料の仕入価格は，季節性，景気動向，需要と供給などの関係により変動する可能性がある。しかし，それに合わせて製品価格を頻繁に変動させることは現実的ではない。つまり，事業会社は原材料の調達リスクにさらされていることになる。もちろん業種・業態によって原材料調達リスクの影響は異なるが，そのリスクをヘッジする必要性は高いといえる。つまり，原材料調達のためのキャッシュフローを固定してしまうのである。これは，CFOにとって非常に大きな役割である。

4.2 時価会計リスク

4.2a 有価証券保有リスク

前述した時価会計の導入により，有価証券を保有しているリスクが財務諸表上で開示されることになった。売買目的有価証券の場合には，経常利益にそのリスクが含まれることになる。また，持合株式の場合には，原則として資本の部にそのリスクが含まれることになる。更に，持合株式の時価が著しく下落すれば，回復する見込がある場合を除いて評価損を計上しなければならない。

CFOにとって，業務上の関係でどうしても保有する必要性がある株式があるはずである。しかし，株式を保有することは企業の財務内容を変動させることに注意しなければならない。今後，株式の相互持ち合いの解消は加速すると考えられる。つまり，株式保有ではなく，本業でのリターンを重視する姿勢に企業活動が変わっていくことを意味する。このことは，MM理論が我々に教えてくれたことと非常に似通っている。MM理論では，資金調達の意思決定と資金運用の意思決定は独立であり，企業価値に影響を与えるのは

投資の意思決定である。つまり，本業での投資からどれだけのキャッシュフローが獲得できるかが重要であるということになる。時価会計は，企業にとって厳しい側面もあるが，本業重視の本来の姿勢を見失いかけているCFOには良い教訓となるはずである。

4.2b　退職給付のリスク

　企業年金制度には確定給付型と確定拠出型の2つがある。このうち，我が国の企業が主に採用している確定給付型年金制度によると退職給付の会計を適用することにより積立不足額が開示されることになってしまう。退職給付の会計においては，退職一時金及び企業年金を含めて退職給付に係る全ての包括的な会計処理が要求されている。その会計基準によると，将来の退職給付に関する支出を現在価値に割り引いた金額を退職給付債務とし，その債務支払のために積み立てた年金資産を時価評価し，退職給付債務の方が年金資産よりも大きいときに積立不足を財務諸表において開示する仕組みになっている。つまり，退職給付の会計を適用すると，確定給付型年金を採用する企業においては，積立不足が財務諸表上明らかになり，退職給付のリスクが生じることになる。

　この退職給付に関する割引計算を行う際の将来の支出額は個々の従業員ごとに見積もり，割引率としては安全性の高い長期の債券の利回りを適用することになっている。この割引率は，具体的にはＡＡ以上の格付けを有する債券の利回りのことを指している。しかし，企業が採用する割引率は，毎期変更されることが多いのが現実である。割引率を高くすることは，現在時点の退職給付債務を少なくし，ひいては積立不足額が少なくなる。逆に，割引率が低い企業は，退職給付債務が多くなり，相対的に積立不足額が多くなるはずである。企業によって，採用する割引率には差異が生じている。つまり，同じく退職給付の会計を適用していたとしても，貸借対照表で開示される退職給付引当金という積立不足額は企業によってその水準が異なる可能性があ

る。ましてや，退職給付という極めて多額になる項目については，財務諸表の注記事項で適用している割引率を把握しておかなければならない。

退職給付費用のうち会計基準変更時差異には注意が必要である。会計基準変更時差異とは，退職給付に係る会計基準を新たに適用することにより従来の会計処理との違いを財務諸表に表そうとする項目である。この会計基準変更時差異は15年以内に償却しなければいけないことになっている。つまり，15年間は新たな会計基準を適用することによる過去の累積的影響が財務諸表に残る可能性がある。ここで注目したいのが，会計基準変更時差異の会計処理である。財務的基盤が強い企業は，既に一括費用化してしまっているところも多い。つまり，会計基準変更時差異が残っているということは，退職給付に関する問題にCFOが悩まされているということを意味する。財務諸表において，顕在化する退職給付に関するリスクが当分の間，多くのCFOに大きな課題としてのしかかってくるだろう。

□ 図表3-45

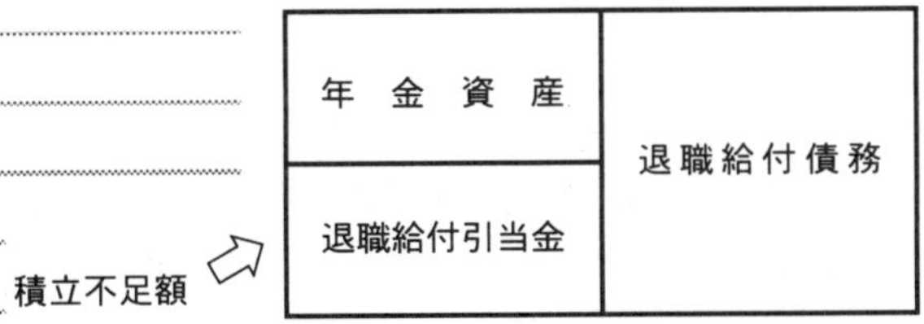

年　金　資　産	退職給付債務
退職給付引当金	

積立不足額

4.2c　土地保有のリスク

我が国には，"土地神話"なるものが存在し，土地の価格は上昇し続け，決して下がることはないはずだと考えられてきた。これは，戦後50年，我が国経済が奇跡的に右肩上がりの成長を遂げてきたことに起因する。しかし，バブル崩壊後，不動産価格は一気に下落し，かつては有担保主義を標榜に掲げる銀行にとって格好の担保材料だった土地の神話が崩れることになった。

これは，考えてみれば当たり前のことである。なぜならば，ある資産の価格は，需要と供給によって成り立つのであり，需要がいつまでも無限に続くことはありえないからである。しかし，このことに気付かなかったＣＦＯは数知れず存在する。バブル当時，本業よりも財テク活動に精を出した事業会社は，バブル崩壊により多額の含み損を抱えることになってしまった。しかし，我が国の企業会計のルールでは，土地・建物などのいわゆる有形固定資産は，取得原価主義に基づいて評価されることになっている。取得原価主義とは，資産を購入した金額で貸借対照表に資産として記載し，その後は時価の変動があろうとも資産を売却するまではその時価の変動を財務諸表で一切明らかにされない会計処理方法のことをいう。この取得原価主義は，バブル期に多額の不動産投資をした事業会社にとって好都合だといえる。なぜならば，保有している土地や建物の時価が下がろうとも，買った当時の金額が基礎になり貸借対照表に記載されているので，時価下落のリスクが全く財務諸表で明らかにならないからである。実際は，形こそあれ，無稼動の不動産などを多額に保有している企業は存在するはずである。しかし，今まではこの価格下落のリスクを財務諸表で開示するルールが存在しなかった。ところが2002年8月に固定資産の減損に係る会計基準の設定に関する意見書が公表され，2006年3月期から"減損会計"が適用されることになった。減損会計では，固定資産を保有している際に，保有資産から将来キャッシュフローが生じないことが明らかに認められる場合に，資産の帳簿価額を減額しなければならない。つまり，明らかな時価下落があった場合には，損益計算書において多額の損失が計上されることになってしまう。今までは全くうみが出なかったバブル期の投資の成果がバブル崩壊後15年を経過してようやく明るみになるのである。このことは，ＣＦＯにとっては大きなリスクを背負うことになる。過去の投資を早めに精算する必要も出てくるであろうし，この後は投資成果を今まで以上に考慮しなければいけないことにもなるはずである。減損会計は，キャッシュフローを生まない経済的資源を貸借対照表から切り

落とすのこぎりのようなものである。

4.3 為替リスク

多くの資源を輸入に依存している我が国の企業は，為替リスクにさらされている。為替相場が変動することは，企業の業績に甚大な影響を及ぼすものである。取引日と決済日が異なる場合に，それぞれの為替レートが変動すれば為替リスクが財務諸表上顕在化することになる。例えば，トヨタ自動車の場合には，海外売上高の比率が40％程度を占めており，販売時点と決済時点での為替レートが円高になるか円安になるかは極めて大きな影響があるはずである。このような状況を，トヨタ自動車のＣＦＯが黙って見ているはずはない。当然，為替リスクをヘッジする行動に出なければならない。為替リスクをヘッジするためには，為替予約を銀行と締結することも可能であるし，通貨オプション，通貨スワップなどのデリバティブ取引を使うこともできる。

企業の顕在化した為替リスクは財務諸表から読み取ることができる。売掛金や買掛金の為替リスクは，損益計算書の営業外収益又は営業外費用に"為替差損益"として開示される。最近の事例では，任天堂が，平成16年3月期に円高の影響で為替差損を約680億円計上する見込である（平成16年4月1日現在）。ＣＦＯは，企業価値を創造するために，為替リスクをヘッジしなければならない。

また，海外に子会社を作っており，連結財務諸表を作成する際に，子会社の財務諸表を日本円に換算していく過程で生じる為替リスクは，"為替換算調整勘定"として貸借対照表の資本の部に記載されている。

4.4 信用リスク

デット・ファイナンスを行っている企業の場合には，信用リスクがつきものである。デット・ファイナンスを実施すれば，利息の支払と元本の返済を

行わなければならない。これらが正常に行えるか否かは，債権者にとって非常に重要な問題である。また，企業の立場からしても，信用リスクを低めることができれば，負債のコストを下げることができ，有利な資金調達をすることが可能になるはずである。

　信用リスクを評価する方法の1つに格付けがある。格付けといっても，長期債格付け，短期債格付け，コマーシャル・ペーパー格付け，ソブリン格付けなど様々なものが存在する。

コラム ◇格付けでは何を重視するのか？◇

　トヨタ自動車は，スタンダード＆プアーズ社（以下，Ｓ＆Ｐとする）からトリプルＡの格付けを取得している（2004年３月現在）。このような格付けが付与されるのはなぜだろうか。格付けは，何を判断基準としているのだろうか。

　格付けでは，定性的な情報と定量的な情報の２つの側面からデフォルト・リスクに関する意見表明を行っている。定性的な情報とは，経営者のビジョンや戦略など今後の事業の魅力度などによって判断されるものであり，数値情報ではない。また，定量的な分析は，財務諸表分析などによって得られるものであり，そこではインタレスト・カバレッジ・レシオという指標が重視されている。

　インタレスト・カバレッジ・レシオとは，営業利益に金融収益を加算した事業利益を支払利息で割ることによって求めることができる。支払利息の何倍の事業利益があるかを判断し，企業の安全性を評価しようという考え方である。

$$\text{インタレスト・カバレッジ・レシオ（倍）} = \frac{\text{営業利益} + \text{受取利息} + \text{受取配当金}}{\text{支払利息}}$$

　2003年４月現在，Ｓ＆Ｐによる各社の長期会社格付けは，トヨタ自動車ＡＡＡ，三菱自動車Ｂ－，日産ＢＢＢ，ホンダＡ＋となっている。インタレスト・カバレッジ・レシオ以外にも自己資本比率など他の指標も重視されるが，財務指標としては利払能力を表すインタレスト・カバレッジ・レシオを分析することにより，ある程度格付けとの相関関係を見出すことができる。

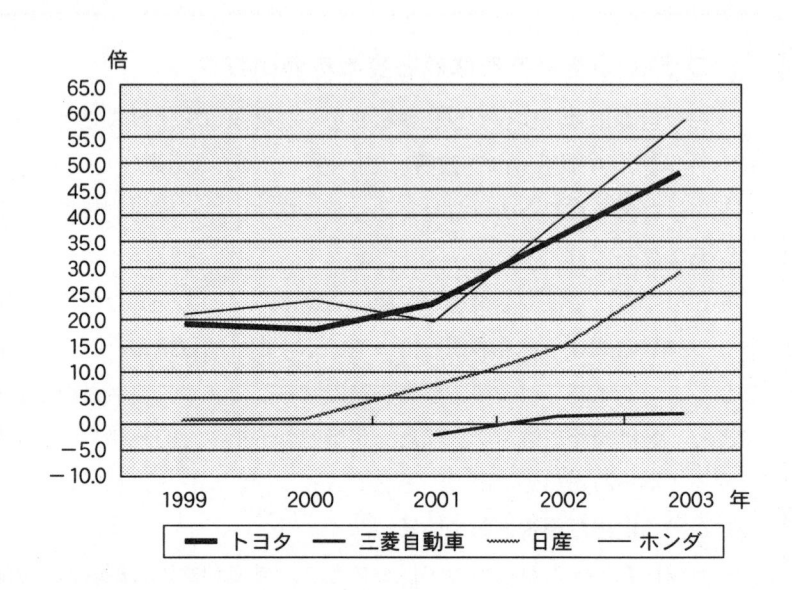

<トヨタ>　　　　　　　　　　　　　　　　　　　　　　　　　　（単位：百万円）

	1999年	2000年	2001年	2002年	2003年
営 業 利 益	774,945	775,982	870,131	1,123,470	1,363,679
受 取 利 息	74,525	58,340	59,168	46,958	43,278
受 取 配 当 金	10,683	14,902	11,109	8,691	10,002
支 払 利 息	44,733	46,948	40,357	31,990	29,547
インタレスト・カバレッジ・レシオ（倍）	19.2	18.1	23.3	36.9	48.0

3．CFOの役割

<三菱自動車>　　　　　　　　　　　　　　　　　　　　（単位：百万円）

	1999年	2000年	2001年	2002年	2003年
営業利益			−73,865	40,227	82,761
受取利息・受取配当金			12,162	10,767	10,155
支払利息			35,784	32,609	36,710
インタレスト・カバレッジ・レシオ（倍）			−1.7	1.6	2.5

<日　産>　　　　　　　　　　　　　　　　　　　　　（単位：百万円）

	1999年	2000年	2001年	2002年	2003年
営業利益	109,722	82,565	290,314	489,215	737,230
受取利息・受取配当金	19,328	13,415	11,139	13,837	8,520
支払利息	102,920	73,979	42,241	34,267	25,060
インタレスト・カバレッジ・レシオ（倍）	1.3	1.3	7.1	14.7	29.8

<ホ　ン　ダ>　　　　　　　　　　　　　　　　　　　（単位：百万円）

	1999年	2000年	2001年	2002年	2003年
営業利益	548,698	426,230	406,960	639,296	689,449
受取利息・受取配当金	11,136	10,780	11,833	7,445	7,445
支払利息	27,890	18,920	21,400	16,769	12,207
インタレスト・カバレッジ・レシオ（倍）	20.1	23.1	19.6	38.6	57.1

3.5 リスクヘッジの方法

5.1 リスクヘッジの実態

　CFOにとっては本業以外の部分でのキャッシュフローの変動を回避することが極めて重要な問題である。そこで，企業がどのようなリスクヘッジ活動を行っているかを見ていくことにする。以下は，花王のリスクヘッジの実態を表している。

図表3-46

	ヘッジ対象	ヘッジ手段
花王	外貨建貸付金，外貨建予定取引 外貨建貸付金 借入金及び社債	為替予約 通貨スワップ 金利スワップ

　ヘッジ対象として，外貨建ての貸付金と外貨建ての予定取引（未履行の確定契約取引）に対して，キャッシュフローを固定すべく為替予約や通貨スワップを締結している。外貨建ての項目を円貨に換算する過程で生じる為替リスクをヘッジしているのである。

5.1a　通貨スワップ

　通貨スワップ取引は，同一金利で異なる通貨建ての債務を交換する契約のことをいう。例えばドル建ての固定金利借り入れと円建ての固定金利債務の借り入れを交換するなど，通貨というキャッシュフローを交換する契約のことである。

図表3-47

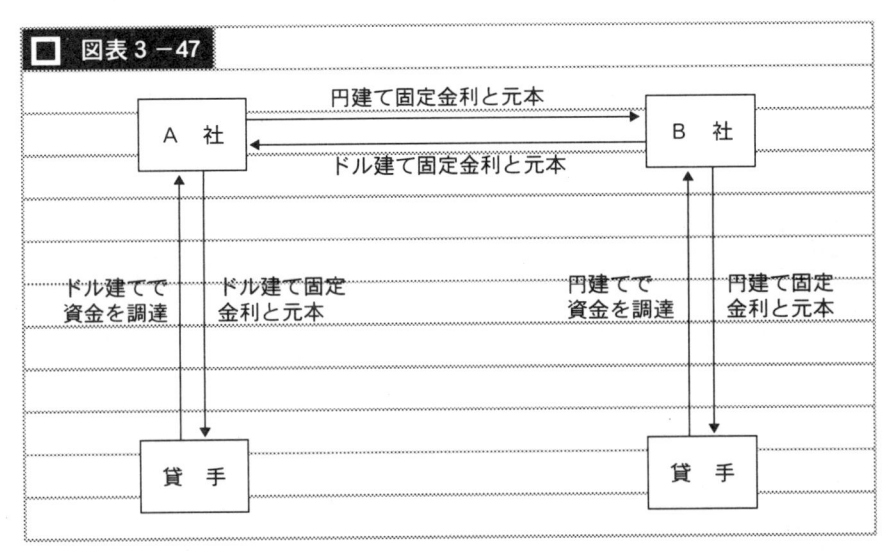

```
         円建て固定金利と元本
   A 社 ←──────────────→ B 社
         ドル建て固定金利と元本

  ↓↑         ↑↓              ↓↑         ↑↓
ドル建てで  ドル建て固定      円建てで    円建て固定
資金を調達  金利と元本        資金を調達  金利と元本

   貸 手                        貸 手
```

【図表3-47】は通貨スワップの例を示している。まず，A社はドル建てで固定金利の借り入れにより資金を調達し，B社は円建てで固定金利の借り入れにより資金を調達する。取引開始日と取引最終日に元本を交換し，固定金利の利息を円建てでA社からB社へ，B社からA社へドル建てで支払う。これによりA社のドル建て借り入れは，実質的に円建ての取引になり，為替リスクをヘッジすることができる。これに対して，B社はドル建てで借り入れをしたのと実質的に同じになる。つまり，通貨というキャッシュフローを交換することにより，為替リスクをヘッジすることができる。

5.1b 金利スワップ

　金利スワップ取引は，同一通貨で異なる金利を交換する契約のことをいう。例えば，固定金利借り入れと変動金利借り入れを相互に交換するものである。

図表3-48

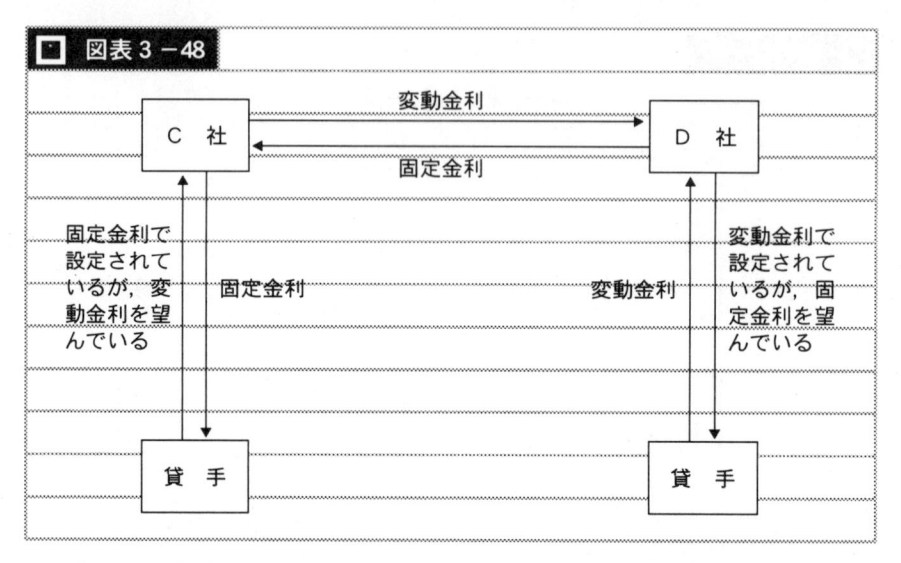

```
              変動金利
    ┌─────┐ ←──────── ┌─────┐
    │ C 社 │           │ D 社 │
    └─────┘ ────────→ └─────┘
              固定金利
     │                   │
固定金利で              変動金利で
設定されて              設定されて
いるが，変   固定金利    変動金利   いるが，固
動金利を望                          定金利を望
んでいる                            んでいる
     │                   │
    ┌─────┐           ┌─────┐
    │ 貸 手 │           │ 貸 手 │
    └─────┘           └─────┘
```

【図表3-48】は金利スワップ取引を表している。変動金利を望んでいるC社は，債権者に対して固定金利の利息を支払う契約をしているが，金利スワップ取引により実質的に固定金利での借り入れを変動金利での借り入れに変換している。これにより，金利のリスクをヘッジすることができる。

5.2　リスクヘッジの会計処理

　企業のリスクヘッジ活動は財務諸表においても明らかにされている。会計処理に着目すると，リスクにさらされているヘッジ対象とそのリスクをヘッジするヘッジ手段の2つをそれぞれ独立に会計処理するが，その損益はヘッジの実態を表すために同一の会計期間に認識しなければならない。

　ここでいうヘッジ手段としては主にデリバティブ取引が想定されている。デリバティブ取引は，ヘッジにかかわるものを除いて契約締結時から認識し，時価評価した際の評価差額は当期の損益として記載されることになっている。しかし，ヘッジ会計を適用する際のヘッジ対象は原価評価されているか，時

価評価されていたとしても，その評価差額が当期の損益には反映されていない項目である。となるとヘッジ対象とヘッジ手段の損益が同一の会計期間に認識されることがなくなってしまい，ヘッジの実態が財務諸表で顕在化しないことになってしまう。そこで，ヘッジ会計を適用し，ヘッジ対象の損益とヘッジ手段の損益を同一の会計期間に認識することになる。

　このヘッジ会計の処理には，繰延ヘッジと時価ヘッジがある。繰延ヘッジとは，時価評価されているヘッジ手段に係る損益又は評価差額を，ヘッジ対象に係る損益が認識されるまで資産又は負債として繰り延べる方法であり，我が国においては原則的な会計処理となっている。また時価ヘッジとは，ヘッジ対象である資産又は負債に係る相場変動等を損益に反映させることにより，その損益とヘッジ手段に係る損益とを同一の会計期間に認識する方法であり，我が国ではその他有価証券（持合株式など）にしか適用することができない。

4. 企業の財務目標の変遷

Chief Financial Officer

　企業の財務目標は，時代とともに変わってきている。CFOがターゲットとする指標も唯一絶対のものはないことを意味している。この財務目標は，損益計算書，貸借対照表，キャッシュフロー計算書という3つの主要財務諸表と密接な関係があり，時代とともにより普遍的になってきている。

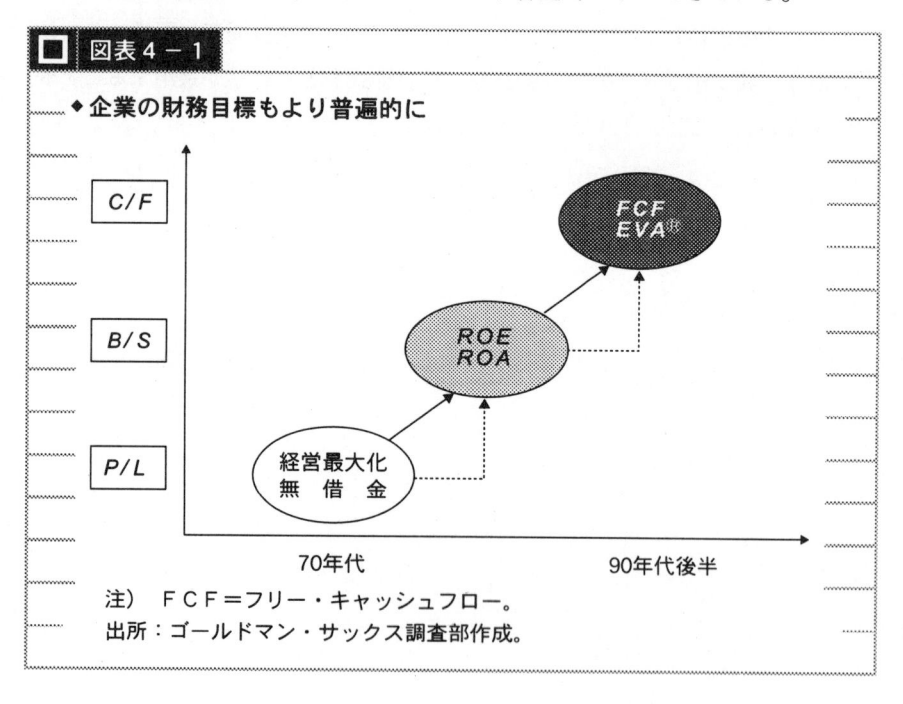

■ 図表4－1

◆企業の財務目標もより普遍的に

C/F　　　　　　　　　　　　　　　FCF
　　　　　　　　　　　　　　　　　EVA®

B/S　　　　　　　　ROE
　　　　　　　　　　ROA

P/L　　経営最大化
　　　　無　借　金

　　　　70年代　　　　　　　　90年代後半

注）FCF＝フリー・キャッシュフロー。
出所：ゴールドマン・サックス調査部作成。

4.1　損益計算書重視

　かつて日本が右肩上がりの経済成長を持続していた時代には，市場占有率の拡大が何よりも重要であるとＣＦＯは考えてきた。成長軌道に乗った経済においては，自社のシェアを高めることが企業の競争力を高めることにつながるという発想がこの根底にはあるものと考えられる。シェアの拡大は，損益計算書の一番上に記載される売上の拡大につながるはずである。売上が増えれば，経済成長とともに経常利益も増えていくはずという発想である。日本企業では，経常利益を"ケイツネ"と呼び，決算発表上，非常に重視されている指標であった。経常利益は，営業利益（粗利益）に営業外収益及び営業外費用を考慮した数値であり，本業のみならず，企業が長期に，正常に上げることができる利益を表している。つまり，災害など特別な事情による損益を排除した企業活動における正常利益であり，この経常利益の最大化が企業価値を高めるものと考えられてきたのである。

　経常利益最大化が財務目標とされた背景として，以下のような経済状況が考えられる。右肩上がりの高い経済成長の状況の中で，企業の成長率も高く，資金ニーズが旺盛であった。当時はメインバンクからの間接金融中心の資金調達に依拠しており，多額の金利負担が生じることとなった。支払利息は，営業外費用に記載されるので，経常利益を最大化することは，暗黙のうちに借り入れを抑制し金利コストを抑えることを考慮していたことになる。

図表4-2

連結損益計算書

Ⅰ	売 上 高		×××
Ⅱ	売 上 原 価		×××
	売 上 総 利 益		×××
Ⅲ	販売費及び一般管理費		×××
	営 業 利 益		×××
Ⅳ	営 業 外 収 益		
	連結調整勘定償却	×××	
	持分法による投資利益	×××	
	…………………	………	×××
Ⅴ	営 業 外 費 用		
	持分法による投資損失	×××	
	…………………	………	×××
	経 常 利 益		×××
Ⅵ	特 別 利 益		×××
Ⅶ	特 別 損 失		×××
	税金等調整前当期純利益		×××
	法人税, 住民税及び事業税	×××	
	法人税等調整額	×××	×××
	少 数 株 主 利 益		×××
	当 期 純 利 益		×××

4.2 貸借対照表重視

1970年代の売上高及び経常利益重視から,バブル崩壊後資本効率を重視し,貸借対照表を重視するようになってきた。具体的には,貸借対照表の収益性の指標であるROEやROAの最大化が財務目標の指標として掲げられるようになってきた。

資本効率が財務目標とされた背景として,以下のような経済状況が考えられる。企業規模が大きくなり成長率が鈍化すると,内部留保の範囲内での投資で十分になってきた。内部留保には明示的な金利負担がなく,資本抑制の規律が希薄化してきた。そこで,バブル期に無駄な投資が横行してしまった。しかし,バブル崩壊の反省から,非効率な投資を排除すべく,資本効率が重視されるようになってきた。

2.1 ROA

使用総資本事業利益率（Return on Assets：ROA）は,企業が経営活動で使用する資本の全体から生み出された事業利益の額を使用総資本額で割ることにより,使用した総資本によってどれだけの事業利益を上げたかを測定する。総資本＝総資産であることから,この比率は総資産利益率とも呼ばれる。使用総資本事業利益率（ROA）は,次のように計算される。

$$使用総資本事業利益率（\%）＝\frac{事業利益}{期首・期末平均の使用総資本}\times 100$$

自己資本と他人資本を合計した使用総資本を分母とし,それによる利益率がどの程度なのかを求めた指標であるが,分子には本業からの利益である営業利益に受取利息・配当金,有価証券利息などの金融収益を加えた事業利益

を使うことが特徴である。

2.2 ROE

2.2a ROEの意義

　株主資本純利益率は，企業の使用総資本のうち，株主の持分である株主資本に対して毎年どれだけの純利益を上げているかを見る指標である。すなわち，株主資本純利益率は，株主の立場から見た収益性の指標であることから，株主資本利益率（Return on Equity：ROE）と呼ばれ，株主にとっては自分の資産の利回りに相当する指標といえる。ROEは，次のように計算される。

$$株主資本純利益率（\%）＝\frac{当期純利益}{期首・期末平均の株主資本}×100$$

　株主のものである株主資本に対して，分子の利益は当期純利益である。当期純利益は，事業利益から他人資本である債権者に支払う利息等を控除し，株主が負担すべき特別損益項目も考慮し，更に税金を控除した残りの税引後の利益である。すなわち，最終的に株主に帰属する当期の利益額を用いる必要があることから，当期純利益が使われている。従って，株主資本純利益率（ROE）が高い銘柄ほど株主の資金を効率的に増やしてくれることになり，それだけ投資価値は高いといえる。ただし，近年，会計ビッグバンの影響などもあり，特別損益によって当期純利益が大きく変動してしまう場合もある。そのときには，比較可能性や将来の収益予想を行う際の問題が生じる可能性があるため，経常利益×（1－税率）を使う場合もある。

2.2b 財務レバレッジ

　デット・ファイナンスを行えば，企業は事業利益の大きさにかかわらず，

確定した支払利息を負担することになる。この利子支払の固定性によって、ROEはROAの変動以上に大きく変動する。このような効果は、それが固定的な利子を支点にして起こる、てこ（レバレッジ）作用に似ていることから財務レバレッジ効果と呼ばれる。

法人税が存在しない場合に、以下の記号を用いて財務レバレッジ効果を説明する。

$L =$ 負債（帳簿価額）; $E =$ 株主資本（帳簿価額）;

$A = L + E =$ 使用総資本（帳簿価額）; $X =$ 事業利益;

$I =$ 支払利息; $Y =$ 当期純利益;

$$r_0 = \frac{X}{A} = ROA \; ; \; i = 利子率 \; ; \; r_e = \frac{Y}{E} = ROE$$

当期純利益Yは、次のように定義できる。

$$Y = X - I$$
$$= r_0 A - iL$$
$$= r_0(L + E) - iL$$
$$= r_0 E + (r_0 - i)L$$
$$\therefore \quad r_e = \frac{Y}{E} = r_0 + (r_0 - i)\frac{L}{E}$$

図解すると次のようになる。

図表4-3

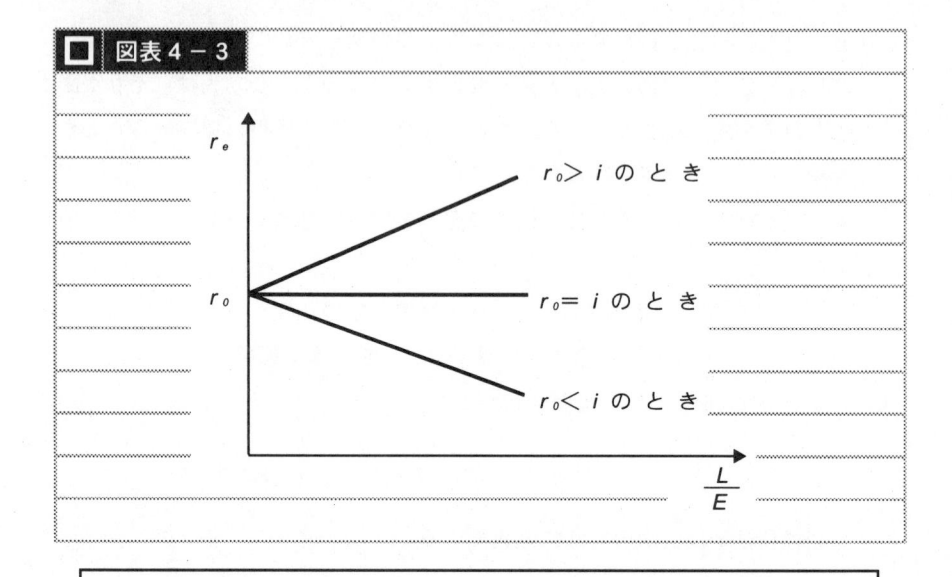

(図: 縦軸 r_e、横軸 L/E のグラフ。r_0 から3本の線が伸びる：上向きに「$r_0 > i$ のとき」、水平に「$r_0 = i$ のとき」、下向きに「$r_0 < i$ のとき」)

① 負債利用がない場合（$L/E = 0$）
　　株主資本純利益率 r_e は使用総資本事業利益率 r_0 に等しくなる。
② 負債が導入される場合（$L/E > 0$）
　(a) 営業が好調で使用総資本事業利益率が利子率より大きい（$r_0 > i$）ときには，$r_e > r_0$ となり，しかも負債比率 L/E が高いほど r_e は大きく上昇する。
　(b) $r_0 < i$ となるケースでは，$r_e < r_0$ となり，L/E が高いほど下方に引き下げられる。

　財務レバレッジの影響を実際の数値を用いて検討してみる。計算の前提条件は次のとおりである。
　＜前提条件＞
　　総　資　産　　100,000万円
　　事 業 利 益　　 20,000万円

つまり，使用総資本事業利益率　20%
支払利子率　　10%
税　　　率　　40%（税額20,000万円×40%＝8,000万円）

このとき，総資産に対する負債の割合が，0%，20%，50%，80%の場合を考えてみる。

図表4-4

負債比率	0%のとき	20%のとき	50%のとき	80%のとき
負債額	0	20,000	50,000	80,000
株主資本額	100,000	80,000	50,000	20,000
事業利益	20,000	20,000	20,000	20,000
支払利息	0	2,000	5,000	8,000
経常利益	20,000	18,000	15,000	12,000
税金	8,000	7,200	6,000	4,800
当期純利益	12,000	10,800	9,000	7,200
ROE	12%	13.5%	18%	36%

【図表4-4】に示したように，ROAが同じであっても，負債が多く導入される場合の方が，ROEが上昇することになる。これが，財務レバレッジ効果の影響である。ROEが，ROAの変動に比べて拡大的に変動するというリスクを負担する代償として，有利な方向に動いたときに得られる，より大きな利益の獲得の可能性を持つのである。この株主が負債利用に伴って追加的に負担するリスク部分を財務リスクという。

ROEが高いということは，株主から調達した資金を効率的に運用していることを意味する。しかし，ROEの高低だけでは有為な分析をすることができない。下の式のようにROEを3指標に分解することにより，より詳細な原因分析を行うことができる。3指標に分解すると，売上高純利益率，使

用総資本回転率，財務レバレッジに分けることができる。第1項目の売上高純利益率は，一般的に高級品を販売する企業の方が高く，第2項目の使用総資本回転率は薄利多売の業種が高いという傾向がある。更に，第3項目の財務レバレッジによって，負債利用の程度によりＲＯＥがどのような影響を受けているかを分析することができる。

$$\frac{純利益}{売上高} \times \frac{売上高}{使用総資本} \times \frac{使用総資本}{株主資本}$$

$$(売上高純利益率) \quad (使用総資本回転率) \quad (財務レバレッジ)$$

4.3 キャッシュフロー計算書重視

1990年代後半に入るとキャッシュフローが重視されるようになってきた。近年の財務目標は，企業価値に基づく普遍的な尺度を模索している。いい換えると，経常利益やＲＯＥの最大化のような部分均衡の指標が通用しなくなっている。そこでキャッシュフロー概念とそれを割り引くという作業が必要になる。

3.1 キャッシュフロー

キャッシュフローとＲＯＥやＲＯＡの最大の違いは会計上の利益を用いていないという点である。会計上の利益は，会計処理に大きく影響される。例えば，長期請負工事の工事収益の計上を工事完成基準で行うか工事進行基準で行うかによって，損益計算の結果は大きく異なることになる。また，減価償却の方法を定額法で行うか，定率法で行うかによって，やはり損益計算の結果は異なることになる。事実は1つであっても，異なる損益が算出されることになり，非常に相対的な性格を帯びているものと考えることができる。

それに対して，キャッシュフローは，収入と支出という事実が反映されるものである。企業へのキャッシュの流入及び流出というのは，事実以外の何物でもなく，会計上の利益のように判断の余地はない。と考えると，キャッシュフローは，会計上の利益よりも実態を表しており望ましい指標であると考えられる。

3.2 資本コスト

キャッシュフローは生じる時点によって貨幣の時間価値が異なることになる。つまり，今手もとにあるキャッシュと1年後に生まれるキャッシュでは価値が違う。その際の割引率として資本コストを用いることになる。

ＲＯＥやＲＯＡは，この資本コストのうち，特に株主資本コストを考慮していない。株主資本コストとは，株主が期待する要求収益率のことを意味しているが，これには大きく分けると配当とキャピタル・ゲインがある。しかし，両者は損益計算書の利益の算定上考慮される性質のものではない。つまり，会計上は利益が計上されていたとしても，それで付加価値を生み出しているとはいえない。ましてや，会計上の利益は会計処理方法にも影響されるわけであり，資本コストで割引計算したキャッシュフロー概念が重要となる。

コラム ◇キャッシュフロー計算書を考える◇

　会計ビッグバンの影響により貸借対照表，損益計算書に加えてキャッシュフロー計算書も主要財務諸表の１つとして開示されることになった。このキャッシュフロー計算書は，文字通りキャッシュのフロー（流れ）について記載したものであり，一会計期間におけるキャッシュの流れを表したものである。ここでキャッシュとは，現金及び現金同等物のことを指している。現金は，手許現金及び要求払預金のことであり，現金同等物とは，容易に換金可能であり，かつ価値の変動について僅少なリスクしか負わない短期の投資のことを意味している。これらキャッシュの範囲は，企業によって異なるので財務諸表の注記事項として全ての企業でその範囲が記載されている。

　キャッシュフロー計算書は，営業活動，投資活動，財務活動の３つの区分に分けて報告する。営業活動の区分には主に本業に関する収入と支出が記載される。また，投資活動の区分には有価証券や固定資産に関する収入と支出が記載される。更に財務活動の区分には資金の調達などに関する活動が記載される。これらの作成方法としては，税金等調整前当期純利益からキャッシュフローを導く間接法と収入と支出を直接記載する直接法の２つがある。直接法は，営業・投資・財務のいずれの区分でも採用されうるが，間接法は営業活動でのみ適用できることになっている（ただし，90％以上の会社は営業活動によるキャッシュフローを間接法で作成する）。

　このキャッシュフロー計算書は，一般的に期末キャッシュの残高が多ければ多いほど良いという解釈がされることがある。しかし，それはあまりにも短絡的で間違った解釈である。なぜならば，営業活動のキャッシュフローは本業からの活動なのでプラスであることが望ましいが，投

資活動と財務活動はマイナスになることも頻繁にあるからである。しかしそれが特に問題となることはない。例えば，製品に対する需要が多いため工場建設に踏みきった場合には，投資活動のキャッシュフローはマイナスになる。また，新株や社債を発行せず，配当や自己株式の取得を行った場合には，財務活動のキャッシュフローはマイナスになるからである。更に，キャッシュがプラスであっても，将来企業が資金調達する能力は必ずしもキャッシュフロー計算書から読み取ることはできない。メインバンクやグループ企業から資金調達できる可能性も十分にあるからである。

　ここでいいたいことは，キャッシュフロー計算書が意味がないということではない。これが全てではないということである。また，キャッシュフロー計算書の期末の現金及び現金同等物の残高と貸借対照表の現金及び預金の残高が一致しないことも知っておくべきである。両者の範囲が異なるからである。それに加えて，キャッシュフロー計算書は，連結財務諸表を開示している企業においては，個別ベースで開示されないことについても留意しておいた方がいいだろう。キャッシュフロー計算書は有用なものだが，その使い方には十分に注意しなければならない。

4.4 フリー・キャッシュフロー

フリー・キャッシュフローとは，ＣＦＯに自由裁量権が委ねられたキャッシュフローであり，企業買収などの際にも一般的に用いられ，企業価値評価の際のキャッシュフロー概念として適用される。

4.1 株主持分へのフリー・キャッシュフロー

株主持分へのフリー・キャッシュフロー（Free Cash flow to equity：ＦＣＦＥ）とは，営業活動から生まれた金利及び法人税控除後のキャッシュフローから，設備投資額及び運転資本の増加額を差し引いて，純負債増加額を加算したものである。一般的に，株主持分へのフリー・キャッシュフローの計算においては，税引後の当期純利益が適用される。

ＦＣＦＥ＝税引後当期純利益＋減価償却費（非現金支出費用）
　　　　－設備投資額－正味運転資本の増加額
　　　　＋外部負債の新規調達額－負債の元本返済

4.2 企業全体へのフリー・キャッシュフロー

企業全体へのフリー・キャッシュフロー（Free Cash flow to the firm：ＦＣＦＦ）とは，利息の支払，負債の返済，配当の支払とすることが可能であるキャッシュフローのことであり以下の式で算定される。

ＦＣＦＦ＝税引後営業利益＋減価償却費（非現金支出費用）
　　　　－設備投資額－正味運転資本増加額

ＦＣＦＥは，適用が困難な場合があるので，ＦＣＦＦの方が一般的には適用される傾向がある。将来の資金調達をデット・ファイナンスで行うか，エクイティー・ファイナンスで行うかを予測することはたやすいことではない。なぜならば，市場動向等によって異なってくる可能性があるからである。そこで，ＦＣＦＦを基準にして企業価値を算定し，そこから負債の価値を控除することによって株主資本の価値を算定する方法がしばしば用いられる。

4.2a　企業価値の算定

フリー・キャッシュフローはＦＣＦＥ（株主持分へのキャッシュフロー）とＦＣＦＦ（企業全体へのキャッシュフロー）の２つに分けることができる。これらは，バリュエーション（企業価値評価）のために適用されるものである。企業価値を評価するためには，割引現在価値の考え方を用いなければならない。つまり，フリー・キャッシュフローを何らかの割引率で現在価値に割り引いた合計額が企業価値になるということである。以下のケースはＦＣＦＦがｇという成長率のもとで永続することを想定している。なお，この場合の割引率としては，分子のＦＣＦＦに対応して加重平均資本コスト（ＷＡＣＣ）を用いる必要がある。

$$企業価値 = \frac{FCFF_1}{WACC - g}$$

これによって，企業価値が算定された場合には，ここから負債の価値を差し引くことによって株式時価総額を算定することができる。ここで，負債の価値は，一般的に帳簿価額から大きく乖離しないので，有利子負債額＝負債価値とする。となると，企業価値－有利子負債額＝株式価値ということになる。

4.2b　株価の算定

また，FCFEを使って，株価を評価する場合には，以下のように算定することができる。

$$株価 = \frac{FCFE_1}{株主資本コスト - g}$$

4.2c　ターミナル・バリュー

フリー・キャッシュフローの分析においては，ターミナル・イヤーを区切り，ターミナル・バリューを算定する。一定期間を区切り，最終年度以降のフリー・キャッシュフローを永久成長するという前提に立って企業価値を算定する。割引現在価値の考え方は，将来のキャッシュフローを永久に予測することが求められるが，現実的には正確な予測をすることは難しい。そこで，ターミナル・イヤーを区切り，その後の期間は一定という前提で企業価値の算定をする。

4.5 EVA重視

　近年は，株主重視経営が意識されるようになり，その考え方を反映させたEVAが注目されるようになってきている。
　EVAとは，Economic Value Added（経済付加価値）の略で，スターンスチュワート社が考案した指標であり，同社の登録商標となっている。今までのROEやROAという指標は，企業が投資家に対してどれだけのリターンを提供しているのかという視点から生まれている。これまで日本企業は投資家に対する意識が希薄であったので，このような指標が生み出されてきたわけだが，バブルの崩壊とともに，いわゆる日本的経営と呼ばれるメインバンク中心の経営が崩壊し，株主構成が大きく変化したため，株主という存在が企業にとって大きな意味を持つようになってきた。このようにして高まった株主に対する意識は，より普遍的かつ実践的な新たな指標を必要とした。それがEVAである。

5.1 EVAの計算

　EVAは次のようにして求めることができる。

$$EVA＝NOPAT－資本費用$$

　EVAの特徴は上式からも明らかなように，資本に係わるコストを認識するというところにある。ROEのような会計上の利益からは株主資本コストのような資本費用はマイナスされていない。EVAとは，資本費用をもマイナスした上での経済的利益を意味するものであり，また会計処理方法の選択により利益額が異なった結果となる会計上の利益よりも投資家にとって有意

義な指標である。

5.1a NOPAT

式の構成要素を見てみると、まずNOPATとは簡単にいえば税引後営業利益（あるいは、税引後事業利益）のことであり、Net Operating Profits After Taxes の略で"ノーパット"と読む。これは企業の事業活動の成果を表すものであり、「売上高」から「事業に係わる費用」と「事業活動に係わる税金」を差し引いて求める。

$$\text{NOPAT}＝売上高－事業活動に係わる費用－事業活動に係わる税金$$

事業活動に係わる費用とは、売上達成のために用いた原材料費や人件費、減価償却費等であり、支払利息は含まれない。また、これと同様に税金として計算される部分も事業に係わる税金だけで、支払利息に係わる分の税金は計算に含めない。これは、資本費用を別途差し引くことに影響する。

5.1b 資本費用

では、資本費用とは何であろうか。資本費用とは投下資本の額に資本コストを掛け合わせたものである。

$$資本費用＝投下資本×資本コスト$$

投下資本とは、企業に投下されている資本の額である。つまり負債や株主資本といった形で企業が調達した資本（資金）のことである。また見方を変えれば、調達した資本をいかに事業活動に使用しているかという意味で各種資産の金額であるともいえる。従って投下資本は次のように表される。

> 投下資本＝有利子負債＋株主資本……………………………………【1】
> 　　　　＝正味運転資本（流動資産－無利子流動負債）
> 　　　　　＋正味有形固定資産＋その他の資産………………………【2】

　【1】の式は貸借対照表の貸方（右側）を重視した見方であり，【2】の式は借方（左側）を重視した見方である。

　一方資本コストとは，前述のとおり，企業が資金を調達し，利用することと引き換えに失うコストのことである。この資本コストを企業側から見ると，資本の利用の見返りとして，その資金の提供者に対して支払わねばならない最低限の報酬であり，投資家側から見ると投資に対する必要なリターンのことである。

　投下資本に，資本コストを掛け合わせることで，企業の投下資本全体に対するコストを計算することができる。

　簡便的に計算をすれば，負債に対するコストは支払利息として認識することができる。資本費用の方で，支払利息分は利益から控除されることになるので，ＮＯＰＡＴの計算上，支払利息は控除の対象とはされない。

5.2　調　　整

　ＥＶＡにおいて特徴的なのは，資本に関するコストも認識するということであるが，他に，ＮＯＰＡＴは，損益計算書上の収益，費用の数値をそのまま用いないということも注目すべき点である。つまり，ＮＯＰＡＴは制度会計上の税引後営業利益のことを意味するのではない。

5.2a　広告宣伝費及び研究開発費

　広告宣伝費や研究開発費は，制度会計上は，発生時に一括費用化しなけれ

ばならない。つまり，会計的に表現すると繰延資産として計上することができない。しかし広告宣伝や研究開発の活動は将来の収益獲得を見込んで行われるものであり，設備投資などと同様の性質を有している。設備投資の結果，機械や工場を取得した際には，貸借対照表に資産計上するが，無形の投資は制度会計においては資産計上されないのが原則である。制度会計は，アンティークなものであり，有形資産を重視し，無形資産を軽視している。そこで効果の発現を反映するために，EVAを計算する際には，これらの項目をいったん資産計上し，支出の効果が及ぶ期間に渡って償却を行っていく処理を行う。

5.2b 非経常項目

非経常項目とは，損益計算書において特別損益等に計上される項目のことである。非経常とあるように毎期発生するような性質の項目ではないことが特徴である。NOPATの計算においては経常的な事業活動の成果を反映させる必要があるため，非経常項目はその計算に含めず，資本化し投下資本においてその影響を反映させることになる。

また，非経常項目の調整を行う理由には，広告宣伝費と同じように価値創造の意思決定を促すということもある。非経常項目を資本化することで，当期のEVAに全てその結果が影響するわけではないため，費用が多く発生することにより倦厭（けんえん）されがちな意思決定も弊害なく行うことができる。

具体的な計算としては，例えばリストラ等で発生した事業構造改革損失が特別損失に計上されていたとしたら，この分を投下資本に加算し，増加後の投下資本で資本費用を計算することになる。

5.2c 暖簾

暖簾とは，企業が他企業を買収するときに，買収価額と被買収企業の公正価値で評価された識別可能純資産額との差額である。制度会計上は暖簾は，

営業権又は連結調整勘定として計上され、その後の期間に償却することが義務づけられている。

　買収は一種の投資とみなすことができる。投資であるならば、それに対するリターンを十分に上げなければならない。この効果をEVAに反映させるためには、買収の結果、つまり暖簾を投下資本の一部として含める必要がある。しかし、現行の制度では、営業権の場合には5年以内に均等額以上で、連結調整勘定の場合には原則として20年以内で償却がなされるため、償却が終了してしまうと投下資本に含まれないことになってしまう。つまり、営業権の償却が終わるとあたかもその分についての支出が行われなかったかのように扱われることになる。そこで、EVAの計算上、暖簾を償却せず全額を投下資本に含めて計算し、投資額に対するリターンを明確にするのである。

5.2d　調整項目選定の留意点

　以上のようにEVAの計算上ではいくつかの調整がなされる。その際留意すべき点は次の3つである。

2d.1　経済的現実（経済的実態）

　EVAは経済的現実を反映した指標である。経済的現実を反映するためには、調整項目も経済的現実を表すようになされなければならない。ある企業にとっては経済的現実を反映させるために必要な調整であっても、他の企業では必要でないことも十分考えられる。つまり、制度会計のように画一的な処理を要求するものとは考え方が異なることになる。制度会計では財務諸表の比較可能性が重視されるが、EVAでは経済的現実を反映することが何よりも大切になる。

2d.2　重　要　性

　調整項目は、そのEVAの計算に与えるインパクトの大きさに応じて含め

るか否かを決定すべきである。あまりインパクトの大きくない項目をあえて計算に含めても労力ばかりがかかるだけで，あまり意味のある調整とはいえない。

2d.3 理解可能性

EVAが経営指標として機能するためには，その内容がわかりやすくなければならない。従って調整項目も全社的に理解できる内容でなければならない。

5.3 株主重視の経営

5.3a MVA

MVAとは，EVAと同様スターン スチュワート社による指標で Market Value Added（市場付加価値）の略である。MVAは企業の市場価値と投下資本との差を表している。企業はその活動により価値を創出する役割を担っている。しかしやみくもに創出すればよいわけではなく，活動のために投下された資本を上回る価値を生み出さなければ価値の創造を行っているとはいえない。このMVAは，投資プロジェクトにおけるNPVの考え方と同様であり，企業全体でのNPVといい換えることができる。従ってMVAが大きい企業ほど付加価値を生み出していると判断することができる。

5.3b EVAとMVA

MVAは投下資本に対する付加価値を測る指標であるが，MVAを内部経営のための指標として使用するにはいくつかの問題点がある。

それは，まずMVAは企業の市場価値の大きさに影響を受けるということである。MVAの計算要素となる市場価値はその構成要素に株式時価総額があり，これは株価の変動に影響を受けるということが主な要因である。つま

り，短期的に変動する要素によって評価が行われてしまうということである。また，未上場の企業等は株価がないため市場価値の計算が困難になる。

更に，MVAは企業全体での評価であり，個々の意思決定の成果の影響を特定するのが難しい。部門別の経理管理の指標として位置づけることができなくなってしまう。そこでその欠点を補うためのツールがEVAである。MVAとEVAは次のような関係がある。

$$MVA＝市場価値－使用総資本額＝将来のEVAの現在価値$$
$$＝\frac{EVA_1}{(1+k)}+\frac{EVA_2}{(1+k)^2}+……+\frac{EVA_n}{(1+k)^n}$$

EVAは各期のNOPATから資本費用を差し引いたものであり，フローの指標である。一方でMVAはストックの指標である。ストックとフローの指標という違いはあるが，いずれも資本費用を考慮し価値の創造を測定する指標であることには違いはない。そのためフローであるEVAの現在価値合計がストックであるMVAに等しいという関係が存在するのである。

5.3c EVAの優位性

EVAは損益計算書の情報だけでなく，資本費用を考慮することで貸借対照表の情報も考慮している。そしてそれが価値創造と直結した経営指標となっている。これが従来重視されてきた指標，ROEやROA，フリー・キャッシュフローといった指標とは大きく異なったEVAの非常に優れた点である。

株主への企業からの分配は他のステークホルダーへの分配が終了した後の利益（残余利益）から行われる。残余利益の獲得，企業価値の創造は株主への分配を多くすることにつながる。株主中心の経営が求められる時代にはEVAこそが最適な指標ということができる。

図表4-5

● 求められる普遍的指標～普遍性とは？～

企業価値に連動

指　　標	会計利益ベース	資本効率を考慮	Cash flowベース	資本コスト
経常最大化	○	×	×	×
無借金経営	－	×	－	×
ROE	○	○	×	×
ROA	○	○	×	×
Cash flow	×	○	○	○
EVA®	×	○	○	○

注）○は「該当する」，×は「該当しない」，－は「関係なし」を示す。
出所：ゴールドマン・サックス調査部作成。

コラム ◇医療機関へのEVAの導入◇

　情報開示とは無縁だと考えられていた医療機関の経営が注目されている。厳しい国家財政の中，診療報酬のマイナス改定などが相次ぎ，病院経営は真冬の時代にある。しかし，病院債や診療報酬債権の流動化など資金調達の方法は多様化してきている。病院債は，50人未満の特定少数を対象に無担保・無保証で発行可能な少数私募債のみ発行することができる。このような中，医療機関への格付けが行われるようになってきている。

　現在，医療機関の格付けを行っているのは，ムーディーズ，Ｓ＆Ｐ，日本格付研究所，更に2003年3月には国際医療福祉大学が，東京都民銀行，リーマンブラザーズ証券，ニッセイ同和損害保険と共同出資で医療機関評価会社を設立している。

　あくまでも非営利を標榜に掲げる医療機関であるが，実際にはその運営には膨大な設備投資，人件費などがかかり効率的な経営をしていかなければならない。今後，会計ビッグバンの流れを受けて，病院会計準則の改訂なども予定されており，効率的な医療機関経営のニーズは高まるばかりである。となると，事業会社を中心に価値創造の手法として定着しているＥＶＡが医療機関で導入される日も遠くないかもしれない。ただし，資本という概念があいまいな病院の現状では厳しい側面もあり，近い将来，株式会社による病院経営が可能となった段階まで待つことになるのかもしれない。

第2部　株式市場から見た企業価値評価

Valuation Practice

1. 企業価値とは何か   Valuation Practice

　第2部では，証券アナリストや機関投資家が，企業価値あるいは株価の算定にあたって，実務的にどのような手法を用いているかについて解説する。まず最初に，企業価値あるいは株価評価の実務的な手法を紹介し，後に企業価値評価指標として最も優れていると考えられる指標の1つであるEVAをどのように分析に応用しているかについて説明する。

　企業価値とは，継続価値と売却価値の合計額と定義することができる。ここで，継続価値とは，企業が事業活動によって将来的に生み出すフリー・キャッシュフローの割引現在価値のことを意味し，売却価値とは，そのキャッシュフローの創出とは無関係に保有する資産を処分した場合に生ずる価値のことを意味している。つまり売却価値とは，企業が永続的に事業活動を行うために必要とされない資産に関して，その価値を，事業に必要な資産と分離して把握するものである。このような資産（例えば余剰資金）では，それが生み出す将来キャッシュフローの割引現在価値は，現在の価値に等しくなるために，分離して把握するのが有効である。

　では，この企業価値は，誰に帰属するものであろうか？企業の資金提供者は，株主と債権者であるため，企業価値は，株主帰属分と，債権者帰属分に分解することができる。そこで，企業価値の合計から債権者価値部分（有利子負債の簿価：最近では年金会計の発展により，負債にも時価評価が必要になっているが，ここでは単純化して考える）を控除することによって，株主に帰属する価値を計算することができる。これが，すなわち時価総額である。

　売却価値は，キャッシュフローの創出とは無関係に保有する資産の処分価

値だが，外部から見て明らかな資産として，現金預金，有価証券を含めることが実務的には一般的である。なお，有価証券は金融商品に係る会計基準の導入により，多くの企業が投資有価証券勘定に振り替えた経緯があり，投資有価証券も売却価値に含めることがある。また，実際に売却する場合には，税負担が発生するために，本来は税引後の価値を用いるべきであろう。イトーヨーカ堂とセブン－イレブン・ジャパンのケースなど，子会社が上場会社である場合では，売却価値を算定する際に，税金負担を考慮する方が現実的と思われる。そうでないと，イトーヨーカ堂が保有するセブン－イレブン・ジャパン株の時価総額が，イトーヨーカ堂の時価総額よりも大きくなってしまうというような現象を説明できないのだ。

以上をまとめると，下の【図表１－１】のようになる。図を見て明らかなように，総企業価値は，継続価値と売却価値から構成され，それらが株主帰属分（時価総額）と債権者帰属分（有利子負債）に分解されることがわかる。ここで，継続価値をエンタープライズバリュー（ＥＶ）と呼ぶと，ＥＶ＝時価総額＋ネット負債（有利子負債－売却価値）という関係が成り立っている

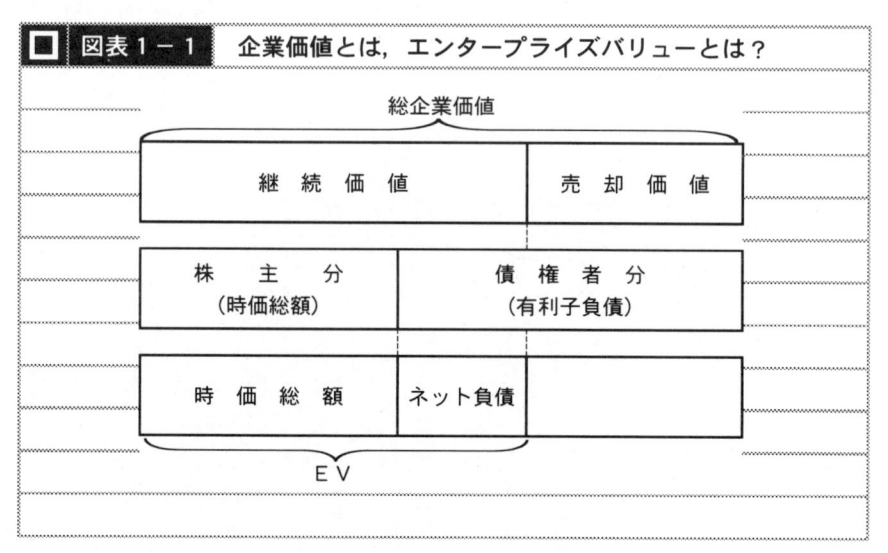

図表１－１　企業価値とは，エンタープライズバリューとは？

```
                    総企業価値
    ┌─────────────────┬─────────┐
    │    継 続 価 値    │ 売 却 価 値 │
    └─────────────────┴─────────┘

    ┌─────────┬─────────┐
    │  株 主 分  │ 債 権 者 分 │
    │ （時価総額）│（有利子負債）│
    └─────────┴─────────┘

    ┌─────────┬───────┐
    │ 時 価 総 額 │ネット負債│
    └─────────┴───────┘
              ＥＶ
```

ことがわかる。

　後ほど，株価バリュエーションの計算などで，エンタープライズバリューという言葉が頻繁に用いられるが，エンタープライズバリューとは，企業の継続価値，すなわち，企業が事業活動によって生み出す将来フリー・キャッシュフローの割引現在価値を表していることが理解できるだろう。

2. アナリストによる損益計算書の見方 　Valuation Practice

　企業が将来に渡り生み出すキャッシュフローを算定するためには，毎期のキャッシュフローを予想することが必要となる。そのために，損益計算書，貸借対照表をベースに，キャッシュフロー計算書を作成しなくてはならない。すなわち，業績予想モデルを作成する作業が必要となる。

　アナリストが業績予想モデルを作成する場合，独立変数と従属変数の関係を極力簡単にモデル化することが肝要である。つまり，何が企業業績のドライバー（牽引役）になっているのかを見抜くことが必要である。なぜなら企業の外部からは，全ての数値を予想することは不可能であり，条件が変化したときの感応分析を行う方がはるかに業績予想をしやすいためである。

　業績予想モデルの作成方法は，個々の企業や産業によって異なるが，基本的には次のような発想で行う。つまり，通常の損益計算書と，アナリストの作成する（厳密には頭の中で組み立てる）損益計算書は，【図表2－1】のように異なっており，アナリストの損益計算書は限界利益分析を用いることが多い。多くの場合，証券アナリストは，会社の業績予想とその主要前提を確認し，主要前提が変化した場合の限界的な影響を調整することで業績予想モデルを作成していると見てよい。

　ここで，限界利益分析とは，直接原価計算と呼ばれる考え方に基づいており，収入から製造，販売，一般管理にかかった変動費をマイナスして限界利益（又は貢献利益ともいう）を算定し，そこから製造・販売・一般管理に要する固定費を差し引く利益の算定方式である。【図表2－1】は，一般的な損益計算書（P／L）と，アナリストが考えるP／Lを比較して記載したも

図表2－1　通常のP／LとアナリストのP／L　（単位：億円）

通常のP／L		アナリストのP／L	
売　　上　　高	100	売　　上　　高	100
売　上　原　価	60	変　　動　　費	50
粗　　利　　益	40	限　界　利　益	50
販売費一般管理費	30	固　　定　　費	40
営　業　利　益	10	営　業　利　益	10
………………	×××	………………	×××
………………	×××	………………	×××
………………	×××	………………	×××
………………	×××	………………	×××
当　期　純　利　益	×××	当　期　純　利　益	×××

のである。アナリストが作成するP／Lも，形は一般的なP／Lと同じであるが，思考方法として（業績モデルの計算上は），右のようなP／Lをイメージしていると考えていただきたい。限界利益分析を行うことにより，売上高が変動したとき（例えば予想以上に製品の出荷が増えた場合）の影響が明示的に計算可能となる。【図表2－1】のケースでは限界利益率は50％（限界利益50億円÷売上高100億円）なので，仮に売上高が150億円へ増加すると予想される場合，増収分50億円×50％＝25億円の営業利益増加と試算できる。すなわち新しい営業利益の予想は35億円となる。

　実際には企業業績の予想には様々な不確定要因があり，困難を極める作業が必要となる。ただし，業績モデルの基本は，いかに独立変数と従属変数の関係をシンプルに説明するかであり，シンプルイズベストと割り切るべきであろう。

3. DCF法の利用及び問題点　Valuation Practice

　企業価値評価の基本はDCF法だが（5ページ参照），実務的には以下のように様々な問題点がある。

　第1に，これはDCF法固有の問題ではないが，資本コストの妥当性の問題がある。リスクプレミアムを3％にするか4％にするかで，企業価値は大きく変化してしまう。80年代後半からのバブル相場の存在により，教科書的にリスクプレミアムを算出すると，リスクプレミアムはマイナスになってしまう場合すらある。

　第2に，業績予想期間の妥当性にも問題がある。通常は3年間や5年間の業績予想（キャッシュフローの予想）を作成し，予想期間終了後はある一定の成長率で成長するとの前提で，DCF法を組み立てる。しかし，予想期間の妥当性の判断は難しい。実際の株式市場では，不確実性が高すぎることから，2年先の業績を織り込むこともままならないのが実情である。更に，循環型（シクリカルな）産業の場合，ターミナルバリュー（予想期間以降の価値）を計算する際の基準年が，利益のボトムかピークかで，算出される価値は大きく異なる。

　第3に，永久レートを想定すること自体にも問題がある。永久にキャッシュフローが増えるためには，マクロ経済の持続的成長やインフレ，あるいは拡大投資を想定する必要があり，資本コストの上昇を伴うはずだからである。

　第4が，最も重要な点であろう。DCF法は，いくら精緻に分析しても，作業が煩雑であることから多くの投資家が敬遠する傾向がある。DCF法が

株式市場で有効に機能するためには，他の投資家がＤＣＦ法を適用することが必要になる。なぜなら株式市場は，ケインズが表現したように，「美人投票」なのだから。つまり，誰が本当の美人かを決めるのではなく，誰が最も美人だと思われるかを探すのが「美人投票」であり，多くの市場参加者が用いない手法は，あまり意味をなさない。

4. DCF法の問題点を踏まえた実務上の対応　Valuation Practice

　以上のDCF法の問題点を踏まえ，実務の世界では，大別して2つのアプローチにより，企業価値評価を行っているといえる。

　第1は，DCF法をより利用しやすいように簡素化したアプローチである。細かい前提を省いて，極力シンプルなモデルとして利用する方法や，株式市場が織り込んでいる利益水準などを逆算し，その結果の妥当性を評価する方法（インプライド分析）が有用である。

　第2は，PERなどの伝統的な株価バリュエーションを，これまでのように単純に用いるのではなく，工夫して用いる方法である。

4.1　DCF法をより利用しやすいように簡素化するアプローチ

1.1　ゼロ％利益成長モデル（松下，ソニー）

　まずはじめに，DCF法をより利用しやすいように簡素化したアプローチである「ゼロ％利益成長モデル」を紹介する。これは，今後数年間の業績予想を省き，今期あるいは来期の比較的確度の高い業績をベースに，その利益水準あるいはキャッシュフローの水準が，永久に持続するとの前提で企業価値を計算するものである。つまり永久レートはゼロとしてDCFの計算を用いることになる。

　このゼロ％利益成長モデルは，単純にDCF法を簡素化した以上の意味を持つといえる。なぜなら，①株式市場は数年先までの利益トレンドを織り込

むことは稀であり，実際には直近期の業績に一喜一憂しているのが実情である。また，②永久レートを仮に数％と仮定するということは，フリー・キャッシュフローが成長し続けるということだが，既存事業だけでこれを実現する場合，マクロ環境の好転からインフレによる資本コストの上昇を招く可能性がある。つまり，永久レートを数％と仮定すると，資本コストの上昇も考慮しなくては整合性が取れないことになってしまう。そこで，ゼロ成長を前提とすることは，永久レートと資本コストがパラレルに変動するとの前提を置いていることと同義となる。最後に，③ゼロ％利益成長モデルでは，設備投資＝減価償却費との仮定を置いているが，これは更新投資のみで現状の設備を永久に維持するとの前提に立っている。

具体的な事例を見てみよう。【図表４－１】と【図表４－２】は，松下電器産業とソニーの過去の株価と，ゼロ％利益成長モデルにより算定された理

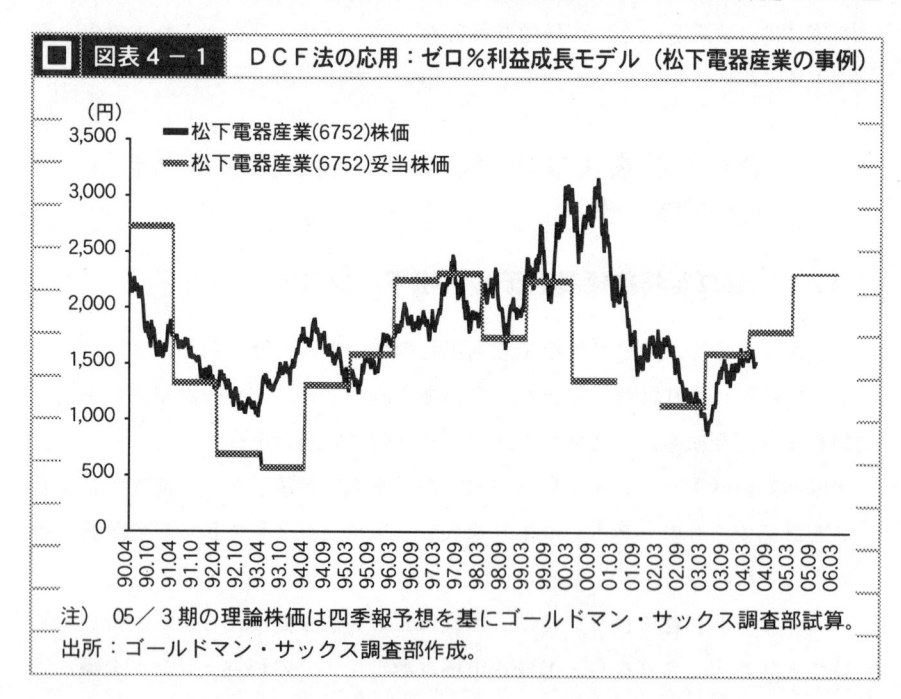

図表４－１　ＤＣＦ法の応用：ゼロ％利益成長モデル（松下電器産業の事例）

注）05／3期の理論株価は四季報予想を基にゴールドマン・サックス調査部試算。
出所：ゴールドマン・サックス調査部作成。

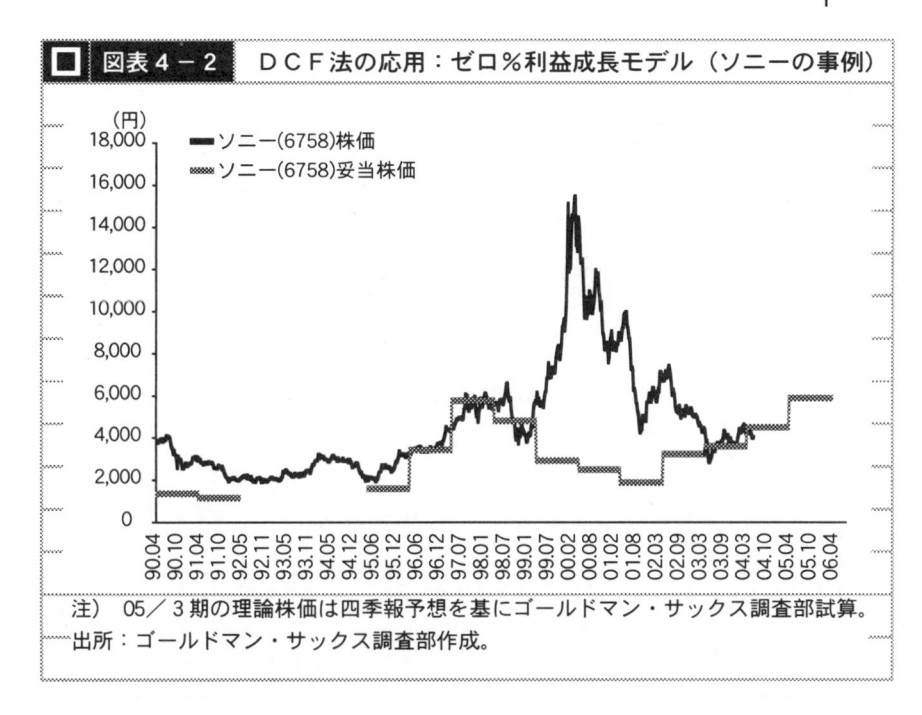

図表4－2　DCF法の応用：ゼロ％利益成長モデル（ソニーの事例）

注）05／3期の理論株価は四季報予想を基にゴールドマン・サックス調査部試算。
出所：ゴールドマン・サックス調査部作成。

論株価を示したものである。そこからもわかるように，妥当株価と実際の株価は，ゼロ％利益成長モデルでかなりの部分説明可能であり，ＩＴバブル期を除けば，株価水準の妥当性判断に有効と思われる。

　以上のケースから，非常に面白い結論が導き出せる。それは，現在の株式市場はごく短期的な業績をベースにした企業の根源価値を反映しているということだ。教科書のＤＣＦ法が示すような，数年先の業績見通しまでは織り込みようがないという不透明な環境が，そうさせているともいえる。

1.2　ゼロ％利益成長モデルの定義

　更にゼロ％利益成長モデルを下記のように加工することで，新たな分析も可能である。ここでは，フリー・キャッシュフロー＝ＮＯＰＡＴ（Net Operating Profits After Taxes＝税引後営業利益）あるいは当期純利益と，単純化している。つまり，更新投資により既存事業を維持するのみで，設備投資＝減価償却費の状況を想定する。更に，持続可能なフリー・キャッシュフローを算定するのであるから，運転資本の改善にも限界があると考えている。下記では一定成長モデルに従って成長率（g）を加えてあるが，前述のようにgはゼロと置くほうが実務的である。その結果，EV／IC＝ROC／WACCという関係が導ける。その導出は，以下のようになる。

● DCF法の応用：ゼロ％利益成長モデル

EV（エンタープライズバリュー）＝継続価値＝ΣFCF

ここで$FCF = NP$と考えると，

$$EV = \Sigma NP = \frac{NP}{WACC\ (-g)}$$

ここで$NP = ROC \times IC$とすると，

$$EV = \frac{ROC}{WACC\ (-g)} \times IC, \quad \frac{EV}{IC} = \frac{ROC}{WACC\ (-g)}$$

1.3　ゼロ％利益成長モデルによる他社比較

　これを主要大手企業の業績予想をベースにプロットしたのが【図表4－3】である。仮にゼロ％利益成長の前提が正しいと仮定すると，各社の位置は，図表上の線上にくることになり，線の上に位置する企業の株価は割安，下に位置する企業の株価は割高となる。

　ただし実際には，利益成長の前提，業績予想の妥当性，フリー・キャッシュフロー＝当期純利益と置くことの問題を考慮する必要があり（企業が成長ステージにあるか成熟ステージにあるかなど），この図表をもって直ちに，各社の株価が割高・割安と即断するのは危険である。むしろ，各社の株価が各社固有の資本効率や資本コストから判断して，将来の利益成長を織り込ん

4．DCF法の問題点を踏まえた実務上の対応　131

図表4-3　DCF法の応用：ゼロ％利益成長モデルによる他社比較

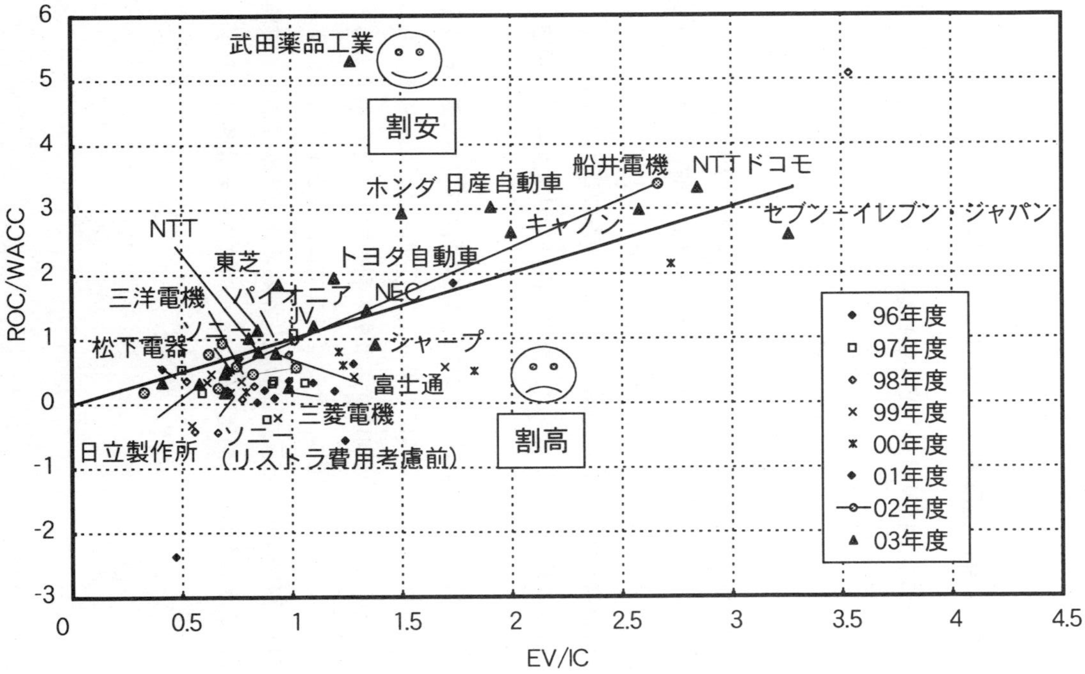

縦軸：ROC/WACC
横軸：EV/IC

凡例：
- ◆ 96年度
- □ 97年度
- ◇ 98年度
- × 99年度
- ✕ 00年度
- ○ 01年度
- ―◇― 02年度
- ▲ 03年度

プロット企業名：武田薬品工業、NTT、三洋電機、松下電器、東芝、パイオニア、JVC、ソニー、日立製作所、ホンダ、日産自動車、トヨタ自動車、NEC、シャープ、富士通、三菱電機、キヤノン、船井電機、NTTドコモ、セブン-イレブン・ジャパン

領域表示：割安（☺）／割高（☹）（リストラ費用考慮前）

注）民生電機メーカーのみ、過去（96年度～）にさかのぼってデータをプロット

だものなのか，利益減速を織り込んだものなのかが判断できる点が有用であろう。

1.4　ゼロ％利益成長モデル（シャープ）

一方で，これまでに説明したゼロ％利益成長モデルがうまく使えないケースもある。株式市場が常に利益の成長を期待している企業である。ここでは松下電器産業やソニーと同じ電機業界に属するシャープの過去の株価と理論株価を比較してみる。シャープの事例を分析すると，図表から常に株価にプレミアムが付与されてきたことがわかる。そこでどの程度のプレミアムが妥当かを議論することになるが，過去のプレミアムを前提としても実際の株価はうまく説明することができない。むしろ，ゼロ％利益成長モデルを用いて，現在の株価が織り込んでいるであろう持続可能な利益水準を逆算し，その利益水準の達成の確度，タイミング，達成に向けたリスク要因を明確にすることが有用である。

シャープの場合，本稿作成時点の株価は営業利益で1,700億円程度を織り込んでいたと試算される。これは1年以上先の利益を上回る水準である。1年以上先ではあるが，テレビ向け液晶事業の利益拡大などを想定すると決して無理な水準ではない。問題は，その達成までに，達成を不可能にするようなマクロ環境，競争環境，市況などの変化があるかどうかである。実際にアナリストは，こうした変化に関連するニュースフローを敏感にキャッチすべく努力している。

図表4-4　DCF法の応用：ゼロ％利益成長モデル（シャープの事例）

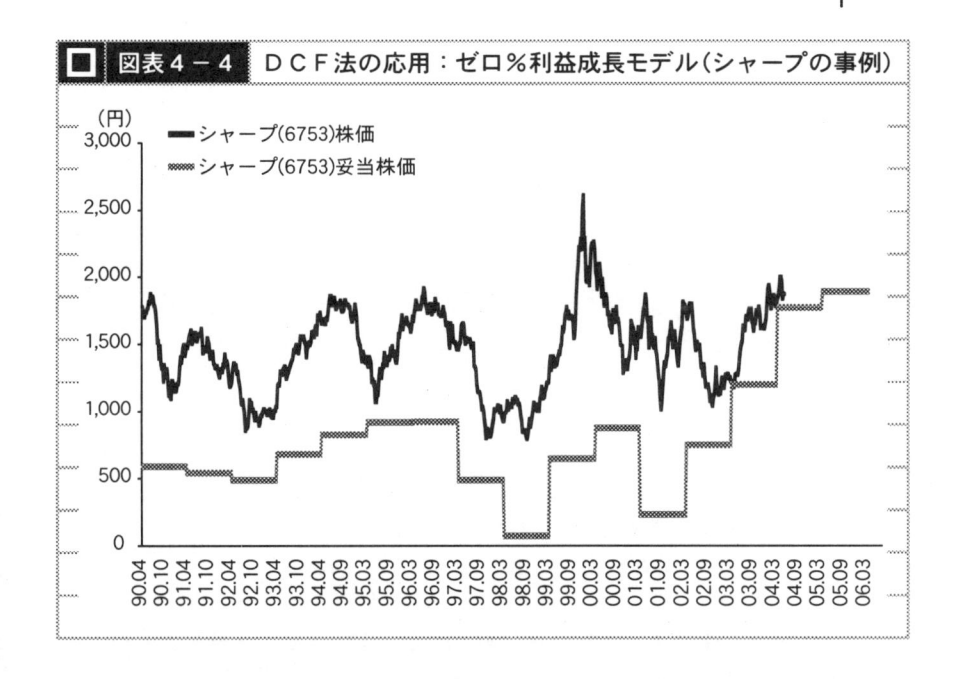

（シャープ(6753)株価／シャープ(6753)妥当株価）

4.2　伝統的バリュエーションを工夫するアプローチ

次に，PERなどの伝統的な株価バリュエーションを，これまでのように単純に用いるのではなく，工夫して用いる方法を紹介する。

下図は，証券アナリストが一般的によく用いる株価バリュエーションの手法を，横軸に年代，縦軸にベースとなる財務諸表を取ってまとめたものである。配当利回りからPERが登場したいわゆる「利回り革命」以降，基本的に最も用いられる手法はPERである。ただし，その分析対象は，損益計算書ばかりではなく，貸借対照表，キャッシュフロー計算書へと拡大してきている。つまり使い方が変化してきているのである。また，PERのほかには，PBR，PCFR，EV／EBITDA倍率などもよく利用されるようになっており，それらは損益計算書ばかりではなく，貸借対照表やキャッシュ

図表4-5　伝統的バリュエーション（PERなど）を工夫するアプローチ

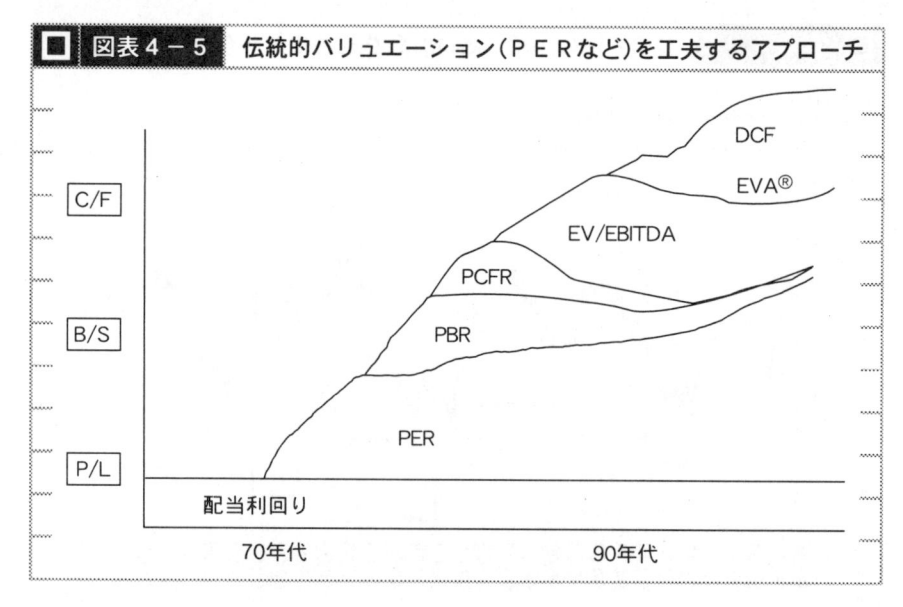

（縦軸上：C/F、B/S、P/L／横軸：70年代〜90年代）
配当利回り、PER、PBR、PCFR、EV/EBITDA、EVA®、DCF

フロー計算書の要素もより明示的に取り込もうという試みと見ることができる。なお，DCF法が絶対企業価値，絶対株価を算定する手法であるのに対し，ここであげる手法は利益倍数を算定し，それを同業他社や過去の平均と比較するという相対評価の手法である。

以下で，伝統的な株価バリュエーションの定義を整理する。

2.1　配当利回り（Dividend yield）

　配当利回りとは，株式投資をした場合に，どれだけの配当収入が期待できるかを表す指標である。配当は，安定的に得られるリターンとしての性格が強く，配当利回りは，確実なリターンを欲する投資家にとっては重要な指標であると考えられる。ただし，配当利回りが預金金利などと比較して高水準にある場合を除くと，配当利回りで株式へ投資する動機は乏しいといわざるを得ない。なお,割安株を探す場合に,潜在的な配当余力を考慮した,フリー・

キャッシュフロー利回り（フリー・キャッシュフロー／EV）を用いる場合もある。現状の配当利回りは低いものの，将来の配当の増加を期待する場合によく用いられる手法である。

$$配当利回り = \frac{配当額}{株価}$$

2.2 株価収益率（Price Earnings Ratio：PER）

　株価収益率（PER）とは，株価が一株当たり利益（EPS）の何倍まで買われているかを示す指標であり，ある銘柄が相対的に割高か割安かを判断する際に適用される。PER20倍は，株価が利益の20年分を評価しているということだが，20年が妥当なのか25年が妥当なのかの判断は難しい。むしろ使い方は，過去の平均と比較したり，同業他社と比較して，その平均並みがフェアバリューと考えるという具合で，あくまで相対的な尺度である。しかし以上のように用いる背景には，現在の当該企業の成長率，資本構成などが過去と同じである，あるいは同業他社と同じ成長率，資本構成を持つとの暗黙の前提がある。この前提が成り立たないところに，PERを単純に利用する問題がある。

　一方で，PERの逆数である益利回りは，他の金融商品との比較に有用である。PER10倍は，益利回りで10％（1÷10）となる。投資家の期待リターン（資本コスト）を仮に5％とすると，益利回り10％はかなり魅力的な投資案件ということになる。後ほど具体的な事例を紹介するが，PERは，当該企業の資本コストの多寡と，将来の利益成長に対する期待により，妥当水準が決定されると考えられる。

$$PER = \frac{株価}{一株当たり利益}$$

2.3 株価純資産倍率（Price Book Value Ratio：PBR）

　株価純資産倍率（ＰＢＲ）とは株価が一株当たりの純資産（Book value Per Share）の何倍で評価されているかを見る投資指標である。一般的にＰＢＲが１倍を割った場合には，市場から企業の解散価値よりも低く株価を評価されているといわれる。但し実際には，153ページで示したように，ＰＢＲ１倍割れは，必ずしも割安ではない。分母の一株当たり純資産額を算定する際には，一般的に修正後の簿価を使う。ここで行う修正は，株式から生じる含み益を実現したものと考えて，その税引後の利益を帳簿価額に加算したり，銀行の不良債権の減損を考慮するなどがある。この修正を行うのは，売却の蓋然性により判断されるべきであり，その他有価証券や子会社株式，関連会社株式のうち時価のあるものが対象となる。

$$PBR = \frac{株価}{一株当たり純資産額}$$

　ここで，ＰＢＲとＲＯＥとＰＥＲの関係について検討する。前述したように，ＰＢＲ＝株価／一株当たり純資産額であることから，ＰＢＲ＝ＰＥＲ×ＲＯＥという関係が導き出される。

$$PBR = PER \times ROE$$

　上の式を前提とすると，ＰＥＲが同じ企業の場合には，ＲＯＥが高い企業ほどＰＢＲが高くなることを意味する。また，ＲＯＥが同じ企業の場合には，

PERが高いほどPBRが高くなることを意味する。すなわち，PBRの高低は，ROEの違いで説明することができる。

このことから，ROEが高いにもかかわらず，PERが低い企業が割安に評価されていることがわかる。一般的に，このような企業をバリュー銘柄と呼ぶ。

2.4 株価キャッシュフロー倍率

株価キャッシュフロー倍率（PCFR）は，株価を一株当たりキャッシュフローで割った指標である。キャッシュフローとしては，一般的に税引後当期純利益＋減価償却費が用いられている。減価償却費は，現金支出を伴わない費用なので，企業にとっては内部留保した資金となり，キャッシュフロー効果をもたらすものであると考えられる。

$$株価キャッシュフロー倍率 = \frac{株価}{一株当たりキャッシュフロー}$$

CFPS（一株当たりキャッシュフロー）は，厳密な意味ではキャッシュフローを示しているわけではないので，あまり有意義ではなく，最近では利用の頻度は決して多くない。ただし，航空業界など，設備投資のタイミングによって表面上の利益が大きく増減するような企業を評価するときには有用である。航空業界の場合には設備投資額が巨額であり，飛行機を買うと短期の利益が下がるなどの関係があるからである。

2.5 EV／EBITDA倍率

EVは前述のとおり，継続価値を示すため，EV／EBITDA倍率はEBITDAが継続価値の何倍を表すかを示す。ただしEBITDAには，厳密には経済

的な意味はない。ここでEBITDAとは，Earnings Before Interest, Taxes, Depreciation and Amortization のことを意味する。正確には，金利，税金，減価償却費，営業権や連結調整勘定など無形固定資産の償却額を控除する前の利益という意味である。ではなぜキャッシュフローではなくて，EBITDAを用いるかというと，EV／EBITDA倍率が買収の簡便法として用いられるからである。つまり，買収する企業にとっては，買収先の金利，税金，償却額はコントロール可能なので無視しているのである（キャッシュ・リッチな企業が借り入れ負担の大きい企業を買うと金利を節約できるとか，赤字企業が黒字企業を買うと税金を節約できるとか，買収後設備を除却すると償却負担が生じないとか）。そのほか，持分法による投資利益をEBITDAに含めるかどうかなどの論点もある。

　実務的には，ビール業界の事例が参考になる（【図表4－6】参照。以前ほど，PERによる評価で異なる株価判断にならないもののEV／EBITDA倍率を用いる好例といえる）。ビール会社2社は，それぞれ異なる減価償却方式を採用しているので，会計上の利益は実質を示していないことになる。

図表4－6　EV／EBITDA倍率とは

04年12月期予想ベース			アサヒビール	キリンビール
株　　　価	（円）		1,107	1,027
時価総額	（百万円）		543,835	992,176
ネット負債	（百万円）		228,160	−125,023
EPS	（連結）	（円）	56.8	49.5
BPS	（連結）	（円）	790.9	868.3
CFPS	（連結）	（円）	168.3	119.0
EBITDA	（連結）	（百万円）	136,740	165,417
PER	（平均／現値）	（倍）	19.5	20.8
PBR	（平均／現値）	（倍）	1.4	1.2
PCFR	（平均／現値）	（倍）	6.6	8.6
EV／EBITDA倍率		（倍）	5.6	5.2

具体的には，アサヒビールは定額法で減価償却を行っており，キリンビールは定率法で減価償却を行っている。従って，償却前利益で比較しなければ実体を見失うこととなる。また，アサヒビールは有利子負債が多いが，キリンビールは負債比率が低く豊富なキャッシュを抱えているので，EVによって明示的にバランスシートの違いを評価する必要もある。

4.3　事例によるバリュエーションの決定要素

以上説明してきた伝統的な株価バリュエーションの定義や基本的な使い方を踏まえた上で，いよいよ実際の用い方に関して検討する。つまり，PERなどの伝統的な株価バリュエーションを，これまでのように単純に過去の平均や同業他社の平均と比較するのではなく，DCF法の基本に戻って，ROAやROEなどの資本利益率，資本構成や株価のボラティリティーなどのリスク，利益の成長率を明示的に考慮する試みである。

3.1　事例研究1：花王のケース

まず資産利益率の違いが株価バリュエーションにどのような影響を与えるかを見てみる。【図表4－7】の花王の例では，増収増益を達成していた90年代前半から97年までは，実は株価はほぼ横ばいであった。増収増益は，損益計算書重視の考え方であり，株価水準が上昇したのは97年以降の，ROAやROEなどの資本効率の改善に負うことが大きいのがわかる。つまり，損益計算書よりも貸借対照表の資産効率を重視することによって株価が上昇したものと考えることができる。80年代以降の花王は，新規事業への参入（化粧品，紙おむつなど）と工場の機械化による徹底した合理化により，売上高，利益を改善してきた。その結果，資産規模も急拡大していた。90年初頭には，工場の機械化が限界に迫り（人から機械への生産手段の移行が追加的な付加

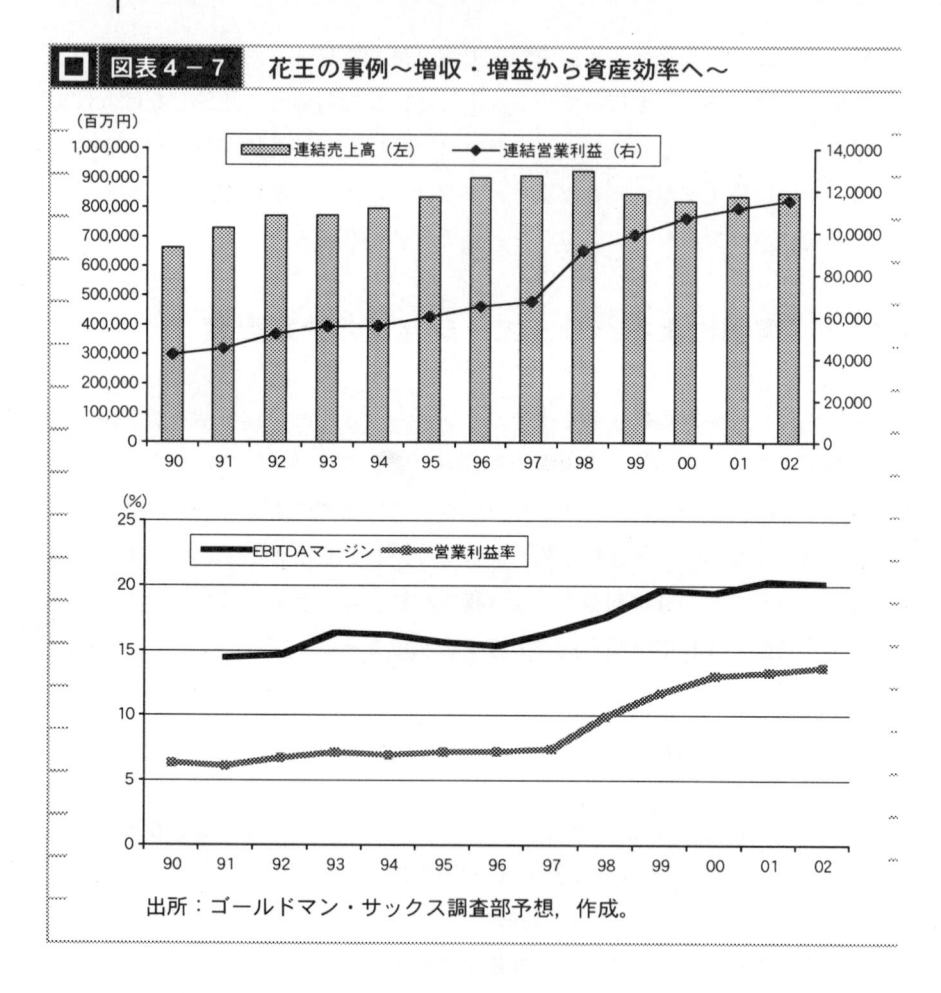

図表4-7 花王の事例〜増収・増益から資産効率へ〜

出所：ゴールドマン・サックス調査部予想，作成。

価値を生まなくなった），設備生産性は悪化する事態となっていたのだ。97年はそういう意味で花王にとって転換点となった。表面上は，フロッピーディスク事業への新規投資の凍結（のちに正式に撤退を発表）が重要と思われがちであるが，むしろ花王の資産効率に対する考え方が，根本から変わった点が重要であろう。なぜなら花王は，国内向けの投資規模を90年代前半までの600億円規模から400億円以下へ減らし（それでもオペレーションは十分回っ

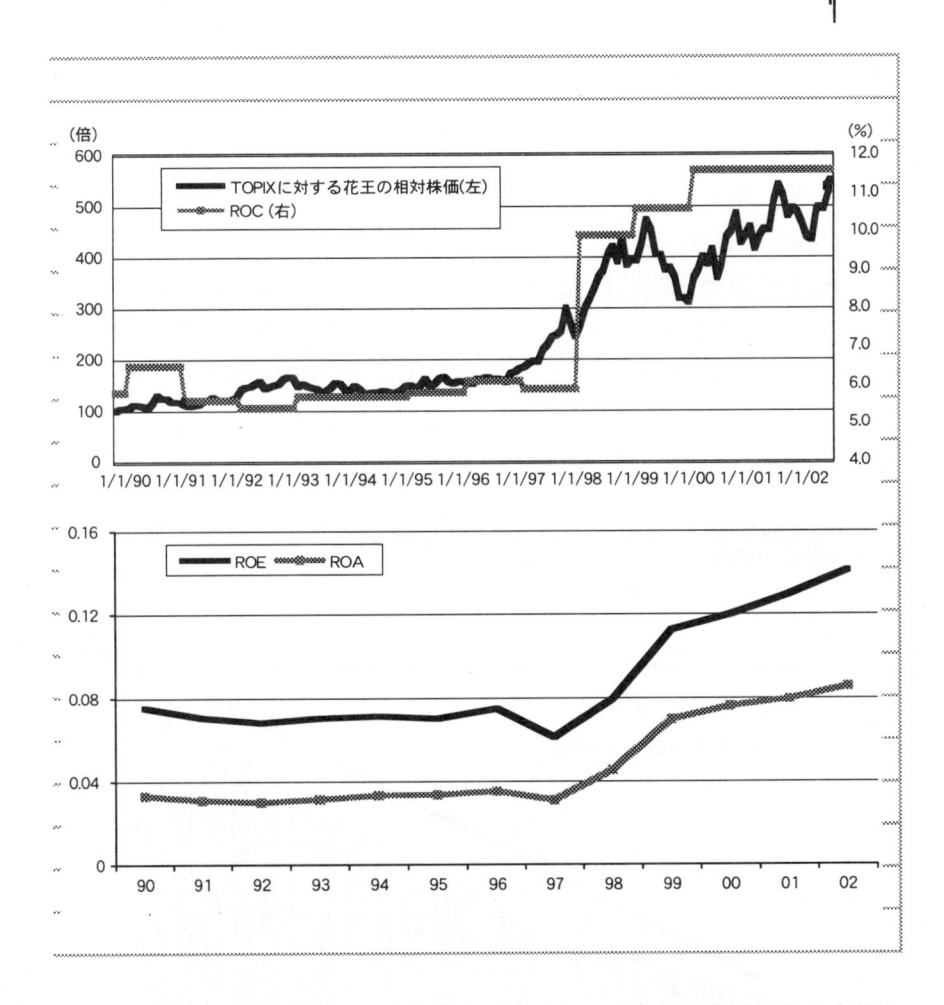

4．ＤＣＦ法の問題点を踏まえた実務上の対応　141

（図：TOPIXに対する花王の相対株価（左）とROC（右）、1/1/90〜1/1/02）

（図：ROEとROA、90〜02年）

ていった），垂直統合モデルを転換してアウトソーシングを活用した身軽な経営への転換を図ったのだ。それが結果的に，資産効率の改善へとつながったといえる。

3.2 事例研究2：A社

次に，バリュエーションの決定要素の2つ目である利益の成長性について見ていく。【図表4－8】，【図表4－9】から明らかなように，利益の成長性と株価バリュエーションにも因果関係がある。常に高い利益成長を維持してきたA社のケースでは，図表に示すように基本的に常に高水準のバリュエーションが付与されてきた。ITバブル期にPERが50倍近くまで上昇したことは異常な現象であるとしても，それ以外では利益成長率が株価バリュエーションと相関していることが明らかである。つまり，バリュエーションの決定要素の1つとして利益の成長性をあげることができる。

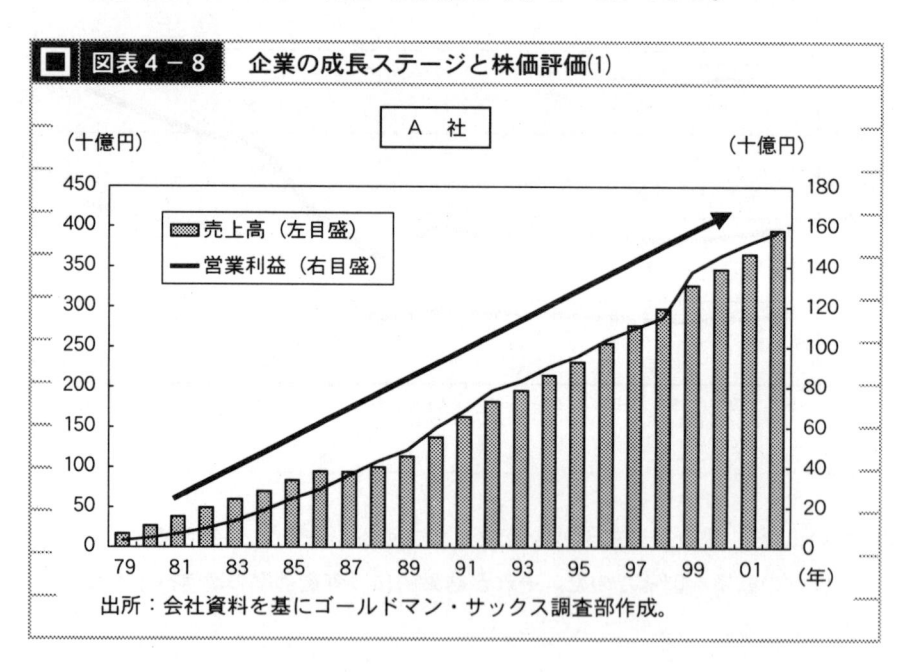

図表4－8　企業の成長ステージと株価評価(1)

出所：会社資料を基にゴールドマン・サックス調査部作成。

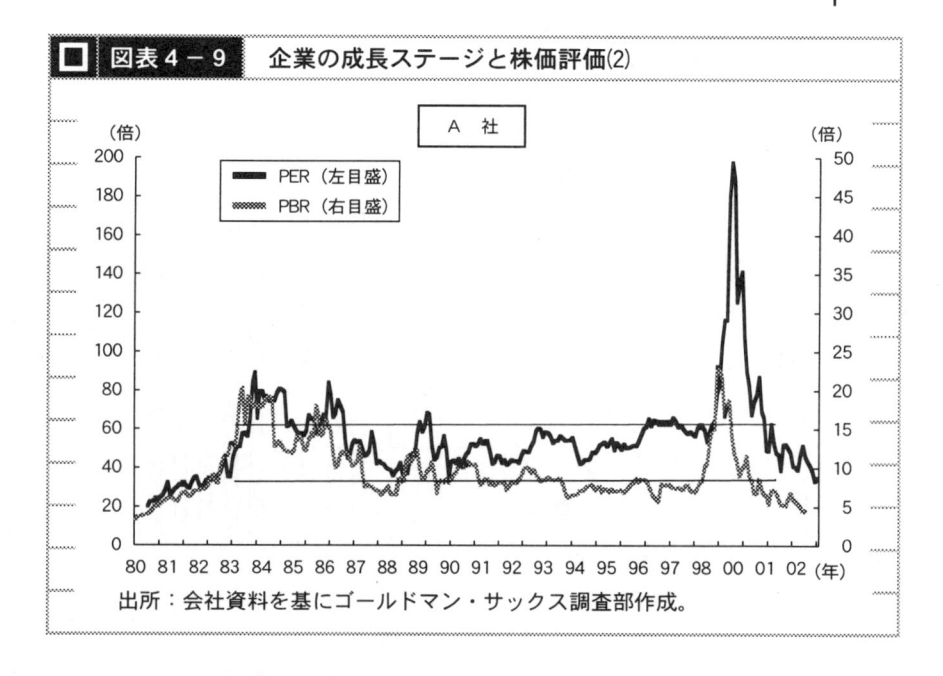

図表4-9 企業の成長ステージと株価評価(2)

A社

PER（左目盛）
PBR（右目盛）

出所：会社資料を基にゴールドマン・サックス調査部作成。

3.3 事例研究3：B社

　一方，急成長が終わり低成長期に入った企業Bでは，株価バリュエーションも低下したままである。直近期は，業績は回復傾向にあるが，株価バリュエーションはあまり変化していない。現在のB社は，更なるオペレーション効率の改善により，非常に豊富なフリー・キャッシュフローを生む能力があるが，それは十分評価されていないことになる。

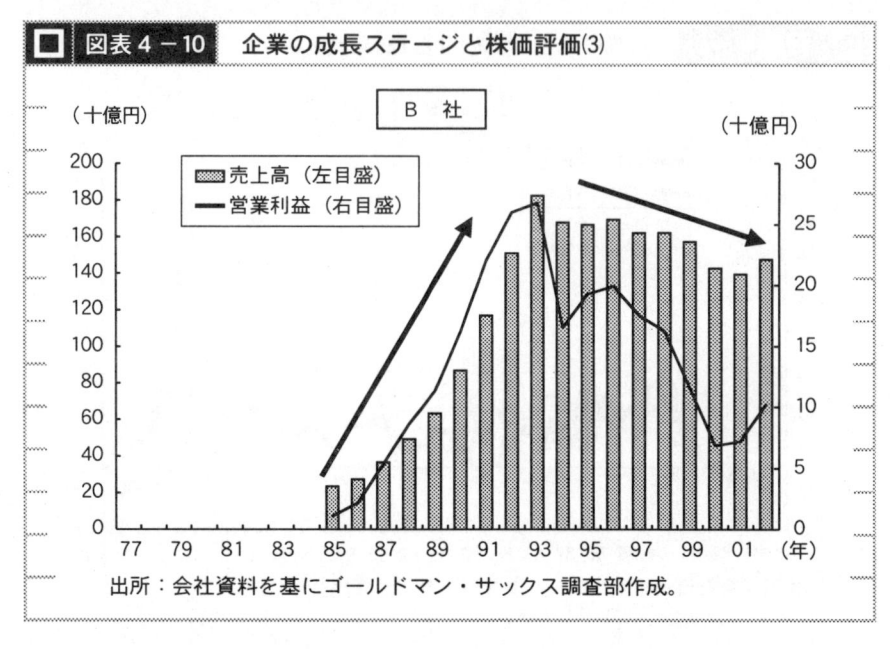

図表4-10　企業の成長ステージと株価評価(3)

B社

(十億円)／(十億円)

売上高（左目盛）
営業利益（右目盛）

出所：会社資料を基にゴールドマン・サックス調査部作成。

このように成長性と株価バリュエーションには重要な関係があり，証券アナリストは今企業がどのような成長ステージにいるかを意識して，ＰＥＲなどのバリュエーションを運用しているといえる。とかく証券アナリストが株価を間違うときに陥る罠は，企業の成長ステージを見誤ることである。利益が拡大し続けていても，成長の末期に差し掛かった企業の株価は，上昇力に乏しいことが多い。利益は増加しても，株価バリュエーションが低下してしまうのである。このような失敗を避けるために，企業の成長ステージをしっかり見極める上では，資本効率に注目するのが有効であろう。資本効率の低下，例えばＲＯＡのピークアウトや資産回転率の悪化は，成長が鈍化する良い兆となる場合が多いからだ。

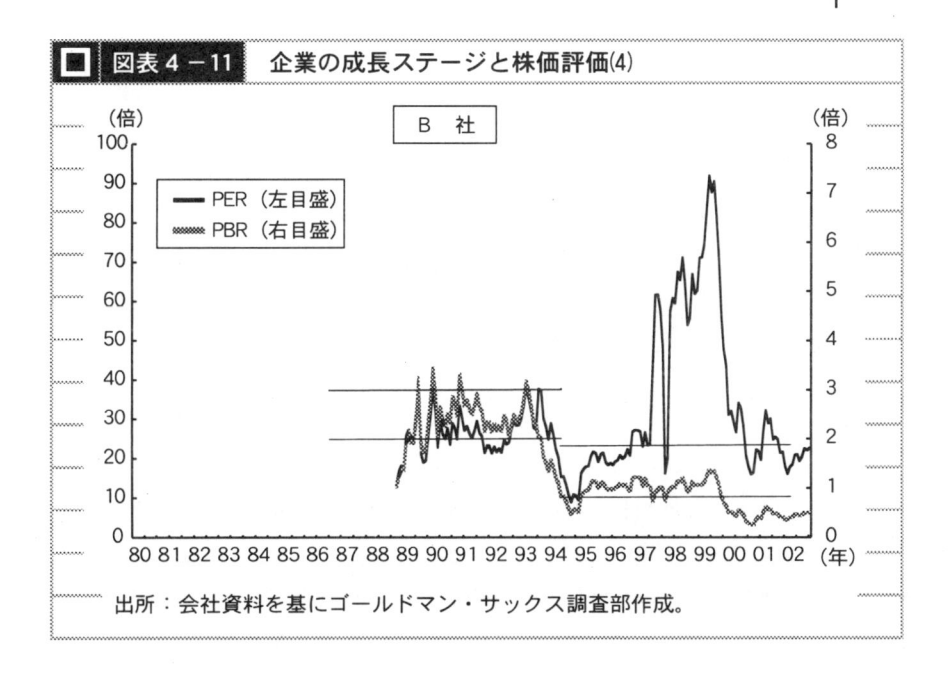

4．ＤＣＦ法の問題点を踏まえた実務上の対応　145

図表4-11　企業の成長ステージと株価評価(4)

B社

PER（左目盛）
PBR（右目盛）

出所：会社資料を基にゴールドマン・サックス調査部作成。

5. アナリストから見たEVA　Valuation Practice

5.1 経営管理のツールとしてのEVA

　EVAに関する詳細は，第3部に譲るとして，ここではアナリストから見たEVAについて記述する。

　アナリストから見たEVAは，あくまでも企業の経営管理ツールとしての側面が重要である。従ってアナリストとしては，企業がEVAを真剣に導入し，企業価値向上という全社的な目標を，各部門や個々人の日々の行動まで落とし込んでいるかどうかを判断基準としてEVAの導入の正否を評価することがある。

　EVAあるいは各社の独自版EVAの導入が掛け声だけで終わるケースも多い。真のEVAと掛け声だけのEVAを見分ける場合，EVAの計算単位であるEVAセンターをどのように設定しているか，EVAを業績評価に結びつけているかという点に注目している。実務的には，旧来の原価計算単位に従ってEVAセンターを設定しても企業経営に変化は小さく，むしろバリューチェーンに沿って設定すべきである。

　ただし，あえてアナリストや投資家にとってのEVAのメリットを指摘すると，①投資家と経営者のコミュニケーションの円滑化に資すること，②DCF法と同じように利用可能なこと，③過去の投資の功罪も期間損益に反映して評価されること，④DCF法以上に企業価値との関係を説明しやすいこと，つまり，何が企業価値拡大のドライバーか発見しやすい，という4つの点をあげることができる。中でも，③と④の点で，EVAは貴重な情報を提

供してくれる。

5.2 DCF法からEVAへ

まず，DCF法とEVA法の関係を見てみたい。以下の式からDCF法とEVA法は，等価の関係にあることがわかる。つまり，企業の継続価値は将来フリー・キャッシュフローの現在割引価値であると同時に，将来EVAの現在割引価値＋期首投下資本でもある。

図表5－1　DCF法からEVA®へ

- 株主価値（理論時価総額）＝企業の総事業価値（V）－債権者に帰属する価値
- 企業の総事業価値（V）＝将来キャッシュフローの割引現在価値
  　　　　　　　　　　　＝期首の投下資本＋将来EVA®の割引現在価値

$$V = \sum_{t=1}^{\infty} \frac{FCF}{(1+C)}$$

$$= \sum_{t=1}^{\infty} \frac{NOPAT_t - I_t}{(1+C)^t}$$

$$= \sum_{t=1}^{\infty} \frac{Cap_t \times (r-g)}{(1+C)^t}$$

$$= \sum_{t=1}^{\infty} \left\{ \frac{Cap_t \times (c-g)}{(1+C)^t} + \frac{Cap_t \times (r-c)}{(1+C)^t} \right\}$$

$$= Cap_1 + \sum_{t=1}^{\infty} \frac{EVA_t}{(1+C)^t}$$

V	企業の総事業価値
$NOPAT_t$	t期の$NOPAT$（税引後営業利益）
Cap_t	t期首の投下資本
r	投下資本利益率
c	資本コスト
I_t	t期の純投資額（$Cap_t - Cap_{t-1}$）
g	投下資本の増加率
FCF_t	t期のフリー・キャッシュフロー（$NOPAT_t - I_t$）
EVA_t	t期のEVA®

FCFの割引現在価値が企業価値

5.3 DCF法とEVAによる価値評価の等価性

　DCF法とEVAの等価性を具体的事例で示すと，【図表5－2】のようになる。以下の設例では，ある企業が期首投下資本1,000でスタートし，毎年100のネット投資（設備投資から減価償却費を控除したもの）を行い，その投資が年20%でリターンを生むと想定している。資本コストは10%である。このときにFCF法によって将来のフリー・キャッシュフローを割り引いた現在価値の総額は2,650となり，これが総企業価値となる。これに対して，EVA法の場合には，EVAの現在価値合計が1,650となり，これに投下資本の1,000を合算すると総企業価値はやはり2,650になる。つまり，DCF法とEVA法は等価の関係にあることがわかる。

図表 5-2　DCF法とEVA®による価値評価の等価性

WACC 10.0%
増益額 20.0

	FCF法					EVA®法						
期間(年)	① NOPAT	② ネット投資	③=①-② FCF	④ 割引率	⑤=③×④ FCF現在価値	期間(年)	① 投下資本利益率	② WACC	③=①-② スプレッド	④ 期首投下資本	⑤=③×④ EVA®	⑥ 割引率	⑦=⑤×⑥ EVA®現在価値
0	200	100	100	0.909	91	0	20.0%	10.0%	10.0%	1,000	100	0.909	91
1	220	100	120	0.826	99	1	20.0%	10.0%	10.0%	1,100	110	0.826	91
2	240	100	140	0.751	105	2	20.0%	10.0%	10.0%	1,200	120	0.751	90
3	260	100	160	0.683	109	3	20.0%	10.0%	10.0%	1,300	130	0.683	89
4	280	100	180	0.621	112	4	20.0%	10.0%	10.0%	1,400	140	0.621	87
5	300	100	200	0.564	113	5	20.0%	10.0%	10.0%	1,500	150	0.564	85
6	320	100	220	0.513	113	6	20.0%	10.0%	10.0%	1,600	160	0.513	82
7	340	100	240	0.467	112	7	20.0%	10.0%	10.0%	1,700	170	0.467	79
8	360	100	260	0.424	110	8	20.0%	10.0%	10.0%	1,800	180	0.424	76
9	380	100	280	0.386	108	9	20.0%	10.0%	10.0%	1,900	190	0.386	73
10	400	100	300	0.350	105	10	20.0%	10.0%	10.0%	2,000	200	0.350	70
10年以降	420	0	420	3.505	1,472	10年以降	20.0%	10.0%	10.0%	2,100	210	3.505	736

総企業価値　2,650

EVA®現在価値合計　1,650
投下資本　1,000
総企業価値　2,650

出所：ゴールドマン・サックス調査部作成。

5.4 EVAの利用法（バリュードライバー分析）

　以上見てきたように，EVAは，企業の内部経営管理ツールであるものの，企業価値評価の視点から見ると，基本的にDCF法と同じように活用できることがわかった。ここでは，EVAを分析に活用する場合に，DCF法とは違った利用方法がある点を紹介したい。それは，バリュードライバー分析である。

　【図表5－3】は，カシオ計算機と民生用電機業界の事例を用いて，EVAのバリュードライバー分析を行ったものである。左半分が，NOPATを損益計算書の勘定科目に沿って分解したもの，右半分が投下資本額を，資本コストと貸借対照表の科目に沿って分解したものである。これにより，時系列で何がEVAに影響を与えたか，あるいは，業界他社と比較して何が問題かが，容易に把握でき，他社をベンチマークすることで改善に役立てることが可能となる。

　カシオと民生電機業界の直近の数値を比較すると，いくつかの課題が浮かび上がってくる。例えば，04年3月期に急改善したとはいえ，依然としてカシオの在庫水準が高いレベルにあり，更なる削減余地があると思われる点が指摘できよう。実際の企業経営にあたっては，これらのドライバーを更に詳細に分析し，改善に役立てることが可能である。

5. アナリストから見たEVA

図表5－3　EVA®利用法：バリュードライバー分析

カシオ計算機(6952) EVA® バリュードライバー分析
単位百万円、比率を除く

年度	EVA®	=	売上高	×	100%	{	税引後事業利益率(NOPAT)							−	WACC	×	投下資本							}
							売上原価／売上高	+	販管費／売上高	+	その他／売上高	+	法人税等／売上高				現預金等／売上高	+	在庫等／売上高	+	償却資産／売上高	+	投資有価証券／売上高	+	その他／売上高
90/3	-8,072	=	304,826	×	100%	{	67.9%	+	26.5%	+	-0.1%	+	2.9%	−	6.1%	×	40.4%	+	21.8%	+	19.4%	+	3.6%	+	3.7% }
91/3	-8,601	=	335,228	×	100%	{	66.4%	+	28.1%	+	0.0%	+	2.9%	−	6.1%	×	38.2%	+	19.6%	+	19.2%	+	3.6%	+	4.3% }
92/3	-9,345	=	383,423	×	100%	{	67.1%	+	27.4%	+	0.1%	+	2.8%	−	6.0%	×	32.3%	+	21.5%	+	20.8%	+	3.6%	+	4.9% }
93/3	-11,552	=	431,673	×	100%	{	71.6%	+	25.8%	+	-0.2%	+	1.4%	−	5.0%	×	27.7%	+	21.6%	+	20.9%	+	3.3%	+	9.6% }
94/3	-12,230	=	383,768	×	100%	{	70.7%	+	27.7%	+	-0.1%	+	0.8%	−	4.3%	×	28.1%	+	22.2%	+	25.5%	+	3.6%	+	16.1% }
95/3	-13,559	=	401,675	×	100%	{	71.7%	+	26.2%	+	0.0%	+	1.1%	−	4.9%	×	21.0%	+	22.6%	+	25.8%	+	3.5%	+	17.8% }
96/3	-12,286	=	411,927	×	100%	{	73.1%	+	25.9%	+	-0.1%	+	0.5%	−	3.8%	×	18.7%	+	24.6%	+	24.8%	+	3.4%	+	21.7% }
97/3	-7,318	=	459,105	×	100%	{	71.2%	+	25.7%	+	0.0%	+	1.6%	−	3.6%	×	18.1%	+	22.0%	+	21.5%	+	2.9%	+	22.7% }
98/3	4,626	=	502,012	×	100%	{	65.6%	+	26.9%	+	0.0%	+	3.9%	−	3.3%	×	21.9%	+	19.4%	+	19.9%	+	2.5%	+	16.9% }
99/3	-7,331	=	451,141	×	100%	{	67.9%	+	29.3%	+	0.1%	+	1.3%	−	3.4%	×	30.0%	+	19.4%	+	22.6%	+	2.6%	+	17.3% }
00/3	-960	=	410,338	×	100%	{	68.7%	+	26.6%	+	0.0%	+	2.0%	−	3.0%	×	31.7%	+	18.0%	+	24.1%	+	2.8%	+	21.8% }
01/3	-2,017	=	443,930	×	100%	{	71.0%	+	25.0%	+	0.1%	+	1.7%	−	3.3%	×	23.1%	+	19.1%	+	17.6%	+	4.4%	+	17.6% }
02/3	-14,684	=	382,154	×	100%	{	74.3%	+	28.4%	+	-0.1%	+	-1.2%	−	2.7%	×	24.5%	+	21.4%	+	15.8%	+	7.6%	+	20.2% }
03/3	1,386	=	440,567	×	100%	{	71.6%	+	24.3%	+	0.0%	+	1.7%	−	2.6%	×	23.6%	+	18.3%	+	13.3%	+	7.2%	+	16.9% }
平均	3,140	=	523,528	×	100%	{	72.1%	+	22.7%	+	0.0%	+	2.2%	−	3.2%	×	21.7%	+	12.7%	+	10.5%	+	7.2%	+	10.4% }

民生電機7社単純平均EVA® バリュードライバー分析
単位百万円、比率を除く

年度	EVA®	=	売上高	×	100%	{	売上原価／売上高	+	販管費／売上高	+	その他／売上高	+	法人税等／売上高	−	WACC	×	現預金等／売上高	+	在庫等／売上高	+	償却資産／売上高	+	投資有価証券／売上高	+	その他／売上高 }
90/3	-221,287	=	13,190,281	×	100%	{	68.4%	+	24.5%	+	0.0%	+	3.8%	−	6.5%	×	30.0%	+	16.2%	+	15.0%	+	9.3%	+	6.4% }
91/3	-449,432	=	14,964,489	×	100%	{	69.2%	+	24.7%	+	0.1%	+	3.2%	−	7.5%	×	27.3%	+	15.8%	+	15.4%	+	10.3%	+	9.7% }
92/3	-544,292	=	15,950,989	×	100%	{	71.3%	+	25.1%	+	0.1%	+	1.9%	−	6.3%	×	24.6%	+	17.3%	+	17.3%	+	9.9%	+	11.8% }
93/3	-599,359	=	15,472,560	×	100%	{	72.3%	+	25.8%	+	0.0%	+	1.0%	−	5.7%	×	24.4%	+	17.7%	+	19.0%	+	9.6%	+	13.3% }
94/3	-582,785	=	14,805,402	×	100%	{	72.7%	+	26.1%	+	0.0%	+	0.6%	−	5.4%	×	24.4%	+	16.4%	+	19.3%	+	9.7%	+	13.1% }
95/3	-614,101	=	15,575,655	×	100%	{	71.6%	+	27.0%	+	0.1%	+	0.7%	−	5.8%	×	23.7%	+	15.4%	+	18.5%	+	8.9%	+	10.5% }
96/3	-473,200	=	16,197,509	×	100%	{	71.5%	+	26.1%	+	0.1%	+	1.3%	−	5.1%	×	22.6%	+	16.4%	+	18.3%	+	9.2%	+	10.0% }
97/3	-375,233	=	18,497,250	×	100%	{	71.3%	+	24.9%	+	0.1%	+	2.0%	−	5.0%	×	20.0%	+	16.5%	+	18.4%	+	9.3%	+	9.5% }
98/3	-359,012	=	19,795,279	×	100%	{	71.8%	+	24.8%	+	0.1%	+	1.8%	−	4.4%	×	19.6%	+	17.1%	+	18.9%	+	9.7%	+	9.9% }
99/3	-218,342	=	19,719,565	×	100%	{	72.6%	+	24.2%	+	0.1%	+	1.4%	−	4.2%	×	18.5%	+	15.9%	+	17.0%	+	8.4%	+	7.5% }
00/3	-114,967	=	19,567,924	×	100%	{	72.6%	+	23.4%	+	0.1%	+	1.5%	−	4.4%	×	19.3%	+	14.1%	+	15.9%	+	10.0%	+	7.9% }
01/3	-149,078	=	20,696,071	×	100%	{	73.4%	+	22.6%	+	0.1%	+	1.6%	−	4.3%	×	20.0%	+	14.1%	+	15.3%	+	11.5%	+	8.7% }
02/3	-218,487	=	20,148,916	×	100%	{	74.3%	+	23.4%	+	-0.1%	+	0.8%	−	3.8%	×	18.3%	+	13.5%	+	15.9%	+	10.9%	+	9.5% }
03/3	-18,533	=	21,345,928	×	100%	{	74.3%	+	22.8%	+	0.2%	+	1.7%	−	3.3%	×	16.9%	+	11.4%	+	14.6%	+	9.3%	+	8.7% }

【図表5－4】は，03年3月期実績をベースに，①在庫回転日数，②負債／資本比率（D／Eレシオ）を他の民生メーカー並みまで改善することができれば，どの程度，カシオのEVAが増加するかを試算したものである。現実的には，在庫の圧縮や有利子負債削減が進めば貸借対照表の他項目にも影響が出るはずだが，便宜上，ここでは在庫と有利子負債額（＝現金）以外の項目は変動しないと仮定している。

仮に，①在庫回転日数，②負債／資本比率を他の民生メーカー並みまで改善することができれば，2003年3月期に創出したEVAを14億円から30億円増の44億円に高めることは可能と判断される。30億円増のEVAを，WACC（2004年3月期は3.2％だが，負債／資本比率0.8となった場合の3.5％を使用）で割り引くと，企業価値は約860億円増大することになる。カシオのEVは約3,200億円（うち，時価総額が約2,900億円）であり，これはバランスシートの改善により企業価値が3割近くも増大することを意味する。実際のところ，

図表5－4　EVA®利用法：バリュードライバー分析

$$EVA = 売上高 \times \left(\frac{NOPAT}{売上高} - WACC\right) \times \left(\frac{在庫}{売上高} + \frac{現金}{売上高} + \frac{その他IC}{売上高}\right)$$

前提	EVA改善額	EVA改善率							
2003／3月期実績	0	0.0%	1,386 = 440,567 × (2.4% − 2.6% × (16.5% + 23.6% + 37.3%))
在庫回転日数10日短縮，有利子負債500億円圧縮ケース	2,230	160.9%	3,616 = 440,567 × (2.4% − 2.6% × (13.8% + 12.3% + 37.3%))
在庫水準，D／Eレシオとも，民生電機平均ケース	3,001	216.5%	4,387 = 440,567 × (2.4% − 2.6% × (11.8% + 7.6% + 37.3%))

出所：ゴールドマン・サックス調査部作成。

04年3月期の業績発表により，予想以上に在庫のスリム化が進んでいることが確認され，株価はポジティブに反応した。

以上のように，カシオのEVA改善にとってバランスシートの改善効果が大きいことがわかるが，投資家にとってより重要なことは，バランスシート改善によって生まれる余剰資金を用いて自社株買いを進め，バランスシート改善効果を顕在化することである。

5.5　EVAの利用法（MVAを用いた評価）

最後にMVAを株価バリュエーションに用いると，1つの重要なインプリケーション（示唆）が得られる。それは，「PBR1倍割れは割安。なぜなら企業の解散価値を下回っているからである」という長年信じられてきたコンセプトを覆すからである。おそらく，現在でも多くの投資家が無意識にこのコンセプトを信じているはずである。

簡素化して描くと，【図表5－5】のようになる。期首投下資本から有利子負債を引いた部分が株主資本となる。今仮に，株主資本が株式時価総額と同じであれば，つまり，PBRが1倍であれば，将来のEVAの割引現在価値合計であるMVAはゼロにならなくてはならない。MVAは将来EVAの割引現在価値であるので，将来EVAがマイナスであり続ければ，株式時価総額＜株主資本となり，PBRは1倍を下回らなくてはならないことになる。PBRが1倍を下回る日本企業が多かったのは，株価が割安というよりも，EVAがマイナスであり，資本効率が低すぎたからといえる。

図表5－5　EVA®利用法：MVAを用いた評価

MVA（Market value added）のコンセプト

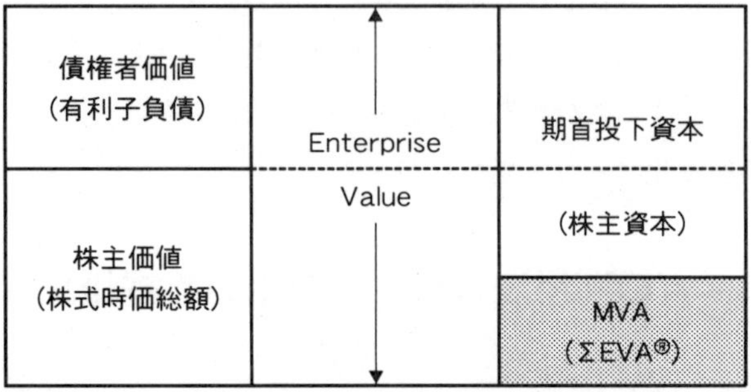

債権者価値 （有利子負債）	Enterprise Value	期首投下資本
株主価値 （株式時価総額）		（株主資本）
		MVA （ΣEVA®）

出所：ゴールドマン・サックス調査部作成。

第3部　EVAによる価値創造経営

EVA Management System

1. 経営におけるEVAの役割

> Economic Value Added

1.1 共通言語としてのEVA

　最近ではEVAの指標としての有効性が認識されつつあり，EVAを経営指標として導入する企業もかなりの数にのぼる。しかし，EVAを経営指標に使用することと，価値創造につながるような仕組みを作り上げることは別の問題である。一般的によく見受けられるのは，EVAの財務指標としての側面のみに注目し，自社や部門のEVAを計算することだけで満足しているという状況である。もちろん，各期の価値創造の状況を把握するという意味において，資本コストを加味したEVAを算出するというのはそれなりに意味があることではあるが，ただEVAを計算するだけで価値創造につながるというわけではない。EVAを経営指標として活用し，企業の実際の価値創造につなげるためには，単にその企業のEVAを計算するだけではなく，経営の中に正しい方法で組み込んでいくことが必要になる。

　企業経営においては，日々何らかの意思決定が行われている。例えば，原材料の購入価格や販売価格の決定，プロジェクトや買収案件の実施，在庫の削減，効率的な操業管理等その意思決定は多岐に渡る。そのような事業遂行上の各局面において，担当する経営陣又は社員は意識的にあるいは無意識のうちに，より良いと思われる判断を下している。

　このような事業遂行上の意思決定が行われる場合の多くは，何らかの基準に基づいてされることが多い。例えば，販売価格を決める際にはどの程度の利益や利益率（マージン）を確保するのかというような点が考慮されるが，

1. 経営におけるEVAの役割

この場合は、「利益」もしくは「利益率」という指標に基づいた意思決定が行われる。別の例として、プロジェクトへの投資を行う場合を考えてみるとやはり、何らかの投資判断基準を基に実行するか否かという意思決定が下される。この際に使用されるのは、利益やIRR（内部収益率）、回収期間、ROI（投資利益率）、NPV（正味現在価値）等といったところが一般的だろうか。

　意思決定を行う際に基準を設けシステマティックに判断を行うことは、何の基準も持たずに経営者の直感のみで「エイヤッ」と判断を下すことに比べればメリットは大きい。何らかの基準を持つことで意思決定について検討する機会が用意されることになり、意思決定を行う以前にその背景や前提を整理・確認することが可能になる。また、意思決定後の結果とその前提を比較することにより、意思決定時の前提条件について事後的にチェックすることもできる。いわば意思決定者にとって、意思決定の精度を増す訓練をさせるという意味合いもあるのである。

　しかしながら、どのような基準を整備しようとも以下のような問題が発生しがちだということは考慮すべきである。

　その1つは、意思決定を行うための判断基準である指標が、必ずしも価値の創造とは結びついていないということである。企業は価値を創造することによって、株主を含む全てのステークホルダーに十分なリターンを提供することができる。ただし、全ての業績評価指標が価値創造に結びついているわけではない。例えば上記であげた指標の中には、その指標を最大化することが、必ずしも価値の創造につながらないどころか価値の破壊を導いてしまうものもある。

　もう1つの問題点は、経営上の各局面においてそれぞれ異なった指標が使用されるという点である。例えば、プロジェクトを実行する判断基準はROIを使用するが、意思決定者の報酬はキャッシュフローに基づいている、というような場合がある。仮に、ROIを基準にプロジェクトを評価し実行す

べきだという分析結果となったが，一方でプロジェクトの実行によって，キャッシュフローが悪化することが予想されたとする。プロジェクトを実施することで担当者の報酬は下がってしまうのである。この「実行すべき」プロジェクトは実行されるだろうか。この場合，判断基準はＲＯＩとされているものの，事実上実行するのか否かを，ＲＯＩとキャッシュフローという複数の指標を基準として判断しているということになり，基準自体が極めてあいまいなものとなっている。経営の局面毎に重視される指標が統一されていないことにより，このような問題が生じるのである。

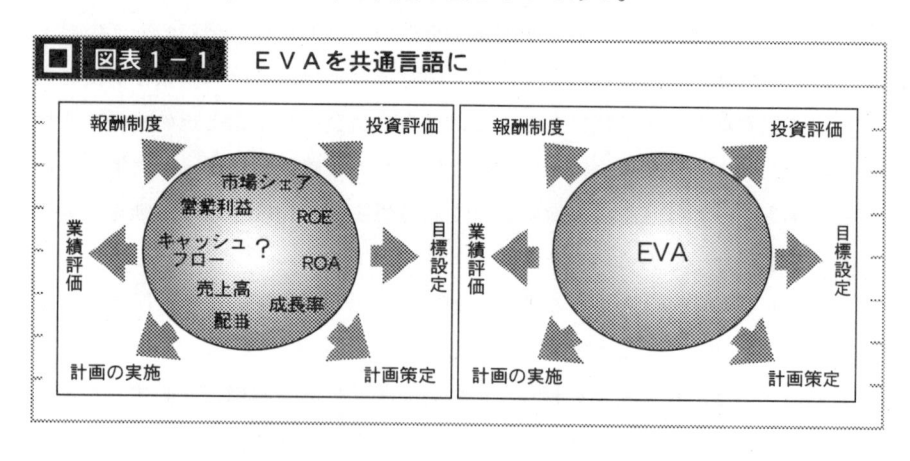

図表1-1　EVAを共通言語に

報酬制度／投資評価／業績評価／目標設定／計画の実施／計画策定

（左：市場シェア、営業利益、ROE、キャッシュフロー、ROA、売上高配当、成長率　？）
（右：EVA）

　以上のような問題点は，ＥＶＡを唯一の指標として採用することで解決できる。ＥＶＡを最大化するような意思決定は，常に価値創造に結びつくため，ＥＶＡがどれだけ増加（減少）するのかに注目して意思決定を行うことで，常に価値創造と整合性の取れた意思決定を行うことができる。ＥＶＡ経営においては，目標設定，計画策定，投資評価，報酬制度等，経営の各プロセスにおいて，損益計算書や貸借対照表の数値を全て内包し，企業価値に結びついたＥＶＡに基づいて意思決定が行われる。ＥＶＡを経営上の「共通言語」として位置づけることによって全員参加型の価値創造運動を目指すのである。

1.2 4M（Measure, Management Process, Motivation, Mindset）の重要性

EVAを経営の中核に据えた「EVA経営」は大きく分けて4つの構成要素からなる。これはEVA経営のための「4つのM」と表される。4つのMとは Measure（業績測定），Management Process（経営プロセスにおける意思決定），Motivation（インセンティブ報酬制度による動機づけ），Mindset（意識改革）の頭文字を取ったものである。

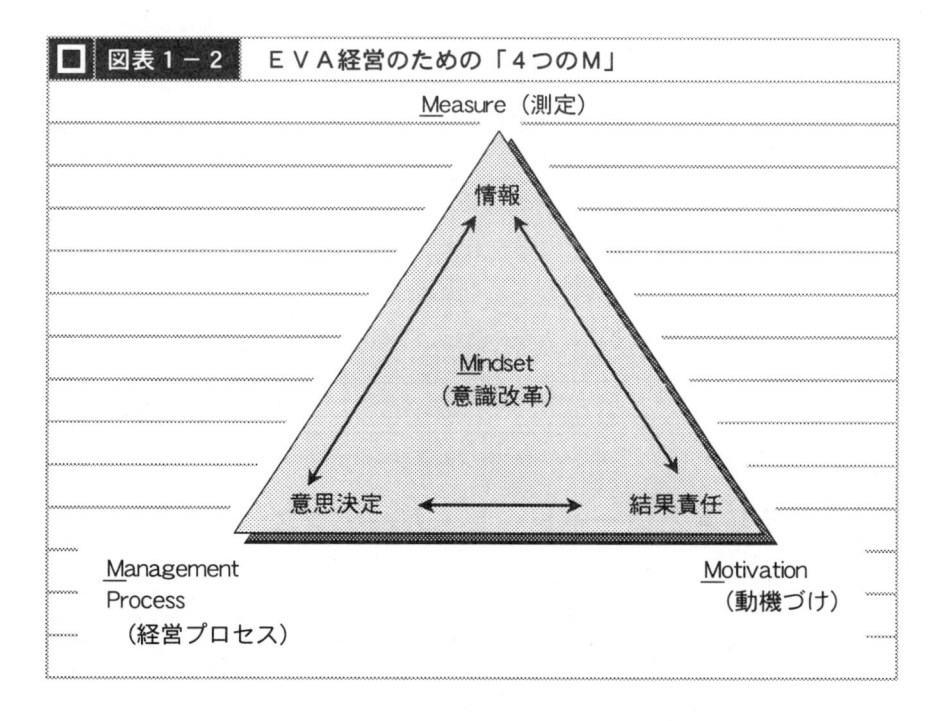

■ 図表1-2　EVA経営のための「4つのM」

Measure（測定）
情報
Mindset（意識改革）
意思決定 ←→ 結果責任
Management Process（経営プロセス）
Motivation（動機づけ）

まずは第1番目のMである Measure とはどういうことであろうか。これは事業の業績をEVAによって測定することが必要であるという意味である。

価値創造につながるような意思決定を行うためには，価値創造の状況を正しく反映した情報を得ることが必要であり，そのためには，まず価値創造の状況を的確に表すEVAを測定することが必要になる。

2番目のMは Management Process のMである。これは，計算されたEVAを基に事業遂行上の様々な意思決定を行うことを指す。情報は使ってこそ意味がある。測定されたEVAに関する情報は各経営プロセスにおいて活用される。

3番目のMは Motivation である。EVAに基づいて意思決定を行ったならば，良くも悪くも報われる仕組みが必要である。意思決定の結果に対する評価を受け，評価に基づいて報酬が支払われるということである。いわば結果責任を問う仕組みが必要だということになる。報酬の一部をEVAにリンクさせることにより，担当者が価値創造につながるような意思決定を行うことを強力に促すことも狙いである。

最後の4番目のMは Mindset である。これは，人々の考え方，意識を価値創造に向かわせるように導くことを意味する。どれだけ優れた経営の仕組みを導入したとしても，従業員がその中味について理解していないのであれば，その効果は半減してしまう。人々の意識に影響を与えるためには，従業員に対する研修を徹底的に行い，EVAに対する理解を深めてもらうことが必要になる。

1.3　EVAとコーポレート・ガバナンス

ところで，最近のコーポレート・ガバナンスについての議論をEVAの観点から考えてみたい。国内外で同時多発的に発生した不祥事を契機に，国際的にコーポレート・ガバナンスに関する議論が活発化している。この議論の根底に流れているのは，企業統治（ガバナンス）は，経営（マネジメント）とは全く別ものであり，対決するものだ，という考え方のようにも見える。

例えば，社外取締役の増員や監査役の強化，株主の代理権行使，透明性を高める会計制度，これらはいずれも外部からの経営へのチェックの試みであり，経営との対立の構図ばかりを際立たせている。もちろん両者間に一定の緊張感が必要だということに否定の余地はないが，マネジメントとガバナンスが同じ意識を共有する仕組みを構築できれば，それこそが「理想的なガバナンス」となることを忘れてはならない。どのような形態を取ろうとも，経営監視の機能はいずれも価値創造のための手段であり，それ自体を目的としてしまってはならない。企業に求められているのは価値の創造である。

　では，価値の創造を誰に対して行っていくのか。ＥＶＡは企業が当期に生み出した価値の創造額を表し，その企業を所有しているのは株主であるから，厳密に定義すればＥＶＡは株主への超過利潤であるともいえる。つまり一義的にはＥＶＡは株主に対する価値創造を表す数値に他ならない。しかしこの考え方に基づくと，顧客・従業員・取引先・地域社会・債権者・株主・経営陣という企業を取り巻く利害関係者の中で，株主への価値創造のみを意識して良いのかと議論も出てくるであろう。

　この種の議論はここ数年，幾度となく繰り返されてきた。株主重視主義対その他の利害関係者重視主義，米国的ガバナンス論対伝統的な日本の企業経営論等がその対立の構図である。しかし，この議論自体に実は大きな意味はないのではないだろうか。ここで１つの分析をお見せしたい。

　【図表１－３】はスターン　スチュワートが行った2002年度ＭＶＡ1000社ランキング（「週刊東洋経済」2003年11月８日号に掲載）の上位10社と下位10社の売上高，従業員，投下資本，税金支払額の変化を見たものである。既にご紹介したようにＭＶＡは株主価値創造を測る指標であることから，ＭＶＡ上位10社は株主への価値創造に成功してきた企業ということができ，また下位10社はその逆といえることになる。ご覧のとおり上位の10社はこれらの４要素についていずれも増加させている。売上高の増加は満足した顧客が増えたことを意味する。従業員の増加は雇用の創出を意味する。また投下資本の

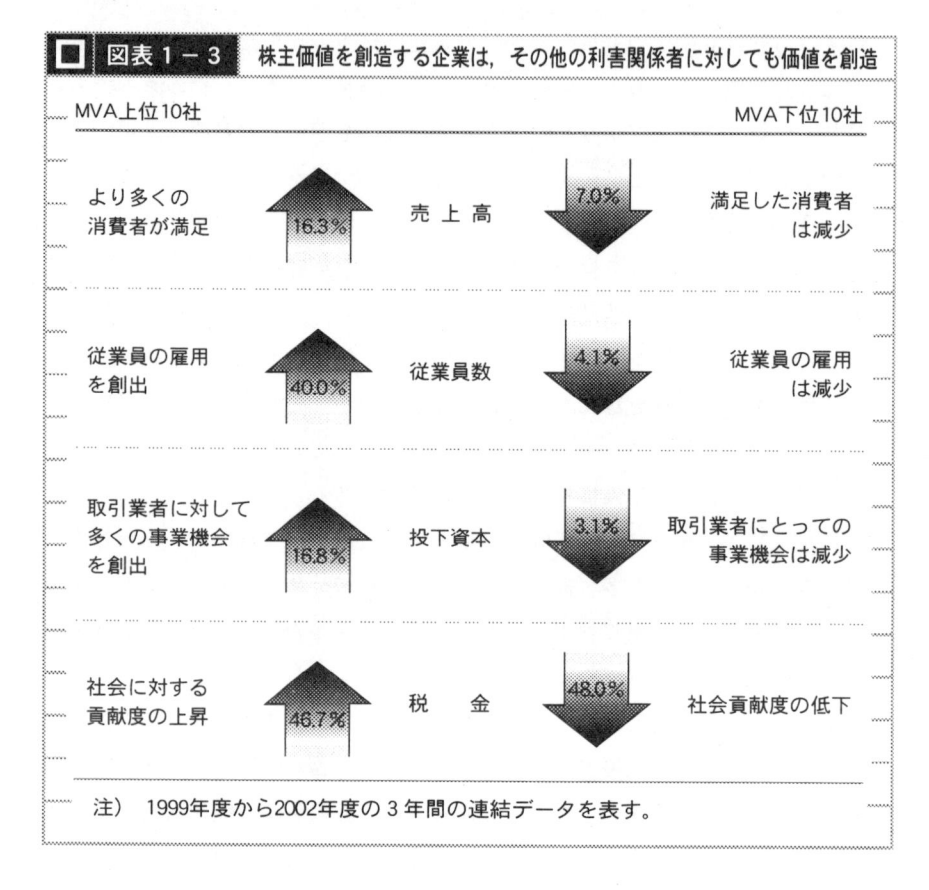

図表1-3　株主価値を創造する企業は，その他の利害関係者に対しても価値を創造

MVA上位10社			MVA下位10社
より多くの消費者が満足	↑ 16.3% 売上高 ↓ 7.0%		満足した消費者は減少
従業員の雇用を創出	↑ 40.0% 従業員数 ↓ 4.1%		従業員の雇用は減少
取引業者に対して多くの事業機会を創出	↑ 16.8% 投下資本 ↓ 3.1%		取引業者にとっての事業機会は減少
社会に対する貢献度の上昇	↑ 46.7% 税金 ↓ 48.0%		社会貢献度の低下

注）1999年度から2002年度の3年間の連結データを表す。

　増加は投資額の増加を意味し，企業全体としてのキャパシティーの増加につながるため，取引業者にとっては事業機会の増加を意味する。更に，税金支払額の増加は企業が国や地域社会に対して貢献度を増大させたことを表す。すなわち，株主への価値創造に成功している企業はその他の利害関係者に対する価値の創造にも成功しているということである。一方で，株主への価値創造に成功していない企業は，その他の利害関係者の価値をも損ねているという実態もおわかりいただけると思う。

　企業は経営活動を行う中で，売上高を上げ，従業員に賃金を支払い，取引

業者に物品あるいはサービスの対価を支払い，銀行に元利を返済し，政府及び地域社会に税金を支払う。そして残ったものがようやく株主へ行き渡るのである。従って，最後に位置する株主への超過利潤が，企業が全体としてどれだけの価値を創造したのかということの最適なスコアカードとして機能するのは実は当然のことである。企業として誰を最も重視すべきなのか，という問いに対する答えは決して株主ではない。企業は全ての利害関係者を等しく重視すべきであり，そのスコアカードとして株主への価値創造状況を把握するのである。株主への価値創造状況を表すＥＶＡの増大を目指すことは，全ての利害関係者の利害を一致させることになる。そして全社的な価値創造への取組みは，すべての利害関係者が求めることであり，それを実践していくこと自体がガバナンスの意味を併せ持つことになるのである。

1.4　市場の期待と経営戦略の融合

　ＥＶＡと企業価値の関係は既に述べたとおりであるが，ここでもう一歩踏み込んで，この企業価値の構成要素を細かく見てみることにしよう。企業価値は投下資本とＭＶＡから構成され，ＭＶＡは理論的に将来の期待ＥＶＡの現在価値合計に等しい。更に，ＭＶＡは，①現在のＥＶＡが永続する価値と，②現在のＥＶＡが改善すると期待される価値，の２つの要素に分解することができる。具体的には，①は現在のＥＶＡを資本コストで割ることで求められる。また，②は投下資本と①の合計と，企業価値との乖離分である。①と投下資本は現行の事業を行うための資産及びその業績を表すため，これをスターン　スチュワートは現行事業価値（Current Operations Value, COV）と呼んでおり，また②の部分は将来のＥＶＡの成長期待による部分であるため，将来成長価値（Future Growth Value, FGV）と呼んでいる。企業価値はＣＯＶとＦＧＶの合計であり，これらをそれぞれ高めていくことが価値の創造につながるといえる（【図表１－４】参照）。

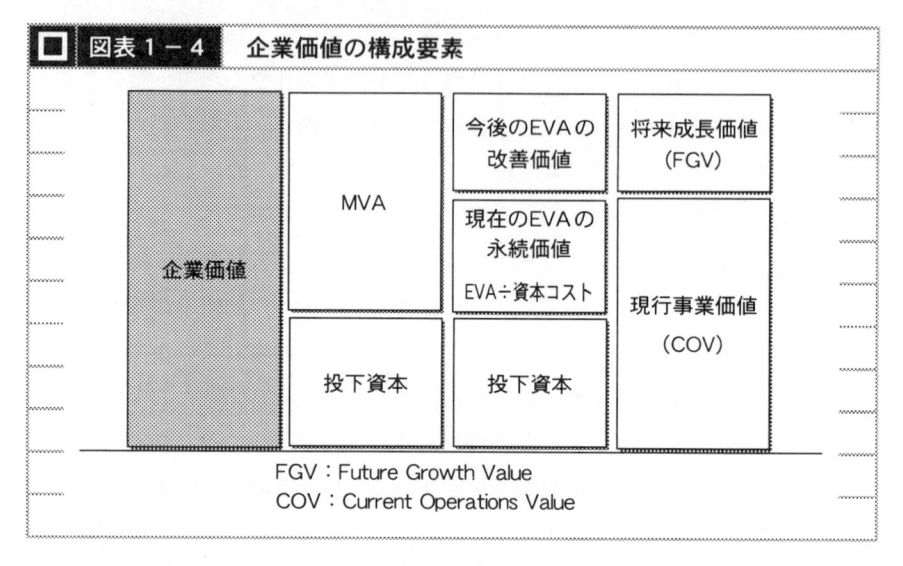

図表1-4　企業価値の構成要素

```
企業価値 = MVA + 投下資本
MVA = 今後のEVAの改善価値 + 現在のEVAの永続価値（EVA÷資本コスト）
   = 将来成長価値（FGV）
現在のEVAの永続価値 + 投下資本 = 現行事業価値（COV）
```

FGV：Future Growth Value
COV：Current Operations Value

　この企業価値の構成要素とＥＶＡの現在の水準から導き出される１つの分析を紹介したい。【図表１－５】は企業価値の構成要素に着目したマトリックスである。横軸はＥＶＡスプレッド（＝投下資本利益率－資本コスト）であり，ＥＶＡ＝０を中心として右に位置すればするほどＥＶＡが大きく，左に位置すればするほどＥＶＡのマイナス幅が大きくなることを示している。一方縦軸はＦＧＶが企業価値に占める割合（％）を示しており，上に位置する企業ほど高い成長・改善期待（ＦＧＶ）が織り込まれていることになる。このマトリックスは，企業価値と業績に応じて企業を４つに分類している。まず，右上に位置する企業は当期の業績が好調であり，また更なる成長の期待が高いという企業である。また右下であれば，当期の業績は好調であるが，今後の成長期待は小さい企業ということができる。更に左上は，当期の業績は悪いものの，今後の成長あるいは改善が期待されている企業である。最後に左下に位置する企業は当期の業績が悪く，また将来の改善期待もされていないことを意味する。業績回復の途上にある電機大手（日立，東芝，ＮＥＣ，富士通，松下，ソニー）等は左上の象限に位置している。中長期的な成長を

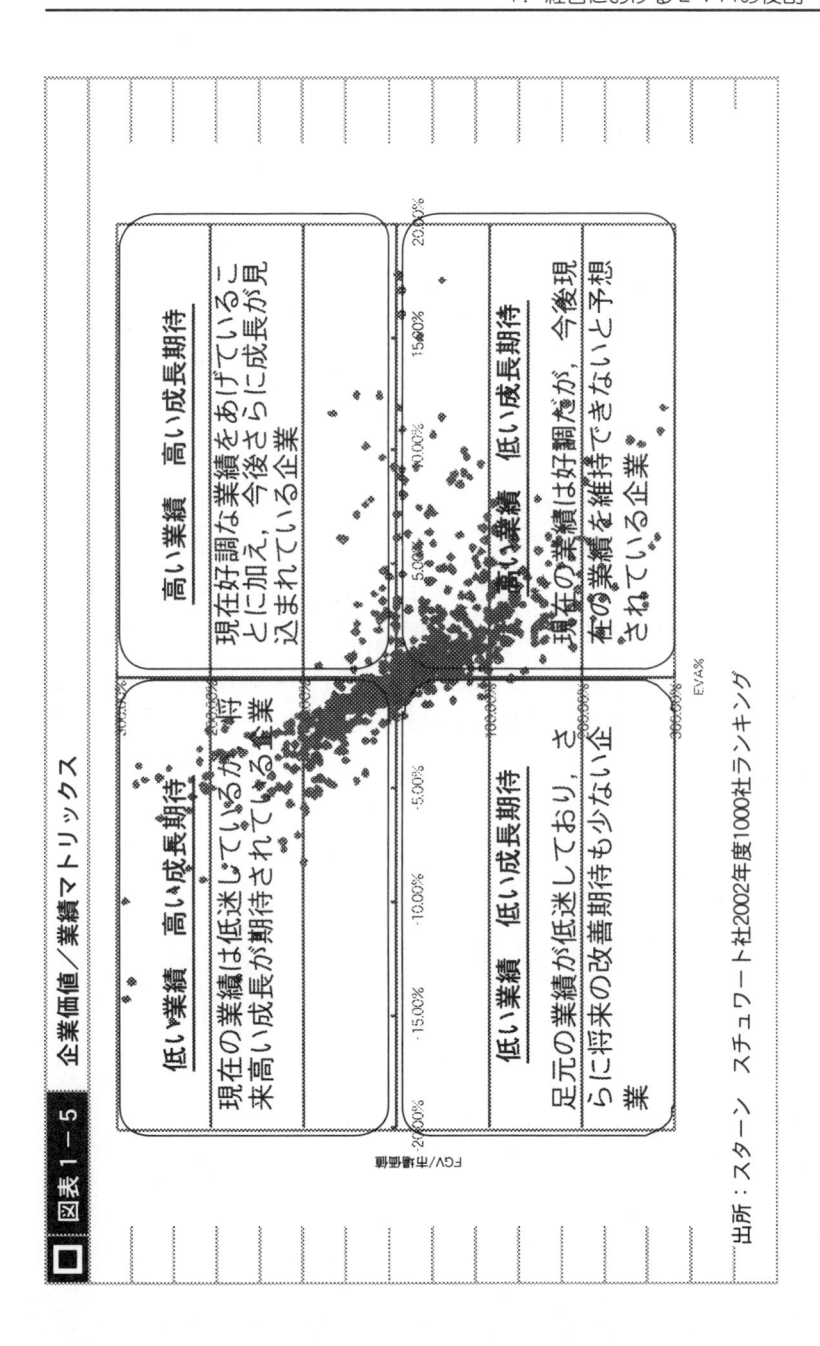

1．経営におけるEVAの役割　165

図表1-5　企業価値／業績マトリックス

低い業績　高い成長期待
現在の業績は低迷しているが、将来高い成長が期待されている企業

高い業績　高い成長期待
現在好調な業績をあげていることに加え、今後さらに成長が見込まれている企業

低い業績　低い成長期待
足元の業績が低迷しており、さらに将来の改善期待も少ない企業

高い業績　低い成長期待
現在の業績は好調だが、今後現在の業績を維持できないと予想されている企業

縦軸：FGV/投下資本
横軸：EVA%

出所：スターン スチュワート社2002年度1000社ランキング

見据えて将来の利益増加に向けた顧客獲得を強化するソフトバンクも同様である。また、「ユニクロ」ブランドでカジュアル衣料を展開するファーストリテイリングは、現在の業績は好調ではあるものの今後の成長に陰りが見えることから右下の象限に位置している。

　投資家の各企業の将来に対する期待度合いは様々であるが、以上のような分析によって、市場がどのように企業の将来を評価しているのかを把握することができる。企業がＩＲ活動を行い企業の状態を投資家に知らせるように、投資家もまた企業への期待を市場において伝達するのである。ＥＶＡを導入し企業が価値創造経営に舵を切ることは、企業内においてのみ完結するものではない。ＥＶＡが企業価値と直結しておりＥＶＡの増大が価値創造とつながっている以上、企業価値を市場において決定している投資家の視点と無関係ではいられないのである。投資家の期待を意識し、市場に求められている業績を達成するためにどのような戦略を立て、どのような手段を講じるのかが、経営陣に求められている。価値創造経営の最終目的地は投資家と同じ視点に立ち、市場の期待を経営戦略の中に融合させていくことなのである。

2. 業績測定：Measure　　Economic Value Added

2.1　適切な業績評価指標とは

　業績を測定する際に最重要なことは，測定しようとする数値が「適切な業績指標」でなければならないということである。適切な業績指標は，経済的な現実を的確に捉えつつ，正しい意思決定を促すものであることが必須である。くだけた言葉でいえば，正しい行動が適切に反映される正しい利益こそが適切な業績指標ということになる。

　例えば，売掛金について考えてみる。売掛金の早期回収は正しい行動だろうか。売掛金は，顧客に対して製品やサービスを提供したものの，その対価となる現金をまだ受け取っていない状況で発生する。経済的に考えれば，無償でお金を貸してあげているのと同じである。この無償でお金を貸している期間は，長い方が良いだろうか，短い方が良いだろうか。お気づきのように，他の条件が同じであるならば，無償でお金を貸す期間は短い方がいい。相手先（この場合は顧客）の信用力が低い場合はなおさらである。この貸し金を早期に回収することは良いこと，すべきことである。であるならば，売掛金の早期回収は正しい行動ということができる。そこで，損益計算書の営業利益を考えてみよう。売掛金の早期回収にかかわる行動の影響は営業利益のどの構成要素にあたるだろうか。経常利益ではどうか。当期純利益ではどうだろう。

　あるいは在庫について考えてみよう。トヨタ自動車を見習って，カンバン方式を導入し，原料在庫や仕掛品在庫の大幅な削減に成功したとしよう。こ

の影響は損益計算書に表れるだろうか。営業利益に変化はあるのだろうか。単純な在庫の削減は（倉庫使用料等の保管費用を除き）損益計算書には反映されない。従って会計上の利益額も変わらない。ではなぜカンバン方式によって在庫を減らすことが注目を集めるのだろうか。一般的に倉庫使用料の削減影響は比較的軽微である。何か別の理由があるために企業は在庫削減努力をしようとする。それは，在庫は資金が眠っている状態であり，在庫が膨らむということはそれだけの資金を必要とするということを企業の経営者は認識しているからである。資金は在庫が売れて初めて回収できる。回収した資金は利益として資金提供者に返還してもいいし，あるいは別の使途に活用できる。しかし回収するまでの在庫はいわば死に金である。死に金は少ない方が良いに決まっている。そう認識しているからこそ企業は在庫削減に躍起になるのである。死に金を生かすことは正しい行動である。しかし，この取組みの結果も会計上の利益には表れない。

　会計上，普通に利益と呼んでいる数値は，売掛金の回収や在庫の削減という正しい行動を反映していない。よって，とても「正しい利益」とはいえないのである。

2.2　制度会計の数値は業績評価指標として不適切

　前述の例にあるように，実は会計上の利益は事業活動の結果を正確に表してはいない。また昨今会計制度改革の議論が盛んであるが，この制度会計の数値も業績評価指標としては大きな問題を抱えているといわざるを得ない。その理由としては，大きく，
◆株主資本コストを無視している
◆保守主義に基づいている
◆様々な「ゆがみ」が生じている
の3点があげられる。これらについて順を追って説明を加えていこう。

◆株主資本コストを無視している

　1点目の問題点は，会計利益は基本的に株主資本はただであるという前提に立っているということである。損益計算書を思い起こしていただければおわかりかと思うが，営業利益にも，経常利益にも，当期純利益にも株主資本に関するコストは含まれていない。経常利益と当期純利益において負債に関するコスト（支払利息）を認識するのみである。株主資本に関するコストが利益の計算上含まれていないということは，株主資本は無償だと認識されていることに他ならないのである。

　我が国においては最近まで「株主資本」を「自己資本」と呼んでおり，ただであるかのように扱ってきた。しかし「株主資本」はあくまでも「株主」から提供を受けている資本である。内部留保（剰余金）にしても本来株主に帰属するものであり，単に株主への返還を待ってもらっているに過ぎない。これらの株主から提供を受けた株主資本には，負債に対して金利が発生するのと同様にコストが発生してしかるべきなのである。

　それに対して，負債だけではなく株主資本に関するコストも認識するEVAにおいては，企業の資産は資金調達手段にかかわらず，いかなる資産であろうともただではないことを明確にする。そして，このように株主資本も含めた全ての資本に関してコストを認識することは，実は正しい行動を促すことにつながるのである。前述のケースのような売掛金の早期回収，あるいは在庫削減，設備の有効活用等といった資産効率向上に目を向けた取組みの結果は，資本にかかわるコストである資本費用を減少させる。その結果はEVAの増加となって表れ，「経済的に正しい行動」が報われるのである。

◆保守主義に基づいている

　制度会計は，基本的に資金を借り入れる企業と資金を貸し出す銀行との関係のために整備されてきた。これが保守主義と呼ばれるゆえんである。貸手である銀行が考えることは，貸し付けた資金に対する利息が定期的に受け取

れ，元本が確実に返済されるか，ということである。貸付金の返済の安全性に対して興味を持つ銀行は，なるべく借手である企業の業績を保守的に見積もろうとする。そのための尺度が制度会計の数値である。従って，貸手から見て将来が見通せない出費は，全て保守的に考え，費用として取り扱うということになる。代表的な例がEVAの調整の中でも説明した広告宣伝費や研究開発費である。繰り返しになるが，会計上これらの出費は支出が行われた期の費用として一括計上される。

しかし，このような数値では，リスクを取ってチャレンジすることが全く報われない。リスクを取った瞬間に費用計上→業績悪化と捉えてしまうからである。昨今のような環境下においては，投資を促して経済を活性化させることが必要なのにもかかわらず，制度会計は，そのような行動を阻害するような枠組みとなってしまっている。

EVAの枠組みでは，例えば広告宣伝費が今期のみならず将来の売上，利益の増加を見込んで行われるものであり，工場を建設するような投資行動と経済的には何ら違いがない場合には「投資」として取り扱う。これにより，当期の利益に与えるインパクトを緩和し，短期的な視点ではなく，長期的に価値を生み出すかどうかという視点から意思決定を行うよう促すのである。

◆様々な「ゆがみ」が生じている

我が国における一連の会計制度改革では，退職給付会計や減損会計・時価会計等の導入により，企業実態をより正確に表す透明な会計基準の整備が試みられている。しかし，これらの改革がなされたとしても，制度会計の数値に内在するゆがみは消し去ることはできず，場合によっては増幅することを認識すべきである。

例えば会計上減損処理を行った場合を考えてみよう。ある企業が100億円の資産を所有しており，その資産から生み出される利益が5億円だったとする。リターン（ROA）は5％である。そして，この資産の価値を推定した結果，

10億円に減損することになったとしよう。翌年，同じ資産を使用して同じ利益5億円を生み出すと，会計数値ベースでのリターンは50％と，大幅な利益率向上となる。経済実態として何ら変化がないのにもかかわらず，減損による一時的な損失（この場合は▲90億円）が喉元を過ぎれば，業績は急激に回復したように見えてしまうのである。

　また，引当金計上等によって会計上多額の費用を認識し，その後の利益があたかも大きく改善したかのように「見せる」ことも頻繁に見受けられる。過去のうみを出し切り，利益の出る体質にするという名目だが，単に費用を認識することが企業体質の改善につながることは断じてありえない。

　毎年のように会計基準を変更する企業が跡を絶たないが，会計数値をどう見せようかという努力は決して企業の価値創造に結びつかない。そもそも，会計利益はどのような制度に基づいて計算されているかによって異なる数字になる。ＳＥＣ（米国）基準を使用している企業と日本基準を使用している企業では，全く同じ業績にもかかわらず，異なる利益が計上されることは広く知られている。開示ルールに準拠することは必要だが，ルールに踊らされてはいけない。会計ルールの変更に一喜一憂することが経済的に何の意味も持たないことに関して，企業・投資家の双方ともがより理解を深める必要があろう。例えば，リースを活用したバランスシートのスリム化効果は，経済実態の変化を伴わない限り理論上無意味である。

　企業の業績評価においては，会計利益から「ゆがみ」を取り除く必要がある。ＥＶＡでは，引当金を含む特別損益や株式の評価損等を，非経常項目として当期の利益計算に含めない。また，減損や時価評価に関しても，基本的にそのインパクトは反映させない（減損・時価評価を行わなかったものとみなす）。このような調整を行うことにより，前述したような見せかけだけの業績向上要因は排除され，「正しい利益」が計測できるのである。

2.3 ビジネスモデルによってEVAの計算は異なる

　以上のように財務会計の数値は業績評価指標として適切ではない。そのためにEVAでは調整を行うということは既に述べたとおりであるが，適切な業績評価指標はビジネスモデルや企業によって異なるものである。このことは，証券アナリストがセクター（産業）毎に担当を持ち，それぞれが適切と思う指標を使用して企業分析を行うことと同じ理由である。また，米国の企業が発表していたクリエイティブ・アカウンティングも一部では粉飾決算と同一のような批判を受けているが，そもそもクリエイティブ・アカウンティングは，制度会計という統一の開示ルールでは捉えきれない情報を発信するための企業側の試みだったのである。制度会計がミスリーディングな数値であるならば，ある程度是正した適正な数値を開示することは企業にとって当然の責務ということもできる。例えば，償却額の大きいビジネスにおいてその影響を排除したEBITDA（Earning before interest tax depreciation and amortization：金利・税金・償却前利益）は現時点の営業活動からのキャッシュフロー創出力を測るにはある程度適切といえる。

　研究開発費という項目を取ってみても，ビジネスモデルによってその性質は様々である。例えば，小売業にとってはそもそも研究開発費は発生しないはずである。また，バイオベンチャー企業が行う将来に向けた研究開発「投資」と，成熟産業における既存製品の改良のための研究開発費は，同じ研究開発という名目でも実態は明らかに異なる。

　別の例として，インターネットプロバイダーの顧客獲得費用はどう考えるべきであろうか。費用ではなく投資として取り扱うのが妥当ではないだろうか。

　またEVAは基本的には簿価ベースの数値であり，減損処理を会計上行った場合でも，その処理はなかったものとする。これは，資産価値の市場性に

関しては事業担当者は管理不可能であるのだから責任を負わせることは不公平である，という前提に立っている。例えば工場の土地の値段が下がったからといって，その工場で生産活動を行っている従業員には土地下落の責任はないということである。しかしながら，金融資産の運用や不動産販売事業のように，資産の市場価格の変動こそがその事業の業績であるというビジネスモデルもある。この場合はＥＶＡを時価ベースで捉えることがより適切となる。

このように適切な業績評価指標はビジネスモデル毎に異なり，意思決定権限，責任の所在等によっても影響を受ける。富士写真フイルムとソニーのＥＶＡの計算式（調整項目）は異なり，東京急行電鉄とトイザらスは更に異なり，アクセンチュアがより特徴的なＥＶＡの数値を用いているのは理由があるのである（銀行のＥＶＡについては章を改めて紹介する）。

2．4　指標の目的は測ることではなく使っていくこと

第３部の冒頭で，ＥＶＡの財務指標としての側面にのみ注目し，自社や部門のＥＶＡを計算することだけで満足しているという企業が数多く見られると述べた。日本においては厳密性を追求することをいとわない国民性も影響しているのか，指標自体の完成度にこだわるあまり，業績評価指標の計算が目的化してしまいがちのようである。しかし業績評価指標を確立することの目的はあくまで価値創造経営を行うことだということを忘れてはならない。その観点から実務上いくつか留意すべき事項をご紹介したい。

4.1 投下資本の計算は資産サイドから

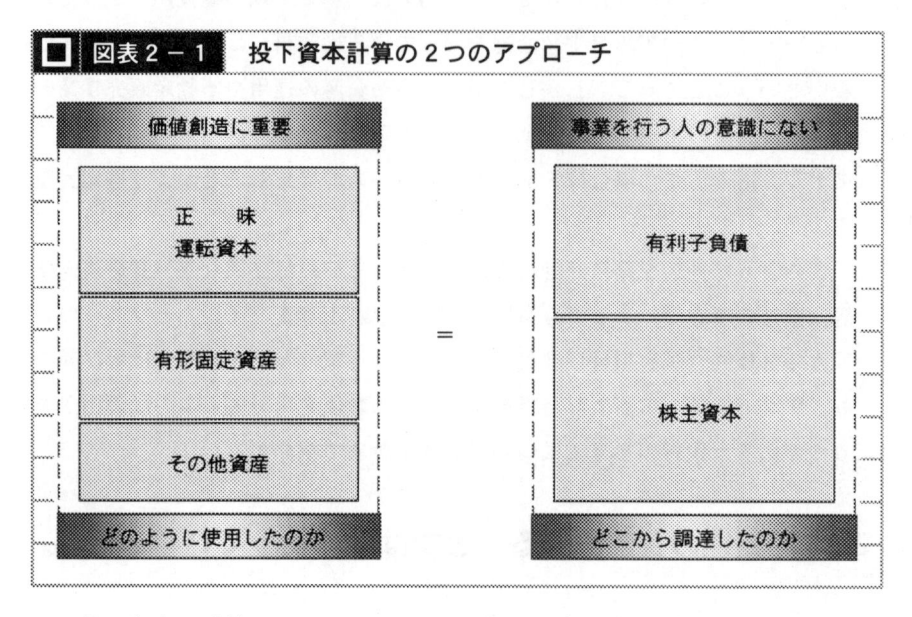

図表2-1　投下資本計算の2つのアプローチ

価値創造に重要	事業を行う人の意識にない
正味運転資本	有利子負債
有形固定資産	株主資本
その他資産	
どのように使用したのか	どこから調達したのか

（左側＝右側）

　投下資本の計算は，バランスシート（B／S）の左側（借方）に注目するアプローチと，右側（貸方）に注目するアプローチがあり，いずれでも計算結果は同じである（【図表2-1】参照）。多くの企業においては有利子負債と株主資本を足し算するという後者が取られている。このアプローチは投資家やアナリストがEVAを計算する場合や，企業が単に管理目的で計算するという場合には十分であろう。しかし，企業がEVAを全社的な価値創造活動のために使っていこうとする際には，B／Sの左側に注目して計算する必要がある。物流センターにあるのは在庫であって株券ではないし，工場で稼動するのは設備であって債券ではない。そして特定の資産がどのような資金調達によって成り立っているのかを判断することは不可能であり，通常意識もしない。企業において事業活動に携わる大多数の社員が普段意識し，そして意思決定を下す対象は，在庫や売掛金，固定資産といったB／Sの借方項

目なのである。このような理由から、Ｂ／Ｓの左側に注目した投下資本の計算、つまり資産合計としての投下資本という計算を行うべきである。ＥＶＡの計算の中にもこれらの項目を構成要素として含むことにより、資本効率改善を通じた価値創造を促すことが可能になるのである。

4.2　資本コストはある程度一定に

　資本コストは基本的に金利（リスクフリー・レート）と事業のリスク（リスク・プレミアム）によって構成される。このうち企業・事業の持つリスクは、ビジネスモデルが劇的に変化しない限り、ある程度長期間に渡って一定であると考えることは妥当である。一方、金利は日々変化している。このことは厳密にいえば資本コストを日々改定していかなければならないことを意味する。しかしながら、ＥＶＡを経営の中で使っていく際には、ある程度の期間において資本コストは一定とすることが望ましい。

　その理由の１つは手間と複雑さの問題である。頻繁に資本コストの算定を行うことの手間だけではなく、例えば投資の意思決定をする際に今日と明日のハードルレートが異なるというようなことが生じ、経営管理上非常に複雑になってしまう。

　別の理由は、一定の資本コストを使用することにより、前述のような投下資本への取組みの成果が明確になるということである。資本コストが一定であるからこそ、例えば在庫を100万円減らした効果が100万円×10％＝10万円と容易に計算できるのである。

　更にもう１つの理由は、資本コストを一定にすることによって事業上の意思決定と財務上の意思決定を分離できるからである。資本コストは資金調達の仕方によって変化するが、事業を行っている社員は資金調達に関して通常は意思決定権限を保有しない。管理可能な範囲での貢献度合い＝ＥＶＡの改善を正当に評価するためには、一定の資本コストを所与とした上で、業績評

価はなされるべきなのである。

4.3　資本コストはわかりやすく

「資本コストの厳密な計算ができないからＥＶＡは使いにくい」という意見も頻繁に見受けられる。資本コストという言葉とその概念はこれまで，日本において馴染みがなかったため，目新しさもあって注目が集まりやすいトピックである。結果として資本コストをいかに正確に推定するかということが必要以上に重視されるため，このような意見につながってしまうようだ。

この点についても，「ＥＶＡを何の目的で使用するのか」という観点に立って考える必要がある。例えば，機関投資家や証券アナリストがＥＶＡを計算し，投資判断等に役立てようという場合は，資本コストの厳密性についても相当程度必要になるであろう。しかし，企業がＥＶＡを導入する際に，そこまでの厳密性が必要であろうか。資本コストが5.12％なのか，4.96％なのかということよりも，資本を使用することはただではなくコストがかかるという概念と，そのコストが，例えば5％程度であることを社内に浸透させていくことの方が，価値創造への意思決定をさせるためには余程重要である。必要以上に厳密性を追求するのではなく，あえてわかりやすさと簡便性を重視することも必要なのである。

4.4　調整項目に凝りすぎない

適切な業績評価指標を確立するために，必要な調整項目の候補は150以上ともいわれ，非常に多くの項目が潜在的に存在する。しかし，全ての項目に対して調整を行うべきかというとそうではない。実際にＥＶＡを導入している企業が調整項目として採用しているのは5項目〜10項目という数に留まる。これは，経済的な現実を適切に表し，価値創造に向けた意思決定を促すこと

の重要性を認識しながらも，同時に「使っていく」指標としての「わかりやすさ」を重視する必要があると判断しているからである。調整項目の内容があまりにも複雑であり，一部の人にしか理解できないということになれば，全社的にＥＶＡを浸透させていくという目的を達成させることが難しくなる。そして，全社的な浸透なくして全社的な価値創造活動は不可能なのである。

　例えば，調整をした場合と調整をしなかった場合で，社員の意思決定に差が出ないのであれば，調整を行う意味は小さい。ＥＶＡを経営企画部門や財務部門だけの指標としないためにも，ＥＶＡの調整項目についてはある程度重要な項目に絞り，指標を平易で受け入れやすい形に保つべきである。

　また，調整を行う際に注意しなければならないのは，いったん決定された調整項目は，むやみに変更してはならないということである。後に述べるがＥＶＡについては「水準」よりも「改善」が重要であり，調整項目を頻繁に変えてしまうと，正しい意思決定により業績が改善してＥＶＡの改善につながったのか，調整項目の変化によって改善がもたらされたのかが不明確になるおそれがある。ＥＶＡの調整と聞くと，どうしても技術的な側面に注目が集まりがちであるが，調整を行う大きな目的の１つは，人々の行動をより価値創造につながるような方向に導くことだということも忘れてはならない。

2.5　銀行ＥＶＡ

　日本経済が力強さを取り戻すことを期待されるのと前後して，企業の戦略も短期的なリストラから中長期的な成長へと変わりつつある。そのような中で，資本コストの概念を取り入れ，真に「効率を伴った成長」を把握できるＥＶＡの考え方は一層重要になってきており，一般事業会社の間では広く受け入れられている。一方，銀行を含む金融機関のＥＶＡ（以下，「銀行ＥＶＡ」という）に関しては，昨今の不良債権，公的資金等の話題の陰に隠れ，これまで議論が限定されていた。しかし，銀行を取り巻く経営環境は急激に

変化しつつある。規制緩和による競争激化や，持ち合い株式の解消による「もの言う株主」の台頭は，事業会社と同様に銀行に対しても，十分な収益を生み出すことを求めてくるようになった。そもそも銀行業界には，ＢＩＳの自己資本比率規制というリスク管理上クリアすべきハードルが存在するが，それに加えてリターンに対する適切な管理も求められるようになってきたのである。そして，このようなリターンとリスクを一元的に管理できる指標として，銀行ＥＶＡは極めて有効である。

ＥＶＡはＮＯＰＡＴから資本費用（＝投下資本×資本コスト）を差し引くことで計算されるが，銀行と一般事業会社の事業構造の違いにより，銀行ＥＶＡのＮＯＰＡＴ，資本費用の構成要素は事業会社のＥＶＡと大きく異なる。

事業会社にとっての事業活動とは，銀行や株主から調達した資金によって資産を購入し，その資産を使用して利益を生み出すことである。銀行・株主からの資金調達は財務活動となる。従って事業活動により生み出した利益と定義されるＮＯＰＡＴにおいては，財務活動に伴って発生する支払利息を費用として認識しない。また，資産を購入するにあたって調達した資金（＝負債＋株主資本）を投下資本とし，資金の提供者である株主と債権者が求めるリターン，すなわち加重平均資本コストを掛け合わせることによって資本費用は算出される。

一方，銀行の事業活動とは，主に預金を集めて融資を行うことにより利益を生み出すことである。事業会社が財務活動の一環として資金の借り入れを行うのに対し，銀行は事業活動として資金の借り入れ（預金の獲得）を行う。銀行が行う融資には資金回収が不可能になるというリスクが伴うため，万が一の場合に備えて，株主からの資金調達が欠かせない。例えば，十分な株主資本がなければ，預金者は安心して銀行に預金することはできない。銀行は財務活動として株主資本を調達することにより，損失をカバーするための資金を確保するのである。

この事業構造を考慮すると，銀行にとってのＮＯＰＡＴは，融資により得

た利息から預金者に対して支払った利息を差し引いたものと定義することができる。また，株主がバッファーとして提供している資金＝株主資本を投下資本とし，求められているリターン＝株主資本コストを掛け合わせることで資本費用は算出される（【図表２－２】参照）。

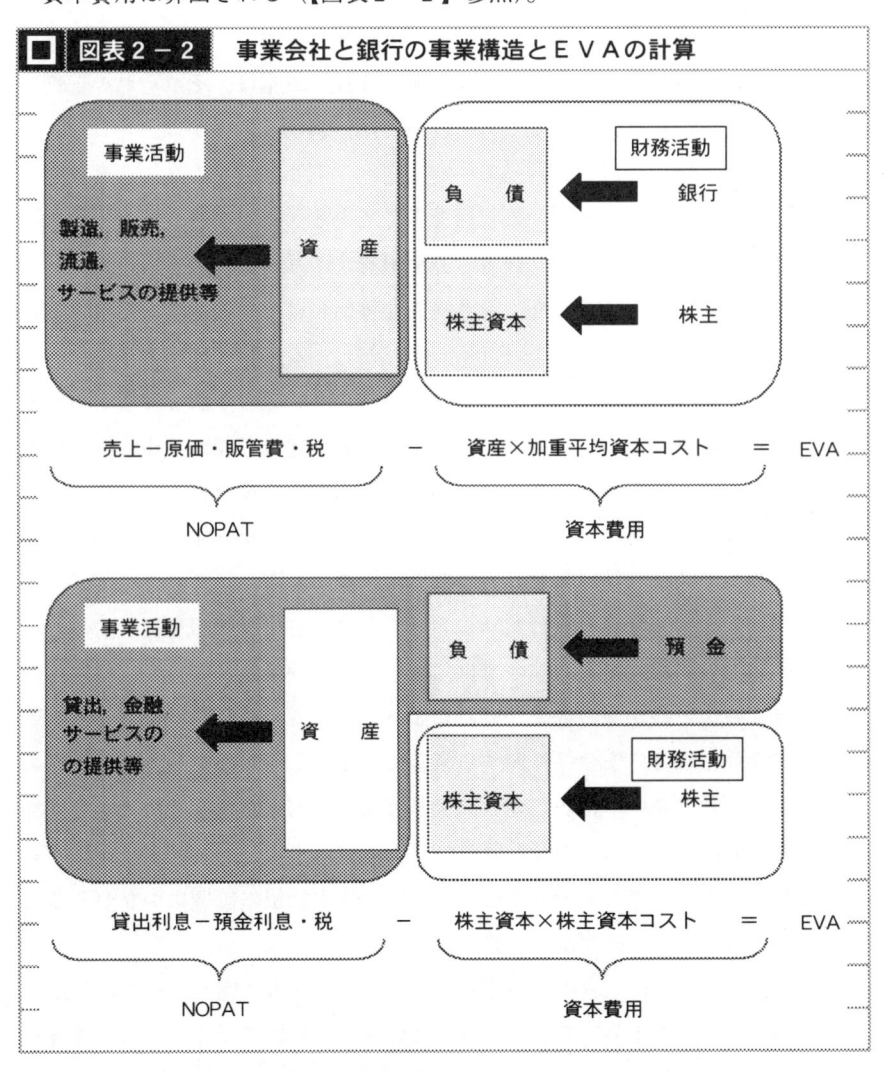

図表２－２　事業会社と銀行の事業構造とＥＶＡの計算

事業活動：製造，販売，流通，サービスの提供等 ← 資産　｜　財務活動：負債 ← 銀行／株主資本 ← 株主

売上－原価・販管費・税（NOPAT） － 資産×加重平均資本コスト（資本費用） ＝ EVA

事業活動：貸出，金融サービスの提供等 ← 資産　｜　負債 ← 預金／財務活動：株主資本 ← 株主

貸出利息－預金利息・税（NOPAT） － 株主資本×株主資本コスト（資本費用） ＝ EVA

ＥＶＡがプラスであれば，株主が提供した資本に対するリターン以上に利益を上げていることになり，マイナスであれば，利益が要求リターンに達しないことを意味することは事業会社と同様である。

　また，銀行全体よりも細かい単位でＥＶＡを計算する際には，「リスク資本」という概念が必要となる。リスク資本は損失をカバーするために確保すべき資金であり，銀行内の下層組織における投下資本は，それぞれの部門が保有するリスクに応じて決定される。例えば，倒産リスクがほとんどない企業に対して１億円の融資を行っている支店と，倒産リスクの高い企業に対して１千万円の融資を行っている支店を考えてみる。この場合，前者の方が融資額（＝資産）は大きいが，後者の方が保有するリスクが大きいため，リスク資本は後者の方が大きくなる。具体的な算出には，金融機関がリスク管理に活用するＶＡＲ（Value at Risk：バリュー・アット・リスク）やＥＡＲ（Earning at Risk：アーニング・アット・リスク）等の手法を使用する。ＶＡＲやＥＡＲは，ある一定期間において，ある一定の可能性で生じうる最大損失額を表すものであり，この損失額に見合う金額を投下資本＝リスク資本とするのである。実はこのような考え方は，銀行のみならず，三菱商事やオリックス等の商社，リース会社の内部管理指標にも取り込まれている。

　銀行ＥＶＡは，今日の銀行業界において非常に有用な情報を提供する。不良債権処理の問題に絡み，昨今では，銀行の資本が十分かどうか，債務超過に陥っていないのか等の議論が盛んになされている。これらは全てリスク管理，すなわち銀行の安全性に関する議論である。しかしながら，銀行事業の収益性が十分に高いか否かという，より将来を見据えた建設的な議論も同様に重要である。例えば，十分な収益性（資本コストを上回るリターン）が見込まれないままに銀行が増資を行うことは，株主価値の破壊につながることをもう少し認識する必要があるのではないだろうか。

　銀行ＥＶＡは，株主資本から求められるリターンも考慮した指標であるため，銀行の資本が十分であるかどうかということだけでなく（リスク管理），

2. 業績測定：Measure　181

資本を提供している株主から見て銀行の収益性は十分なのか(リターン管理)，その結果として絶対額としてどれだけの価値を創造しているのかを把握することができる。

　銀行全体だけではなく，部門別，顧客別，製品別，地域別などの切り口でＥＶＡを算出することにより，どのような顧客，サービスがどれだけ価値創造に貢献しているのかといった点が明らかになる。またＥＶＡを計算するだけではなく，ＥＶＡを増加させるために何をすべきかを検討し，経営の中の意思決定ツールとして活用していく必要がある。例えば，各融資先の倒産リスクを勘案して融資先ごとのリスク資本を推定し，その融資によって生み出されるリターンが資本費用を十分にカバーするものであるのかどうか確認した上で，リターンが十分でなければ，貸出金利の見直しを検討するといったようなことである。

　一歩進んでいる米国の銀行においては，ＥＶＡの概念が既に広く取り入れられている。保有するリスク度合いに対して資本が十分かどうかを把握するのは当然のこととして，過剰資本の状態になったときには積極的な自社株取得で資本額の適正化を図ることもある。我が国においても不良債権処理問題が一段落すれば，各邦銀ともより成長へ向けた経営に軸足を移していくことになるであろう。その際に各銀行は，リスク管理体制の構築と，リスクに応じた十分なリターンを生み出すことを同時に意識していく必要がある。そして，適切なリスク管理と資本コスト以上の収益増大を両立する銀行こそが，将来に渡る価値創造・ＥＶＡの成長を実現できるのである。

2.6　バランス・スコアカード（ＢＳＣ）との関連

　会計利益が業績評価指標として適切ではないことは既に述べた。その点を解決するために経済的な調整を行うことにより会計上のゆがみを取り除き，更に投下する資本に関する全てのコストを認識するというＥＶＡを開発した

のがスターン　スチュワートの創業者ベネット・スチュワートである。一方，もう一人の創業者ジョエル・スターンの古くからの友人である，ハーバード大学のロバート・キャプラン教授はやはり会計数値の限界を認識し，非財務的な項目も含めて業績評価を行う枠組みを開発した。これが昨今広まっているバランス・スコアカードという手法である。

　バランス・スコアカードについては既に様々な書籍が出ているため詳細について説明することは避けるが，その一番の特徴は，結果としての財務指標だけではなく，先行指標や非財務指標にも着目している点である。一般的なバランス・スコアカードにおいては「財務」,「顧客」,「業務プロセス」,「学習と成長」の4つの視点から成功要因と業績指標を設定し，それに基づいて施策の実行や業績評価を行う。単なる業績管理の手法としてだけではなく，経営戦略を組織に浸透する際のコミュニケーション・ツールとして，また納得度の高い成果主義報酬制度を構築する際のツールとしての期待も高い。

　今日では多くの米国の大企業において何らかの形でバランス・スコアカード的手法が取り入れられているといわれており，日本においても近年経営者や企業スタッフの注目を集めている。しかし，バランス・スコアカード導入企業の間からも「非財務の視点を業績管理に取り入れたものの財務業績が向上しない」あるいは，「業績管理指標に非財務の視点を取り入れているといっても，マネジャーが操作しやすい指標を選んできただけであり単なる"お手盛り"アプローチではないか」，といった批判の声も出てきており，その運用についてはまだまだ課題が残っている。

　確かに，様々な視点から重要な取組みをバランスよく管理していくということは重要である。しかし忘れてはならないのは，全ての取組みは中長期的に財務の結果を伴う必要があるということである。例えば，顧客満足を著しく高め（顧客の視点において高い成果），社員の英会話レベルが向上（学習と成長の視点において高い成果）したからといって，経済的な価値を破壊し続けている企業は許されない。たとえ従業員全員が英語を話せるようになっ

ても，有効に使うべき資金を浪費していたのでは企業として失格である。

　先ごろ日本にも進出した欧州の大手小売企業は，EVAを中心とした価値創造経営を推進するにあたり，長期的に企業価値の創造に寄与する業績指標も併せて主要業績指標として管理している。業績管理指標を抽出する際には「人材」,「顧客」,「店舗立地」,「業務プロセス」,「サプライヤー」等という固有の視点を用いている。バランス・スコアカードを導入する際にも，同社のように常に価値創造を意識することが望ましい。多くの企業では成果主義や経営品質賞の延長あるいは補完するツールとしてバランス・スコアカードを捉えているが，価値の創造と分断されているスコアカードは危険ですらある。バランス・スコアカードは確かに優れた特徴を持つ経営ツールではあるが，導入に際しては，その優れた特徴を生かして中長期的な財務業績の改善，ひいては価値創造を目指す，という意識を強く持つことが重要であろう。

3. 意思決定：Management Process

Economic Value Added

3.1 改善の重要性

　業績評価指標として確立したEVAも，それを意思決定に使用していくことができないならば，その意義は半減してしまう。スターン　スチュワートのパートナーの1人はその著書の中で，「単にEVAを算出して眺めているだけでは，ニューヨークに住んでいる人が2月のホノルルの気温をチェックしているのと何ら変わらない。ホノルルがどの程度暖かいのかは面白い情報かもしれないが，ニューヨークでコートが必要かどうかには全く関係がない。」と述べている。手間暇かけて定義を行い，計算を行ったEVAを「ホノルルの気温」よりも意味のあるものにするためには，その数値を経営プロセスの各局面に組み込み，EVAに基づいた意思決定を行っていく体制を作り上げる必要がある。

　EVAを意思決定に使用していく際に，まず認識をしておくべきことは，EVAの水準は実はそれほど重要ではなく，その「改善額」こそが重要だということである。一般的によくいわれていることは，EVAがプラスであることは「良い」ことであり，EVAがマイナスであることは「悪い」ことであるという考え方である。典型的な例をあげれば，EVAがマイナスの事業からは撤退すべきであるというような議論である。

　しかし，実はEVA経営において重要なのは，このようなEVAの「絶対額」に注目することではない。現在のEVAの水準・絶対額は，過去に行われた価値創造の状況を表しているだけであり，今後の価値創造とは関係がな

い。企業経営において重要なのは，過去の業績がどうであったのかということよりも，今後その企業がどれだけ発展していけるのかという点である。意思決定の観点からいえば，現在の業績は全て「サンク」であるといえる。現在までの業績はもう起きてしまったことであり，意思決定の余地はない。意思決定を行うということは，現在の状況に何か変化を起こすことである。そしてその意思決定の結果は今後のEVAの改善（あるいは悪化）となって表れる。いい換えると，「追加的な（経済学的にいえば，限界的に）」EVAをプラスにすることこそが重要なのである。

この点を理解するために，以下のような例を考えてみよう。今ここに2つの事業部AとBを抱えている企業があるとする。現在A事業部のEVAは100であり，B事業部のEVAは－100である。更に，当初は両事業共，EVAが将来に渡って変化しないものと予想されていたとしよう。

ここで，B事業部は全力で改善運動に向けて行動を起こしたことで，来期のEVAを－90にまで改善することに成功し，その後も－90のEVAを維持することができる見通しが立ったとしよう。一方のA事業部のEVAは予想どおりの100であったとする。企業の価値創造という観点からすると，A事業部はEVAの改善額が0のままであるため，価値を創造することも破壊することもないということになる。一方B事業部は10のEVAの改善を達成したことにより，新たな価値を創造することになる。具体的には，資本コストを5％とすると，10の改善額は将来に渡って維持できるものとされているため，次のように計算できる。

$$\frac{10}{5\%}=200$$

つまり200の価値をB事業部は新たに創造することになる。つまり，B事業部のEVAは現在マイナスであるが，新たな価値創造という面ではA事業部よりも優れているといえる。

このように価値創造の結果はＥＶＡの改善額となって表れる。従って，価値の創造を目的とするＥＶＡ経営の全てのプロセスにおいて活用・重視していくべきことは，ＥＶＡの「絶対額」ではなく，ＥＶＡの「改善額」ということになるのである。より具体的にいえば，ＥＶＡの算出においては，社員・経営者の価値創造活動がＥＶＡの改善という形で表れるように，的確に定義する。また，ＥＶＡの目標を設定したり計画を策定する際にも，ＥＶＡの改善目標額を設定する。更に，ＥＶＡの改善に向けた意思決定の結果は，報酬制度においてもＥＶＡの改善目標と比べてどれだけの改善を実現することができたのかということで評価される。もちろん，社内的な意識改革を促す際にも，ＥＶＡの改善額こそが重要であることを研修等で強調する必要がある。ＥＶＡ経営が目指すのは，全社的なＥＶＡの改善運動を通じた価値創造なのである。

ＥＶＡの絶対額，水準よりも改善を重要視すべきだという考え方は，実は様々な利点をもたらす。もう１つご紹介したい点は，議論の多い資本コストの算定に関してである。もしＥＶＡの絶対額が重要ということになると，当然資本コストの算定に厳密にならざるを得ない。資本コストのレベルによってＥＶＡの黒字と赤字の事業が色分けされるのであるから，様々な議論が巻き起こる。実際に何年間も資本コストが何パーセントなのかということに関して延々と議論している企業もある。ある企業においてはＥＶＡの水準にこだわるあまり，ＥＶＡの絶対額をプラスにするという理由で資本コストをやや低い水準に設定するといった本末転倒なことが実際に発生している。しかし，ＥＶＡの改善額が重要だという観点に立てば，このような時間を浪費する議論から開放されることにもなるのである。

また，ＥＶＡがマイナスなのだから，ＥＶＡ導入は時期尚早という企業もある。しかしこの意見も，「企業の業績を改善していくことが価値創造であり，そのために全社一丸となって経営革新に努力することに意義がある」という価値創造経営の本質を理解していないものだということができる。現在

のEVAがマイナスであっても、そのマイナス幅を少なくすることが価値創造につながる。現在の業績が良くとも悪くとも、企業には更なる改善が求められており、企業の経営者そして社員はその使命を達成するという意識を常に持ち続けなければならないのである。

3.2　EVAを改善する4つの方法

それでは、まず大きな視点から、EVAを改善させるための方向性について説明する。企業がEVAを改善させる方法は、大きく分けて以下の4つにまとめることができる。

> ①　既存事業の改善
> ②　資産効率改善による価値創造
> ③　新規投資による価値創造
> ④　資本コストの低下

このうち①～③は事業活動を行っていく上での意思決定を伴うものであり、企業内の多くの社員が日常的に意識している活動に関係している。一方④資本コストの低下に関しては、企業の資金調達を担当する一部の部門のみが直接関与するものであるという点で、その性質は①～③とは大きく異なるといえる。

①　既存事業の改善

「既存事業の改善」は、現在行っている事業の業績を向上させることであり、簡単にいえばNOPATを増加させるということに他ならない。投下資本や資本コストが一定であれば、NOPATの増加は直接EVAの増加となって表れる。NOPATは売上がどの程度利益に貢献しているかを示すN

OPATマージン（NOPAT÷売上高）と，売上高の絶対額の掛け算で表すことができるから，NOPATを改善させるためには，NOPATマージンを維持したまま売上高を拡大する，売上高を維持したままNOPATマージンを向上させる，あるいはその両者間のバランスを最適化する等の手段が考えられる。適切な価格戦略による利益率の向上，顧客満足度向上や積極的な拡販活動による販売数量の増加，業務改善によるコスト削減等の大枠としての方向性を，具体的な施策として実行に移していくことにより，NOPATの向上は可能になる。

② **資産効率改善による価値創造**

「資産効率改善による価値創造」は投下資本を減らすことに関する取組みである。代表的なものの1つは，在庫の圧縮や売掛金の早期回収等による運転資本効率の改善である。同じNOPATを生み出すことができるのならば，そのNOPATに必要な投下資本は少ないほど良い。売掛金や在庫の形で眠っている資金を減らすことは，資本費用の削減を通じてEVAを改善させる。しかし，やみくもに在庫水準を引き下げたり，支払までの期間を短縮することが必ずしも有効というわけではない。必要以上に在庫を少なくすると，急な需要への対応が困難になり，結果として販売の機会を逸することがある。また，売掛金ゼロを目指して顧客との取引を全て現金販売に変更しようとしても，その見返りとして値引きを求められる可能性が高い。重要なのは，資産効率を高めることにより資本費用を減少させることと，その行動がNOPATにどの程度影響を及ぼすのかを把握した上で意思決定を行うということである。

もう1つの代表的な例は，遊休資産や稼働率の低い設備を売却することによるEVAの改善である。あるいは事業継続を断念したり中断した場合に，事業自体を売却するということも含まれる。資産を売却するとその資産から生み出されていたNOPATが消滅する一方で，投下資本が減少するため当

該資産にかかわる資本費用も消滅することになる。このとき，売却によって減少するNOPATの金額よりも多くの資本費用を減少させることができれば，EVAを改善させることができる。但し，資産や事業の売却を判断する場合には，その売却価格に関しても十分な議論が必要である。具体的には，減少するNOPATと減少する資本費用を比較する際に，資産の売却損益も含めて考えるということである。従って，売却対象資産のEVAが赤字であるからといって即売却というわけではなく，その資産がどれだけの価格で売却できるかという点についても考慮しなければ，資産の売却の際に正しい意思決定はできない。この点についての詳細は後述する。

③ 新規投資による価値創造

「新規投資による価値創造」は，投下資本利益率が資本コストを上回る案件に投資することにより可能になる。新製品や新規事業への投資や事業買収等が具体的な手段となる。企業が投資を行う目的は，収益の向上（NOPATの向上）であるが，投資を実行することで投下資本が増加し資本費用も増大するため，NOPATの向上は必ずしもEVAの増加につながらない。投資を行うことでEVAを増加させるためには，資本費用の増加以上にNOPATが増える（つまり投下資本利益率が資本コストを上回る）ような新規の投資を行うことが必要である。投下資本利益率が資本コストを上回る投資を行う限り，当該投資により増加するNOPATの金額（投下資本×投下資本利益率）が，新規投資により増加する資本費用の金額（投下資本×資本コスト）を上回ることになるため，EVAは改善するのである。

ここで，注意すべき点は，新規投資を行う場合には，投資を行った後の企業全体の投下資本利益率が上昇するか，低下するかという点に着目して投資判断を下してはならないということである。企業の現在の投下資本利益率より新規投資案件の投下資本利益率の方が低い場合，当該投資を行うことにより企業の投下資本利益率は低下する。しかし既に説明したように，新規投資

により企業全体の投下資本利益率が低下しても、その案件の投下資本利益率が資本コストを上回ってさえいれば、価値は創造される。企業が投資判断を行う際のハードルはあくまでも資本コストであって、企業自身の現在の投下資本利益率ではないということに注意しなければならない。

ところで、よく「EVAはリストラのための指標であり、将来への投資を妨げる」という批判を目にする。これは、EVAを導入すると、これまであまり重視されてこなかった貸借対照表に関する項目についても考慮する必要が出てくるため、特に投資についての人々の意識が変わるところから出てくる意見である。確かにリストラも②で述べた「資産効率改善による価値創造」の一形態であり、EVAを改善するための1つの有効な手段である。また、実際にEVAによって投資判断をした結果、"本来すべきではない"設備投資が抑制されることは十分に起こりうる。しかし、EVAが単にリストラの目的のためだけにあるのではないことは、あえて強調しておきたい。

この点を考えるのに格好のケースは、カルロス・ゴーン社長の下、V字回復を果たした日産自動車である。日産が最初に着手したのは工場の閉鎖を伴う大々的なリストラと、調達先の絞り込みをはじめとするコスト削減である。これは、投下資本を減らすことで資本費用を減らし、コストを減らすことでNOPATを高め、EVAの赤字額を減らしていくという方向性である。しかし、この効果は短期的である。リストラやコスト削減は永遠に継続できるわけではない。コストはゼロにはならないのであるから、企業が継続的にEVAを増加させていくためには、収益力が回復した時点で「攻めの姿勢」に転じる必要がある。つまり、資本コストを上回る（投下資本）利益率を生むプロジェクトに資本を投下していくことで、EVAを高めていくことが必要になるのである。現に、リストラが一段落した後の日産では新車の集中的な投入を通じて、成長戦略に軸足を移していった。EVAの改善は、短期的ではなく、中長期的な観点でとらえなければならない。そしてEVAの継続的な成長には、付加価値の高い（＝資本コストを上回る）プロジェクトへの投

3. 意思決定：Management Process | 191

資が不可欠なのである。

④ 資本コストの低下

　企業においてEVAを導入する際には，資本コストはある程度一定にしつつ，所与である資本コストを前提に価値創造への取組みを評価すべきであるとこれまで述べてきた。基本的に企業内において資本コストを直接管理し，日々その動向に向き合うのはある一部の限られたスタッフである。従って，資本コストの変化の影響を大多数の社員や事業を行っている部門の業績評価に反映するのは正当とはいえない。財務活動の成果は事業活動の成果とは切り離して把握されるべきである。

　しかしながら，企業内においては，担当している業務における日常的な意思決定が，資本コストに影響を及ぼす社員も一部ではあるが実際に存在する。そこで，ここでは資本コストを低下させるために何ができるのかということを簡単に述べる。

　資本コストの水準に影響を与える要因には，金利情勢や税率，資本構成といったものがあるが，この中で各企業の裁量により影響を与えることができるのは，資本構成である。資本構成の決定とは負債と株主資本をどのような割合で調達していくのかということであり，企業の資金調達活動に関連する戦略であるといえる。企業は各企業にとっての最適な資本構成を目指すことで資本コストを低下させることができ，その結果としてEVAを改善させることができる。

　資本構成について考えるとき，一般に負債コストの方が株主資本コストよりも低いため，一見すると，負債の比率を上げれば，資本コストは低下するように考えられることがある。しかし，実は負債比率を上げると支払うべき金利の金額が相対的に大きくなり（財務リスクの上昇），株主に帰属する利益の変動性が上昇してしまう点にも注意しなければならない。株主に帰属する利益の変動性が上昇すると，株主資本コストが上昇することになるため，

負債比率を上げても資本コストは下がらないのである。この点を理解するために，以下のような例を考えてみよう。

今，2人の株主が500万円ずつ投資している企業（従って総資産は1,000万円）が存在し，当該企業は好況のときには100万円，不況のときには10万円の利益を生み出すと期待されているものとしよう。このときの資本構成は株主資本100%である。そして，株主は好況のときに10%のリターン（＝100万円÷1,000万円），不況のときに1%のリターン（＝10万円÷1,000万円）を得ることになる。次に，この株主のうちの1人を債権者に置き換えた場合のことを考えてみよう。この場合の資本構成は，負債50%，株主資本50%となる。今，借入利率を2%とすると，10万円（＝500万円×2%）が支払利息として利益から控除されるため，好況の場合の利益は90万円（＝100万円－10万円），不況の場合の利益は0（＝10万円－10万円）となる（ここでは税金の影響は無視している）。この利益は残りの1人の株主に帰属するものであるため，ここで株主のリターンを計算してみると，好況時が18%（＝90万円÷500万円），不況時が0%となる。株主資本100%の場合には，リターンは10%か1%かという状態であったが，負債比率を50%に高めると，リターンは18%か0%かという状態になり，後者の方がリターンの取りうる範囲（変動性）が広くなっているのがわかるであろう。このように，負債の比率を高めると，株主のリターンの変動性が高まるのである（これは，固定費比率が高い企業の利益は，一般的に変動性が高いことと同様である）。

このように，負債比率を上げると，株主に帰属する利益の変動性が上昇，つまりリスクが高まるため，リスクに対応する株主資本コストが上昇してしまうのである。結果として，コストが低い負債の比率を増やすことによる資本コスト低下の効果は，株主資本コストが上昇することによる資本コスト上昇の効果により相殺されてしまうため，資本構成を変えても，資本コストは変化しない。

しかし，負債のコストには節税効果が働くことを考慮に入れると，負債比

率は資本コストに影響を与えることが説明できる。負債に係る費用（支払利息）には節税効果が伴うため，企業は，負債比率を増加させることでより節税効果の恩恵を受けることができる。従って，税金を考慮に入れない場合は負債比率を上げても資本コストは変化しないが，税金を考慮した場合は，負債比率を上げることで節税効果が増加し，資本コストは低下するということになるのである（但し，負債比率が極度に上昇すると，倒産リスクが上昇することになるので，ただやみくもに負債比率を上げればよいというものでもない）。

　企業は負債の節税効果や倒産リスク等を加味しながら，最適な資本構成を追求することにより資本コストを低下させ，ＥＶＡを改善させることができる。我が国においては負債を抱えることは悪いことだと考えられることがあるが，適度な水準の負債比率を目指すことで節税効果の恩恵を享受することができ，ＥＶＡを改善することができるということは念頭におくべきである。

3.3　価値創造への事業計画策定

　ＥＶＡを改善するための大きな考え方をこれまで述べてきたが，具体的にどのような道筋で価値創造を達成するのかを詰めていくためのプロセスが事業計画の策定である。ヒト・モノ・カネという経営資源をどのように活用していくのかによって，価値創造の結果は全く異なったものになる。似通ったビジネスモデルを有し，同様の資産，同レベルの社員を備する企業が複数存在したとしても，各々の企業業績は全く異なるのが通常である。価値創造経営を実際に起動させるためには，適切な事業計画を策定し，具体的な数値目標と全社的なベクトルを明確にすることが非常に重要となる。ここでは，事業計画を考えるにあたって留意すべき以下の３つのポイントについて順次述べていく。

> ① 経営理念や全社戦略との整合性
> ② 目標値の妥当性
> ③ 達成の蓋然性（リスク）

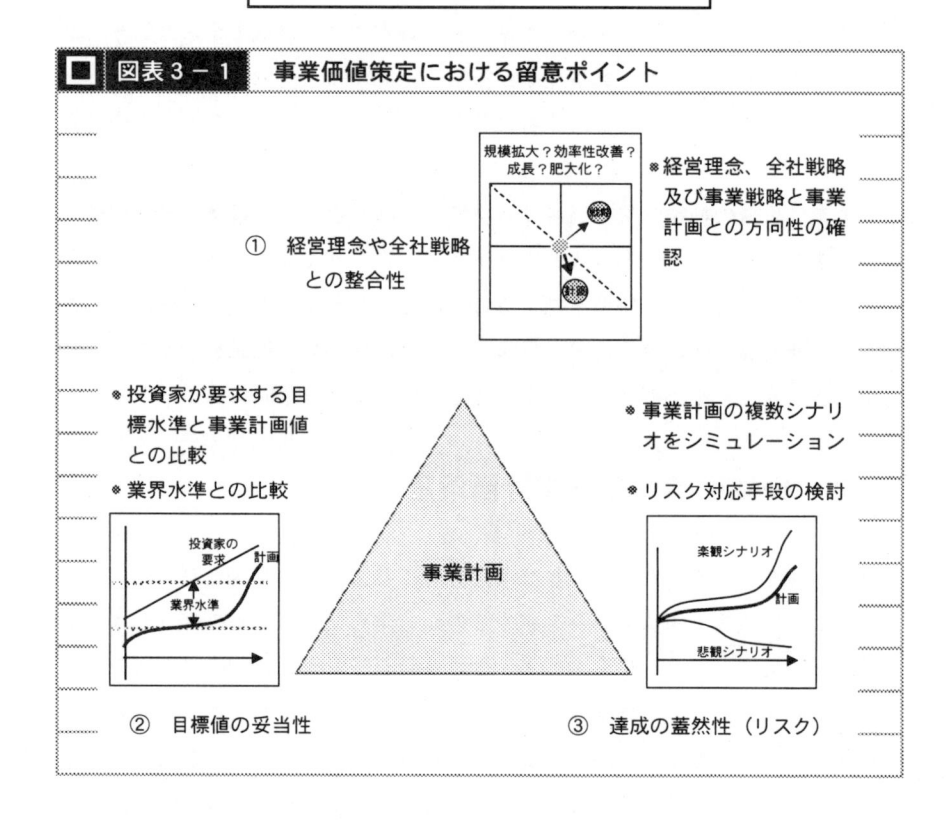

図表3－1　事業価値策定における留意ポイント

① 経営理念や全社戦略との整合性
　※経営理念、全社戦略及び事業戦略と事業計画との方向性の確認

※投資家が要求する目標水準と事業計画値との比較
※業界水準との比較

※事業計画の複数シナリオをシミュレーション
※リスク対応手段の検討

② 目標値の妥当性
③ 達成の蓋然性（リスク）

①　経営理念や全社戦略との整合性

　事業計画とはそもそも価値創造に向けた経営理念や全社戦略を具現化するためのものである。従って事業計画と経営理念・全社戦略との整合性は企業経営において不可欠であり，また当然なことであると考えられる。ところが，多くの企業でこの当然のことが見落とされがちだということも忘れてはなら

ない。極端な例でいえば，経営理念に「適正利益」や「株主の信頼に応える」と掲げている企業が株主資本コストを意識していなければ，直ちに企業経営の姿勢を改めるか，あるいは経営理念を改訂すべきである。どのような事業計画を策定したとしても，資本コストを意識しない経営に「適正利益」も「株主の信頼に応える」ことも到底不可能であるからである。

　例えば，「新事業への進出により更なる成長を目指します」というキャッチ・フレーズでの企業戦略は，企業が「拡大成長戦略」を推進すると宣言していることに他ならない。あるいは，「不採算部門の整理によって筋肉質な事業体質を実現します」という言葉は「合理化戦略」を採用するということである。それではEVAの枠組みを使用してこれらの戦略がどのように数値として表れてくるはずなのかを検証していこう。

$$
\begin{aligned}
EVA &= NOPAT - 投下資本 \times 資本コスト \\
&= (NOPAT \div 投下資本 - 資本コスト) \times 投下資本 \\
&= (投下資本利益率 - 資本コスト) \times 投下資本 \\
&= EVAスプレッド \times 投下資本 \\
&= 事業効率 \times 事業規模 \cdots\cdots\cdots【1】
\end{aligned}
$$

　EVAは【1】のように事業効率を表すEVAスプレッド（投下資本利益率－資本コスト）と事業規模を表す投下資本という2つの要素にブレークダウンすることができる。【図表3－2】は「効率」と「規模」を縦軸・横軸に取ったものである。上に位置すればするほど事業効率が改善し，右に位置すればするほど事業規模が拡大していくこと意味する。縦軸と横軸を掛け合わせると【1】に表した関係から，EVAが計算できる。原点は現在の事業のEVAとする。更に，現在と同額のEVAは様々な事業効率と事業規模の組み合わせによって達成が可能であり，その組み合わせを左上から右下へ伸びる曲線で表している。この曲線よりも右上に事業の状態が移動すればEVAは改善，左下に移動する場合はEVAの悪化を表す。

図表3－2　事業戦略とEVAの関係

EVAスプレッド（％）

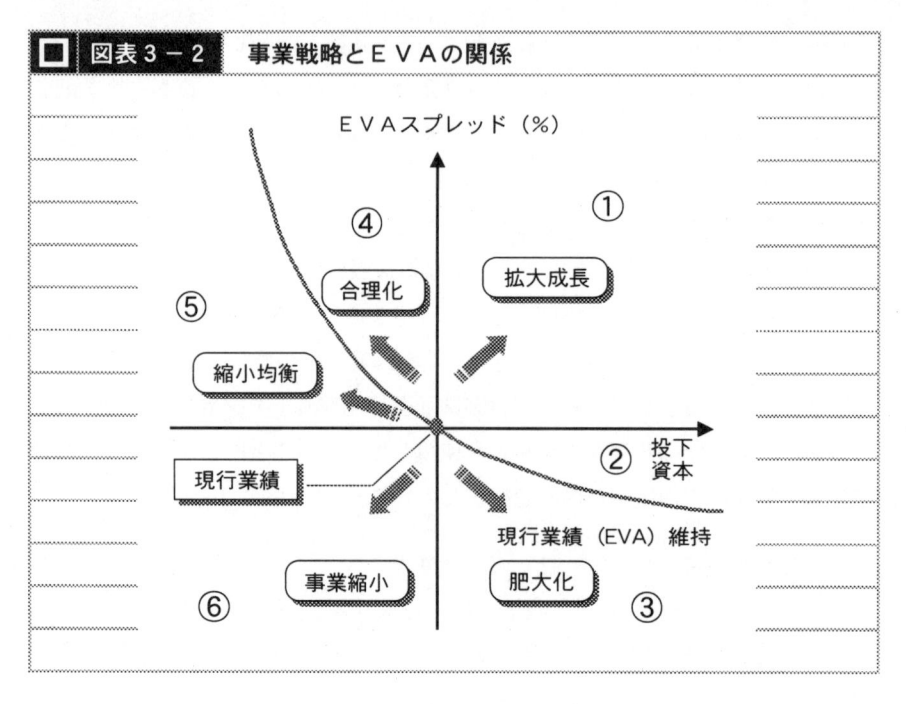

① 拡大成長
④ 合理化
⑤ 縮小均衡
現行業績
② 投下資本
現行業績（EVA）維持
⑥ 事業縮小
③ 肥大化

　さて，事業効率を維持向上しながら拡大することこそ「拡大成長戦略」であり，だぶついた経営資源をスリム化し事業効率を改善することが「合理化戦略」の意味するところである。【図表3－2】の枠組みで検証することにより，事業計画がこれらの戦略と一貫したものか否かを「効率」と「規模」の観点から確認できる。

　「拡大成長戦略」は中長期的には①及び②への軌道を取るはずである。EVAを悪化させる③を「成長」と定義することはできない。新事業への投資によって規模の拡大を計画しても，その事業が中長期的にも資本コスト以上の利益を生まないのであれば，「成長」ではなく単なる「肥大化」（③）ということになる。一方で，新たな事業への投資が資本コスト以上の利益を生むのであれば，現在より多少事業効率を悪化させたとしても価値創造に寄与する「成長」と定義できる（②）。規模の拡大は資本コストを分水嶺にして「成

長」と「肥大化」に分かれ，追加的な意思決定が資本コストを上回る限りにおいて，規模の拡大は成長と呼ぶに値するのである。

　また，資産効率を高めながら価値を創造する「合理化戦略」（④）のつもりが，知らぬ間に価値破壊を伴う「縮小均衡」を目指してしまう場合もある（⑤）。事業効率の改善にばかり目が行って（いずれの場合も利益率自体は改善している）しまって，必要以上に経営資源を削ってしまう結果，ＥＶＡが悪化するケースである。

　戦略として拡大成長路線を打ち出しているにもかかわらず，縮小均衡に陥ってしまうような計画を策定するケースは稀であろうが，「成長しているつもりが肥大化」，「合理化しているつもりが縮小均衡」等というケースには十分留意する必要があろう。このような多面的な検証は，ＥＶＡが損益計算書と貸借対照表を統合した指標であるがゆえに，可能になる。

　この枠組みでは，事業別にかつ時系列的に分析を加えることでより深い洞察が可能になる。ある会社においては，それまで営業・工場などの各機能毎に業績をとらえていたが，事業別にＥＶＡを把握し，その中身を分析することにより，その後の各事業別の戦略策定に際して極めて有益な情報を得ることが可能になった。

② 目標値の妥当性

　事業計画の検討にあたって，企業の経営陣や経営企画部門の頭を悩ませるのは，目標としての数値の妥当性である。一般的にいってよく見受けられるのは，社内において何度となく目標・計画数値の妥当性についての議論やあるいは交渉が行われる状態である。目標に向かって実際に行動する各事業部はできるだけ目標を低く設定しようとする一方で，計画や目標を統括する立場にある企業の上層部や本社管理部門はいかにして企業全体としての目標を妥当な水準に設定するかに注力することになる。企業がこの状態に陥ると，社内において上層部と部門の間で目標数値に関する駆け引きに多くの時間が

費やされてしまい，本来知恵を絞るべき部分に時間を割くことができなくなってしまう恐れがある。

　もう一方の極端な例としては，各部門に目標値を設定する権限が与えられず，トップダウンで根拠の薄い数値が設定されてしまうことがあげられる。このような形で掲げられる目標は，達成すべき目標というよりも，達成したいという願望になってしまうことが多い。経営トップの独断により，現実とかけ離れた数値が目標として掲げられると，往々にして実行する社員はそのような目標数値を達成できなくて当然だと考えてしまうため，事業計画の存在意義は薄れてしまう。

　このような状況を解決するために，目標値の妥当性を判断する材料として，自社・自部門の過去実績や当面の市場状況を参考にしてきた企業は多い。また，同業他社とのベンチマークを通して計画数値の妥当性を検証している企業もあるだろう。ここでもう1つ重要な視点があることを紹介したい。ＥＶＡ経営においては，目標水準を検証する客観的なデータとして，「投資家の視点」も用いるのである（【図表3－3】参照）。

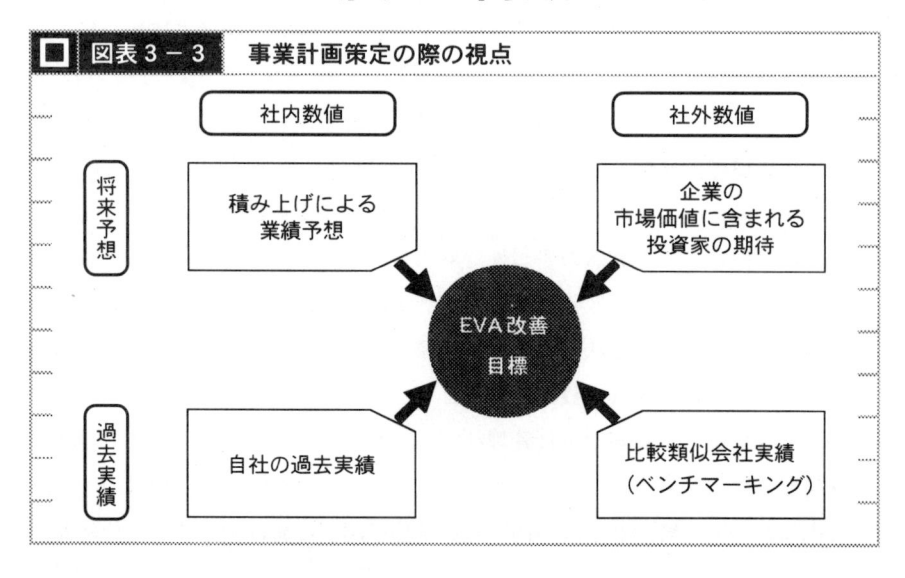

【図表3－3】　事業計画策定の際の視点

	社内数値	社外数値
将来予想	積み上げによる業績予想	企業の市場価値に含まれる投資家の期待
過去実績	自社の過去実績	比較類似会社実績（ベンチマーキング）

（中央：EVA改善目標）

投資家の視点から適切な目標水準を把握するためには，企業の市場価値の構成要素に注目する必要がある。この点について振り返ってみよう。

　　企業の市場価値＝ＭＶＡ＋投下資本
　　　　　　　　＝将来のＥＶＡの現在価値合計＋投下資本…………【２】

　企業の市場価値は，投資家が期待する将来のＥＶＡの現在価値合計と投下資本の合計値で表される。要するに，企業の市場価値は，投資家の期待するＥＶＡを前提に成り立っているのである。これは，企業の増収増益がその企業の株価上昇には直接つながらないことも説明している。市場において株主は企業の業績にある程度の期待を込める。期待の結果は株価に反映される。増収増益が株主の期待以上であれば株価は上昇する。もし増収増益の結果が株主の期待以下であったなら，たとえ利益が伸びていても株価は下落する。投資家の視点を加えるということは，事業計画の目標水準を考える際にも，この株主が期待しているＥＶＡがどの程度なのかという点を意識しようということである。

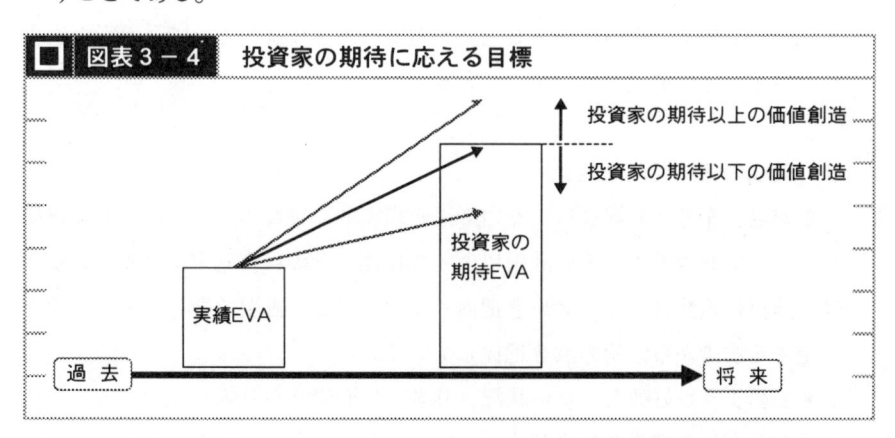

図表３−４　投資家の期待に応える目標

投資家の期待以上の価値創造
投資家の期待以下の価値創造
実績EVA
投資家の期待EVA
過去　　　　　　　　　　　　　　　将来

このように株価に基づくデータを事業計画に取り込むことには様々な意見があるだろう。昨今のように株式市場全体が低迷するような状況においてはなおさらである。もちろん株式市場が万能だとはいえない。株価は短期的には様々な影響を受け，企業実態と株価自体が乖離することもしばしばである。しかし，それでも（企業自身が資金調達を行った）株式市場において，どれだけの期待が企業に対して込められているのかという事実を企業の経営者が意識しておくことは意義のあることであろう。今日でもなお「株式市場はあてにならない」，「株式投資は賭博のようなものだ」というような思いを持つ経営者は多いようだが，そのような経営者は「賭博場から金を借りたこと」を正当化する必要があろう。資金だけ調達しておいて後は知らないというのは，筋が通らない。少なくとも資金を調達した場所での評価は，経営者としてある程度真摯に受け止めるべきである（そして，市場の評価と経営者の認識を共有するための取組みが，ＩＲ活動である）。

いずれにしても，ＥＶＡ経営における目標値は，社内の駆け引きや交渉，あるいは経営トップの思い入れのみによって主観的（あるいは恣意的）に決められるものではない。様々視点から妥当性を検証した上で，適正かつ有効な事業計画の策定を目指すのである。

③ 達成の蓋然性（リスク）

事業計画を考える際には，その計画が現実的な案なのか，それとも楽観的かあるいは悲観的か，その計画によって目標がどの程度確実に達成できるか等，達成の蓋然性（リスク）を把握しておくことも重要である。事業計画を策定する段階から，次の点を把握していく。

- どのような好ましくない状況（リスク）が考えられるか
- どれだけの確率で好ましくない状況は起こりうるか
- そして，その好ましくない状況が業績に与える影響度はどの程度か

そうしていくことにより，計画が実行に移された後の計画の微調整や，場合によっては方向転換等の対応を機動的に行うことが可能になる。特に事業計画の期間が長い場合に，この必要性は高まる。

　ＥＶＡの枠組みでは，業績に大きな影響を与える鍵となる変化要因（ＥＶＡドライバー，後述）を把握し，シナリオ分析や感応度分析を通じて目標達成の蓋然性を把握する。計画段階からリスクの存在を明確に把握し，想定すべきシナリオの１つととらえることにより，リスクはもはやリスクではなくなる。結果としてシナリオ分析は実質的にリスクを低減させる効果があり，即効性のあるリスク・マネジメント手法といえるのである。

　このシナリオ分析は事業計画の策定のみならず，後に紹介する投資評価の際にも是非活用すべき手法である。多くの企業では，投資案件・プロジェクトを評価する際に，割引率である資本コストを調整している。例えば，事業の資本コストは５％と推定されているが，新規に投資をする場合にはリスクが高いので割引率を３％高い８％として投資判断を行う，といった状況である。しかし，この割引率を変更するというアプローチは望ましくない。

　そもそもこの場合の５％の資本コストはその事業を行うためのリスクであり，これを８％にするということは本来価値を創造するはずの投資（例えば７％のリターンを生む投資）であっても棄却されてしまうことになる。また，上乗せ分の３％にも根拠がない。多くの会社は，「なんとなく」でこのプレミアムを決めているが，そこに説得力のある理由が存在することはまずない。明確な理由が存在しないために，なんとしても投資を行いたい事業部門は，３％ではなく２％が妥当だ等といった議論を持ち出すことにつながるのである。

　一方で，やはり新規に投資をする場合は，たとえ同じ事業であったとしても現存する資産よりはリスクが高いのではないかというのはもっともな意見であり，何らかの形でこのリスクを投資判断の過程において織り込むことは必要なことである。このような場合には割引率である資本コストを変更する

のではなく，シナリオ分析を行うことによりリスクと向き合うべきである。複数のシナリオを検討し把握しておくことは，常に様々なケースを想定しておくという意味でも重要である。企業経営は単に投資評価を行い投資するか否かを判断することにとどまらない。むしろ投資を決定した後の舵取りの方が重要なのである。投資した後の事業遂行の確実さを考慮すれば，1つのシナリオに頼って投資の意思決定を行うことは，非常に危険なことである。シナリオ分析を行うことは，投資案件に関する重層的な情報を得ることにつながる。

投資判断を行う段階でその投資の中身を精査することは投資判断を行った後にも極めて有効だということを忘れてはならない。まさに上述のように，シナリオ分析によって様々な起こりうる状況を想定することで，リスクを低減させることが可能になるのである。それに対して，資本コストをかさ上げして得られた唯一のシナリオに基づく投資評価結果は，その後どのように活用されるであろうか。注目されるのは投資判断の時点のみであり，それきりキャビネットの奥で眠ることになるのが関の山である。

3.4　ＥＶＡに基づく投資決定

投資案件を評価する際には，当該投資に係る将来の（フリー）キャッシュフローの現在価値合計を求め，そこから初期投資額を差し引いたＮＰＶを算出することが必要になる（いわゆるＤＣＦ法）。基本的には，ＮＰＶが正の値であれば投資を行うべきであり，負の値であれば見送りということになる。ＥＶＡ経営においては，全ての経営プロセスにおいてＥＶＡを基準にして判断がなされるということを説明したが，ＮＰＶが正の値であるということはＥＶＡの現在価値合計が正の値であるということと同義であるため，投資評価もＥＶＡに基づいて行うことが可能である。以下，この点についてもう少し詳しく説明してみよう。

フリー・キャッシュフローは事業活動から生み出されるキャッシュフローから投資に使ったキャッシュフローを差し引いたものであった。事業活動から生み出されるキャッシュフローでは現金支出を伴わない費用である減価償却費を差し引かないため，フリー・キャッシュフローとは，事業活動の状況を反映するNOPATに，減価償却費を加算し，投資（ここでは運転資本への投資も含む）に費やす金額を差し引いたものであると定義することができる。ここで，簡略化のために，減価償却費と投資に費やす金額が同額であるとしよう。この場合，将来のフリー・キャッシュフロー（の現在価値合計）は，将来のNOPAT（の現在価値合計）と等しくなる。ちなみに，減価償却費と投資額が同額ということは，毎年のこの事業の投下資本は変化がないことになり，投下資本の価値に変化がないということは理論上，生産性や利益率が将来に渡って一定だということを意味する。従って，フリー・キャッシュフローあるいはNOPATは将来に渡って一定だということと整合する（それぞれの現在価値合計は資本コストで割った値となる）。

つまり，
　　フリー・キャッシュフロー＝NOPAT＋減価償却費－投資額

……【3】

であるが，減価償却費＝投資額とすると，
　　フリー・キャッシュフロー＝NOPAT……………………………【4】
ということである。

　NPVを算出する際には，将来の各期のフリー・キャッシュフローの現在価値合計から初期投資額を差し引く。実は，この初期投資額は，初期投資に係る資本費用の現在価値合計と一致する。例えば，（期首時点での）初期投資額が1,000のとき，資本コストが5％だとすると，資本費用は50になる。この資本費用が当期末以降永久に続くとすると，その現在価値合計は1,000になる（50÷5％＝1,000）。このような関係をまとめると，以下のような関係

式が成り立つ。

　　フリー・キャッシュフローのNPV
　　　＝各期のフリー・キャッシュフローの現在価値合計－初期投資額
　　　＝各期のNOPATの現在価値合計
　　　　　　－初期投資額に係る各期の資本費用の現在価値合計
　　　＝EVAの現在価値合計……………………………………………【5】

　以上のことから，フリー・キャッシュフローのNPVとEVAの現在価値合計は実は等しいということがわかる。従って，投資により生み出されると期待される将来のEVAの現在価値合計が正の値であるかどうかということを見ることで，NPVによる場合と全く同じ投資判断を行うことができるということになる。

　このように，全期間のフリー・キャッシュフローのNPVと全期間のEVAの現在価値合計は等しくなるため，投資評価の結論はFCFを用いても，EVAを用いてもその判断に差が出るわけではない。しかし，既に説明したとおり，各期における真の業績を反映するのはフリー・キャッシュフローではなくEVAであることも忘れてはならない。

　上記のようなEVAの現在価値合計もしくはNPVに基づく投資案件の評価は，EVAを改善する4つの方法で説明した②「資産効率改善による価値創造」や③「新規投資による価値創造」と密接に関係している。そこで，このような戦略を実行することが，実際にどのようにEVAの改善に結びついていくのかを見てみることとしよう。

4.1　新規投資による価値創造

　新規投資は，NPVが正の値になるときにのみ実行すべきであり，いい換えれば，当該投資案件に係る（将来の）EVAの現在価値合計が正の値になるときのみ実行するということであった。この行動がどのようにEVAの改善へと結びついていくのかを確認してみよう。

　例えば期首時点に，資本コストが5％と推定される企業において，投下資本利益率が7％，投資額が1,000百万円の新規案件があるとしよう。当該新規案件により生み出されると期待される毎期のEVAは20百万円であり，これが当期末以降毎年永久に続くとすると，EVAの現在価値合計は400百万円と正の値になる。従って，当該企業は当該案件に投資すべきという判断を下す。EVAの改善という観点からいえば，当該案件に投資することでこの企業は当期以降20百万円余分にEVAを生み出す，つまり，当該企業の各期のEVAは投資を行う前に比べて20百万円改善し，企業の価値は400百万円増加することになる。

　NOPAT＝期首投下資本×投下資本利益率＝1,000百万円×7％
　　　　　　　　　　　　　　　　　＝70百万円
　資本費用＝期首投下資本×資本コスト＝1,000百万円×5％＝50百万円
　EVA＝NOPAT－資本費用＝70百万円－50百万円＝20百万円
　当期末以降のEVAの現在価値合計＝20百万円÷5％＝400百万円

4.2　資産効率改善（＝売却）による価値創造

　資産の売却は，売却しないケースの（将来の）EVAの現在価値合計よりも，売却するケースの（将来の）EVAの現在価値合計の方が大きいときにのみ実行すべきである。ここでのポイントは，売却するケースのEVAの現

在価値合計には，先に述べたように売却損益も含まれるため，売却するか否かの判断は，売却価格にも依存するということである。

例えば資本コストが5％と推定される企業において，期首時点に，投下資本利益率が3％，投下資本が1,000百万円の事業を売却するか否かを決断するものとしよう。当該事業に係るEVAは－20百万円と赤字である。しかし，この赤字という事実を見ただけで売却を決断してはならない。当該事業を売却すべきかどうか決めるときには，売却するケースのEVAの現在価値合計と売却しないケースのEVAの現在価値合計を比較しなければならないのである。ここで，売却しない場合の将来のEVAの現在価値合計は，－20百万円のEVAが当期末以降毎年永久に続くものとすると，－400百万円になる。

売却しない場合

NOPAT＝期首投下資本×投下資本利益率＝1,000百万円×3％
　　　　　　　　　　＝30百万円

資本費用＝期首投下資本×資本コスト＝1,000百万円×5％＝50百万円

EVA＝NOPAT－資本費用＝30百万円－50百万円＝－20百万円

当期末以降のEVAの現在価値合計（＝MVA）＝－20百万円÷5％
　　　　　　　　　　＝－400百万円

実は，これは，当該事業の市場価値が600百万円であるといっていることと等しい（市場価値＝MVA＋投下資本＝将来のEVAの現在価値合計＋投下資本＝－400百万円＋1,000百万円）。もしこの事業を売りに出した場合，600百万円よりも高い価格を提示する買い手がいたとしたら，その買い手はこの事業に対して－400百万円よりも高いEVA（現在価値ベース）を期待していることになる。また，600百万円よりも低い価格を提示する買い手は，この事業に対して，－400百万円よりも更に悪いEVA（現在価値ベース）を期待していることになる。

価値創造という観点からすると，自らが予想するEVA（従って自らが資産を使うことで生み出される価値）と，買い手が予想するEVA（従って買い手が資産を使うことで生み出される価値）との差額を考慮に入れる必要がある。先の例で考えてみると，自らがその資産を使うと600百万円の価値しかないものを，それよりも高い価格で売却することができれば価値を創造することになり，逆に600百万円よりも低い価格で売却した場合は価値を破壊することになるのである。

先に述べたとおり，売却するか否かの判断は売却価格にも依存するため，ここでこの投資案件の売却価格が1,000百万円，600百万円，300百万円の場合について，それぞれこの事業を売却すべきかどうかを考えてみることにより，資産の売却がどのようにEVAの改善及び価値創造につながっていくのかを見てみることとしよう（なお，売却により得た資金は直ちに投資家に還元されるものとする）。

4.2a　1,000百万円で売却する場合

この場合，売却価格が投下資本の金額（簿価）と同じであるため，当該事業の売却によって売却損益は発生しない。簿価が1,000百万円の資産を1,000百万円で売却し，回収した資金を投資家に還元することにより，投下資本は1,000百万円減少する。また，当該投下資本から生み出されるはずであった利益も生み出されることはなくなるため，この資産の市場価値である600百万円も企業から消滅することになる。一方，MVAは，市場価値から投下資本を引いたものであるため，市場価値が600百万円減少した効果と投下資本が1,000百万円減少した効果を併せて考えると，MVAは400百万円増加することになる（＝－600百万円－（－1,000百万円））。ここで，将来のEVAの現在価値合計はMVAと等しいため，MVAが400百万円増加するということはEVAが現在価値ベースで400百万円増加するということと等しい。すなわち，当該売却により将来のEVAの現在価値合計は，もともと予想され

ていた−400百万から400百万円増加して0になるのである。

　各期のEVAについて見ると，当該事業に係る投下資本がなくなることにより，生み出されるはずであったNOPATや資本費用も発生しないことになるため，EVAは0になる。各期のEVAが−20百万円から0へと改善し，売却により各期のEVAも改善することがわかる。

　このケースを価値創造の観点からより簡単にいえば，600百万円の価値のものを，1,000百万円で売却することに成功すれば，企業は400百万円の価値を創造することができるということである。この場合に，売却が正しい判断であることは明白であろう。

4.2b　600百万円で売却する場合

　次に，この事業を600百万円で売却する場合を考えてみよう。投下資本はもともと1,000百万円であるため，この事業を600百万円で売却することにより，まず400百万円の売却損が発生する。これはEVAにおいても何らかの形でコストとして認識しなければならないことに変わりはない。従って，売却損により，EVAは現在価値ベースで400百万円悪化する。一方で，この売却によって市場価値の600百万円と，投下資本の1,000百万円が消滅する。MVAは市場価値から投下資本を引いたものであるが，このケースでは市場価値が600百万円減少する一方で投下資本が1,000百万円減少しているため，MVAは400百万円増加することになる。将来のEVAの現在価値合計はMVAと等しいため，これはEVAが現在価値ベースで400百万円増加するということと等しい。このEVAの400百万円の増加と，先の売却損益によるEVAの400百万円の悪化を併せて考えてみると，この売却によりEVA（現在価値ベース）は変化しないということがわかる。従って，当該企業はこの事業を売却しても，売却しなくてもどちらでもよいという結論になる（ここでは損失の計上による税金への影響は無視している）。

　説明を一歩進めて，この事業の売却が各期のEVAに与える影響について

3．意思決定：Management Process　209

見てみよう。まず当該事業の売却により，生み出されるはずであったNOPATや資本費用も発生しなくなるため，今後のこの事業に係るEVAは0になる。一方，売却の時点において400百万円の売却損が発生しているため，この売却損もどこかで認識しなければならないが，当該売却損を売却時点においてコストとして反映してしまうと，売却の価値創造に対する影響が各期のEVAに適切に反映されない。そこで，売却損を非経常項目として「資本化」することにより，売却損の影響を資本費用という形で各期のEVAに均等に配分する。こうすることで，売却損の効果を各期のEVAに反映させることができ，資産の売却による価値創造の状況がEVAの改善という形で認識されることになる。このケースについていえば，売却によってEVAがゼロになることと，400百万円の売却損が各期のEVAを減らす効果が合わさり，各期のEVAは−20百万円のままにとどまることになるのである（なお，上記4.2aの場合にEVAが売却により−20百万円から0になったのは，売却損が0であったからである）。

　価値創造の観点からいえば，600百万円の価値のものを，600百万円で売却したのであるから，それは現状を追認しただけのことであり，価値の創造には何の影響も与えないこともわかるであろう。

4．2c　300百万円で売却する場合

　最後に，この事業を300百万円で売却するケースを考えてみよう。投下資本はもともと1,000百万円であるため，この事業を300百万円で売却することにより，まず700百万円の売却損が発生する。これはEVAにおいても何らかの形でコストとして認識する。従って，売却損により，EVAは現在価値ベースで700百万円悪化する。一方で，この売却によって市場価値の600百万円と，投下資本の1,000百万円が消滅するため，MVAが400百万円増加することになる。将来のEVAの現在価値合計はMVAと等しいため，これはEVAが現在価値ベースで400百万円増加するということと等しい。このEV

Aの400百万円の増加と，先の売却損益によるＥＶＡの700百万の悪化を併せて考えてみると，この売却により将来のＥＶＡ（現在価値ベース）は300百万円悪化（＝400百万円－700百万円）するということがわかる。売却によりＥＶＡが悪化するため，当該企業はこの事業を売却すべきではないという結論になる（ここでも損失の税金への影響は無視している）。

　ここでも，600百万円で売却する場合と同様に，この事業の売却が各期のＥＶＡに与える影響について見てみよう。まず当該事業の売却により，今後のこの事業に係るＥＶＡは0になる。一方，売却の時点において700百万円の売却損が発生しているため，この売却損を非経常項目として資本化することにより，売却損の影響を資本費用という形で各期のＥＶＡに均等に配分する。売却によってＥＶＡがゼロになることと，700百万円の売却損が各期のＥＶＡを減らす効果を合わせると，売却損の金額が上記4.2ｂよりも大きいため，各期のＥＶＡは，売却することで－20百万円から更に悪化してしまうことになるのである。

　なお，このケースを価値創造の観点から簡単にいえば，600百万円の価値のあるものを，300百万円で売却してしまうことになるため，300百万円の価値を破壊しているということになる。

　以上の例から，事業のＥＶＡが－20百万円と赤字だからといって，即売却すればよいというものではないということが理解されたであろう。売却すべきかどうかは，売却する事業のＥＶＡが黒字であるか赤字であるかではなく，売却により価値が創造されるかどうかに注目しなければならない。そして，価値が創造されるかどうかは，売却価格がその事業の本源的な価値を上回っているかどうかで判断されることになる。赤字だからとにかく売却する必要があり，売却価格は二の次という考え方は，新規投資の際に投資額を気にしないことと同じことである。ＥＶＡがマイナスの事業であっても売却価格次第ではその事業を売却することで価値を破壊してしまうこともあり，逆にＥ

VAがプラスの事業であっても，売却価格次第では，その事業を売却することで価値を創造することもできるのである（そして価値創造・破壊の状況がEVAには正しく反映されることも確認していただきたい）。

　昨今では赤字の事業を売却あるいは中断する「リストラ」が「うみを出し切る」勇気ある経営判断だと受け止められることも多い（事業を売却ではなく単に中断するということは，以上の例からすれば０円で売却するということを意味する）。しかしながら，一口にリストラといっても，経済的な観点から判断して，賞賛されるべきリストラと批判されるべきリストラの２種類があることは認識しておくべきことである。

3.5　EVAドライバー

　前述した投資評価のプロセスは，金額的にも大きく，また企業の戦略と深く関係することが多いことから，企業経営において重要な意思決定事項であることに疑問の余地はない。しかし，投資評価のような大きな意思決定に，営業や工場の現場の第一線において業務を遂行している社員が携わることは稀である。むしろ企業の大多数の社員はもっと日常的に，様々な意思決定を行っている。そのような意思決定は金額的には小さいかもしれないが，だからといって重要ではないということにはならない。EVA経営を全社的な運動に展開するためには，投資評価のような企業内のスタッフ部門のみが行う意思決定だけではなく，より現場に近いところでの価値創造活動にも焦点を合わせていく必要がある。その際に有効なのが「EVAドライバー」である。

　「EVAドライバー」とは，EVAに影響を与える変化要因の総称である。EVAは企業の損益計算書や貸借対照表，資本コストの情報によって計算されるため，少なくとも短期的なEVAドライバーとは，損益計算書及び貸借対照表の項目等の財務的指標ということになる。

図表3-5　EVAドライバー

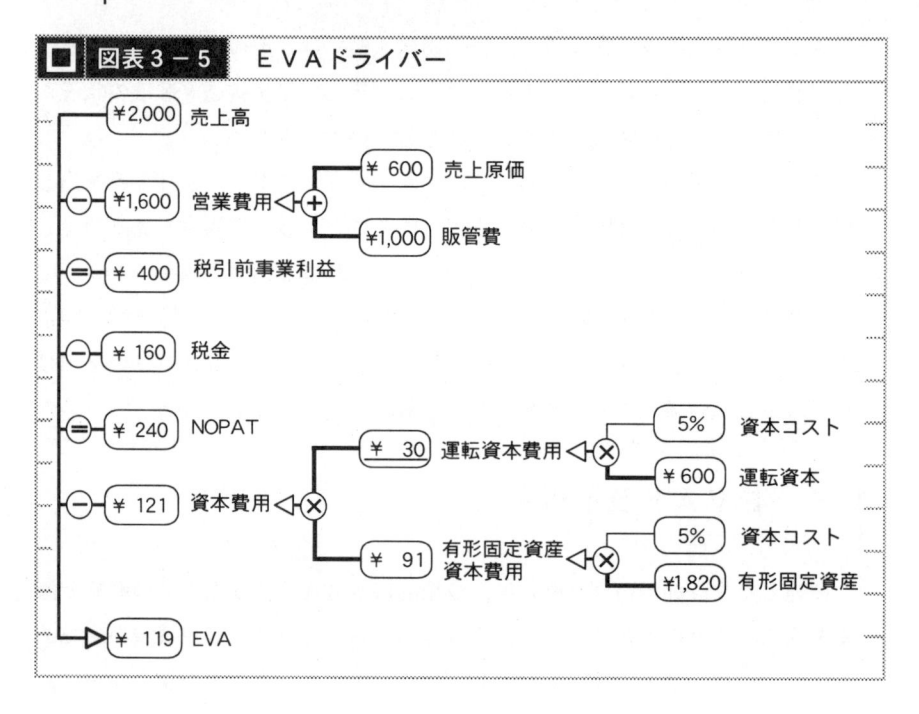

```
┌─ ¥2,000  売上高
│                          ┌─ ¥  600  売上原価
├─(−) ¥1,600 営業費用 ◁(+)─┤
│                          └─ ¥1,000  販管費
├─(=) ¥  400  税引前事業利益
│
├─(−) ¥  160  税金
│
├─(=) ¥  240  NOPAT                    ┌─ 5%    資本コスト
│                     ┌─ ¥ 30 運転資本費用 ◁(×)─┤
├─(−) ¥  121 資本費用◁(×)┤               └─ ¥  600 運転資本
│                     │                    ┌─ 5%    資本コスト
│                     └─ ¥ 91 有形固定資産 ◁(×)─┤
│                              資本費用      └─ ¥1,820 有形固定資産
│
└▷ ¥  119  EVA
```

　さて、このEVAドライバーに注目することの利点を考えていこう。例えばただ漠然と価値を創造しようという指示があったり、あるいはEVAを10億円改善するという目標があるだけでは、社員は具体的に何をすればいいのかわからない。この際必要なのは、EVAの構成要素である様々なEVAドライバーがEVAに対してどのように寄与しているのかという情報である。EVAを各要素に分解したEVAドライバーを見れば、EVAを改善させるためには、価格設定や販売量を変化させることにより売上高を向上させたり、売上高原価率を低下させたり、在庫を減らしたりすることが必要であるということがわかる。つまり、EVAドライバーの変化を見ることで、具体的にどのように行動すればどれだけEVAが改善するのかを知ることができるのである。

　また、EVAドライバーがどのようなものであるのかを考えてみると、E

VAの改善を目指すということが、これまで取り組んできたような売上高や原価率といったものの改善と同じ方向性を持つということがわかる。これまでと異なる点は、各担当者は、売上原価や販売費・一般管理費などの損益計算書に関するドライバーだけでなく、在庫や売掛金・買掛金などの貸借対照表のドライバーについても併せて考えてみなければならないという点である。

ある日本のEVA導入企業の執行役員は、「これまで営業は在庫を金額ベースで考えたこともなかった。日常業務の中でEVAを意識することで血が通い、サプライチェーン・マネジメントも回りだした」と述べている。これなどはまさに貸借対照表の情報を意思決定の場面で考慮するようになったことによる大きな効果の一例であろう。

EVAドライバーという概念を使うことのもう一つのメリットは、EVAドライバーを計画策定において使用することによって、現実的な計画策定が可能になるという点である。計画策定においてEVAドライバーを用いる場合には、各EVAドライバーを他社の水準や自社の過去の水準と比較することになる。こうすることによって、自社の計画が、過去に実現された結果等と比べて妥当なものであるのかどうかを検証することができる。いったん作り上げた計画の内容をEVAドライバーという視点から分析してみれば、そのシナリオが本当に実現可能なのかどうか、あるいは絵に描いた餅であるのかどうかを問い直すことができるのである。また、重要なEVAドライバーについては、複数のシナリオを検討することが容易になる。例えば、為替というドライバーが変化すると、その影響はEVAとしてどの程度表れるのかを把握することにより、事業計画のリスク度合いを認識することができる。

5.1 EVAドライバーとトレードオフ

EVAドライバーに注目する際に留意して欲しいのは、各ドライバーの間に「トレードオフ」の関係が存在する場合があるということである。トレー

ドオフというと，一番わかりやすいのは，売上高の構成要素である価格と販売数量の間の関係である。価格を下げれば販売数量が増えるかもしれないが，その結果両者の掛け算である売上高は増加するとは限らない。一方，価格を上げることで売上高を増加させようとしても，価格の上昇によって販売数量が減ることで売上高は減少してしまうこともある。このように，2つ以上のドライバーの間に何らかの関係があるために，両方を同時に改善（向上）させることが困難である状態をトレードオフの関係にあるという。

　一般的に，企業においては，損益計算書レベルでのトレードオフは既に多かれ少なかれ意識されているといえる。価格と販売数量の関係もそうであるし，他にも例えば売上高と人件費といったものもあげられる。営業人員を増やすことで営業力を強化し，売上高を増やすことに成功したとしても，一方で人員を増やしたことによって人件費が増加するため，必ずしも利益が増加するとは限らない。この場合には，売上高の増加と人件費の増加を両天秤に掛けながら意思決定が行われることになる。

　ＥＶＡを改善させるためには，このような損益計算書におけるドライバー間のトレードオフだけではなく，損益計算書におけるドライバーと貸借対照表におけるドライバーとの間のトレードオフについても意識することが必要になる。例えば，販売機会を逃さないようにするために，製品の在庫を積み増しておけば，売上高は伸びるかもしれないが，一方で在庫の残高は増加する。このとき，売上高の増大によって増加するＮＯＰＡＴの金額が，在庫の増大によって増加する資本費用の金額を上回れば，ＥＶＡは向上することになる。しかし，売上高の増大によって増加するＮＯＰＡＴの金額が，在庫の増大によって増加する資本費用の金額を下回ってしまった場合，ＥＶＡは低下することになる。

　簡単なケースで考えてみよう。ある営業員が100万円の製品を販売しようとしているとしよう。顧客は100万円でこの製品を買うと合意しているが，代金の支払いは6ヶ月後というのが条件である。同時にこの顧客は，95万円

なら即金で支払えるとする。この状況下で営業員に求められる望ましい判断は何だろうか。売上代金が100万円から95万円になると当然収益性が低下する。これはＥＶＡの悪化要因である。しかし代金の支払い期間が6ヶ月からゼロになるということは、この期間において売掛金が発生しないことになるから投下資本が減少する。これは資本効率の向上を通じてＥＶＡの改善要因となる。

　このような売上高と売掛金のようなケースにおいて、損益計算書だけに注目していたならば、売上高の増大という側面しか見えないため、価値の創造につながるかどうかに関係なく意思決定がなされてしまうことになる。ＥＶＡに注目すれば、売上高の増大と売掛金に係る資本費用の増大との間のトレードオフを考慮することができるため、価値の創造につながるような意思決定を行うことができるのである。意思決定を行う際には、このように意思決定が各要素にどれだけの影響を与え、結果として価値創造に結びつくか否かを検討しなければならない。実際の事業上の意思決定に際しては様々な要素が複雑に絡み合う中で、最適の組み合わせを考えていく必要がある。この例は販売の場面だが、似たような場面は購買、生産、外注委託と日常業務のあらゆる場面に潜んでいるはずである。

　ところで、上記の例で営業員が検討していた項目は、売上高（販売価格）と売掛金の2項目のみであった。営業員は5万円という売上の減少の影響と、100万円の資金が売掛金として6ヶ月間眠る影響を考えて意思決定を下すことになる。実は価値創造は、このように自分の意思決定が及ぶいくつかのＥＶＡドライバーのみに注目することで達成できるのである。日常活動において注目している要素をＥＶＡと結びつけて考えることは、組織全体への価値創造活動の浸透を促すことにもなる。

5.2 意思決定演習

それでは，NOPATと投下資本の双方にかかわるEVAドライバーに着目することで，どのような意思決定ができるのかを考えてみよう。

EVAドライバーに着目した意思決定

事例1：新規顧客との取引
- 新規顧客との取引開始の機会が訪れました。
- 500万円の売上増加が期待される一方で，在庫が200万円増加します。この契約を獲得するための総営業費用は，売上高の95％（＝475万円）を占めます。
- 果たしてこの取引を開始すべきでしょうか？
- 資本コスト：5％
- 税　　率：40％

（計算シート）　　　　　　　　　　　　　　　　　　　　（単位：千円）

　売上高の増加　　　　　　　　　　　　　　　＿＿＿＿＿＿
　－営業費用の増加　　　　　　　　　　　　　＿＿＿＿＿＿
　＝税引前営業利益の増加　　　　　　　　　　＿＿＿＿＿＿
　－税金（税率40％）　　　　　　　　　　　　＿＿＿＿＿＿
　＝NOPATへの影響額　　　　　　　　　　　　＿＿＿＿＿＿
　在庫増加額　　　　　　　　　　　　　　　　＿＿＿＿＿＿
　×資本コスト　　　　　　　　　　　　　　　　　　　　5％
　＝資本費用への影響額　　　　　　　　　　　＿＿＿＿＿＿
　　　　　　　　　　　NOPAT　　　　　　　　＿＿＿＿＿＿
　　　　　　　　　　－資本費用　　　　　　　＿＿＿＿＿＿
　　　　　　　　　　＝EVAへの影響額　　　　＿＿＿＿＿＿

(解　答)　　　　　　　　　　　　　　　　　　（単位：千円）

売上高の増加	5,000
－営業費用の増加	4,750
＝税引前営業利益の増加	250
－税金（税率40％）	100
＝ＮＯＰＡＴへの影響額	150
在庫増加額	2,000
×資本コスト	5％
＝資本費用への影響額	100
ＮＯＰＡＴ	150
－資本費用	100
＝ＥＶＡへの影響額	50

　最初の事例は新規顧客との取引機会が生じた場合に，取引を行うべきか否かを判断するというものである。この新規取引により期待される売上高の増加額は500万円で，それに対応する営業費用の総額は売上高の95％であるとする。また新しい顧客の要望に基づく製品を製造するために200万円分の在庫の増加が見込まれる。営業外費用等の他のコストに影響がないとすると，果たしてこの取引を開始すべきであろうか。資本コストは5％，税率は40％とする。

　まずはＮＯＰＡＴにかかわるドライバーを見てみよう。売上高が500万円増加することに伴い，売上の95パーセントを占める営業費用は，500万円×95％で475万円増加する。ゆえに税引前の営業利益は，500万円－475万円＝25万円増加するということになる。この利益に対する税金の増加額は，25万円×40％＝10万円である。よってＮＯＰＡＴの増加額は25万円－10万円＝15万円と計算される。確かに利益は増加するが，この段階で判断を下してはな

らない。取引が価値を生み出すかどうかは，利益だけではなく，利益を生むために必要な資産も考慮しなくてはならないからである。

それでは，次に投下資本にかかわるドライバーを見てみる。この取引による在庫の増加は200万円であり，同額が投下資本の増加となる。投下資本の増加額200万円に，5％の資本コストを掛け合わせると資本費用の増加額は10万円となる。以上をもって，ＥＶＡの増加額は15万円－10万円＝5万円となる。

この段階で初めて，この取引はＥＶＡを増加させることがわかり，「取引を開始すべき」という結論に達する。もし，仮に在庫の増加額が200万円ではなく400万円であったならば，この取引は開始すべきであろうか。この場合は資本費用の増加額は，400万円×5％＝20万円となり，ＥＶＡの増加額は15万円－20万円＝－5万円となってしまう。追加的なＥＶＡがマイナスということは価値破壊を意味するため，この取引は行ってはならないということになる。

このように意思決定にあたっては利益（ＮＯＰＡＴ）に関する情報だけではなく，使用する資産（投下資本）に関する情報も踏まえる必要がある。このケースで利益のみに基づいて意思決定がなされれば，在庫水準にかかわらず取引を始めてしまうことになるだろう。しかし利益が増大するとしても，それが直ちに価値創造には結びつかない。利益を増大させるために必要な資産に関するコストも，利益同様に考慮されなければならないのである。

ＥＶＡドライバーに着目した意思決定

事例2：生産サイクルの短縮

- 生産部門のマネージャーは，需要に合わせて生産を行い，生産サイクルを短くすることによって，在庫を200,000千円削減できると考えていました。しかしながら，これにより毎年15,000千円の切り替えコストが新たに発生することもわかりました。生産サイクルを短くするべきでしょうか。

- EVAへの影響はどのようになるでしょうか。
- 資本コスト：5％
- 税　　率：40％

(計算シート)　　　　　　　　　　　　　　　　(単位：千円)

切り替え費用	
－節税額（税率40％）	
＝NOPATへの影響額	
投下資本（在庫）の減少額	
×資本コスト	5％
＝資本費用への影響額	
EVAへの影響額	

(解　答)　　　　　　　　　　　　　　　　　(単位：千円)

切り替え費用	△15,000
－節税額（税率40％）	△(△6,000)
＝NOPATへの影響額	△9,000
投下資本（在庫）の減少額	200,000
×資本コスト	5％
＝資本費用への影響額	10,000
EVAへの影響額	1,000

　次に生産管理における業務効率化に関する意思決定の事例を考えてみよう。新システムの導入により需要予測を精緻に行い，それに合わせて生産することで，生産サイクルが短縮され2億円分の在庫が削減されることがわかった。その在庫水準は以後も継続することができると試算された。しかしながら，この生産サイクルの短縮により毎年1,500万円の段取費用が新たに発生する

ことが予想される。生産サイクルの短縮は実行すべきであろうか。資本コスト，税率は，事例1と同様にそれぞれ5％，40％とする。

　これも先程の事例と同じく，ＮＯＰＡＴと投下資本にかかわるドライバーを見ていくと次のようになる。まずＮＯＰＡＴに関しては，段取費用が1,500万円かかるため，税引前の営業利益に対する影響はマイナス1,500万円となる。しかし，営業利益の減少に伴い節税額が発生する。この節税額はマイナス分の1,500万円に税率の40％を掛け合わせた600万円となる。この数値はＮＯＰＡＴにプラスのインパクトを与えるので，この生産サイクルの短縮によるＮＯＰＡＴへの正味の影響は－1,500万円＋600万円＝－900万円となる。一方2億円分の在庫の削減は投下資本を減少させるため，2億円×5％＝1,000万円が資本費用の減少額となる。以上より，生産サイクルの短縮を行うことによるＥＶＡの増加額はＮＯＰＡＴのマイナス分900万円と，資本費用の削減分1,000万円を足し合わせた100万円となり，この生産サイクルの短縮は実行すべきであるという結論に達する。

　このケースでは，もし利益にのみ注目をして意思決定を行おうとすれば，段取費用が発生する時点で「やるべきではない」という結論が出されてしまうであろう。しかし，たとえＮＯＰＡＴが減少したとしても，それを上回る資本費用の減少があれば，価値を創造する「行うべき」意思決定ということになるのである。

　実際の意思決定はこのように単純ではない。また，今回の例では単年度しか情報がないが，本来は将来に渡る複数年度を加味した上で判断する必要がある。しかし，単純化したこれらの事例からもおわかりのように，損益計算書の項目のみで行われてきた意思決定が，ＥＶＡの枠組みによって全く異なる結果となることがあるのである。

5.3 将来価値ドライバー

ところで，これまでEVAドライバーという言葉を財務的なドライバーに限定して説明してきた。しかし，価値の創造を行うことは何も短期的なEVAの極大化ということを意味しない。将来に渡って価値を創造していくことこそが，企業に求められていることを考えると，短期的な財務数値のみならず，将来の価値の源泉となるEVAドライバーも存在することが理解できよう。

将来に渡る中長期的なEVAドライバーということになれば，顧客満足，生産能力，ブランド価値，リーダーシップ，社員の能力といった非財務的な指標も含まれる。実は，昨今では既に紹介したバランス・スコアカードに関する理解が深まってきたことと合わせ，非財務的な要素を経営の中に組み込もうという動きが活発になってきており，この将来に渡る中長期的なEVAドライバー（以下，将来価値ドライバー）に注目が集まっている（【図表3－6】参照）。

ある日本のEVA導入企業では社員研修の最後に，「自分のドライバーを考える」ことを行った。その際に，短期的なEVAドライバーだけではなく，将来のEVA向上に結びつく将来価値ドライバーも合わせて議論したのである。その中で将来価値ドライバーとしては「クレーム数の削減」，「環境への配慮」，「研究開発のスピードアップ」，「情報の共有化」，「優秀な人材の採用」，「特許の取得」等様々なものがあげられた。

どちらかというと，これまでEVAは短期的な，また単に財務的な指標としてとらえられてきたことは否めない。しかし，このような動きに見られるように，より中長期的な価値創造のためにEVAを意識し，将来に渡ってEVAを高めていくために何をすべきかということを議論することは，企業が価値創造経営に行う上で極めて重要なことである。

図表 3-6　短期的なEVAドライバーと将来価値ドライバーの例

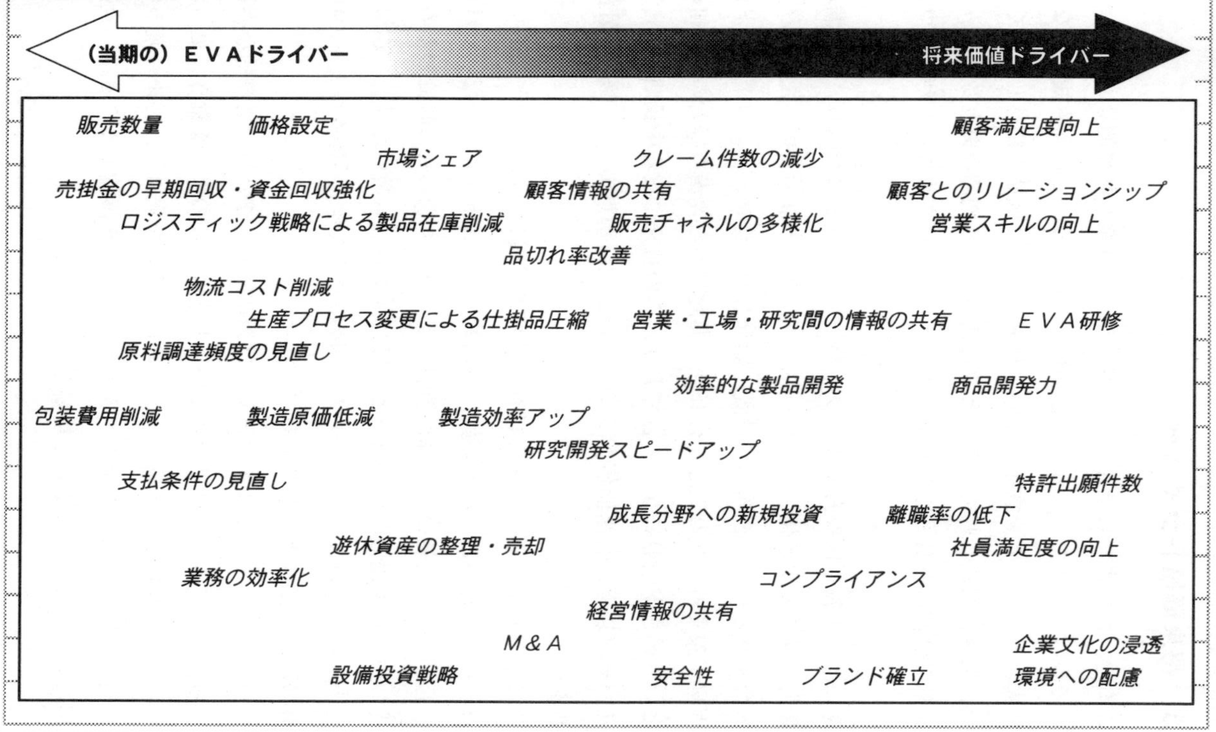

(当期の) EVAドライバー ⇩　　　　　将来価値ドライバー ⇧

販売数量
- 販売数量

価格設定
- 市場シェア
- 顧客情報の共有
- クレーム件数の減少

売掛金の早期回収・資金回収強化
- 販売チャネルの多様化
- 顧客とのリレーションシップ

ロジスティック戦略による製品在庫削減
- 品切れ率改善
- 営業スキルの向上

物流コスト削減
- 営業・工場・研究間の情報の共有
- EVA研修

生産プロセス変更による仕掛品圧縮
- 効率的な製品開発

原料調達頻度の見直し
- 商品開発力

包装費用削減
- 製造効率アップ

製造原価低減
- 研究開発スピードアップ
- 特許出願件数

支払条件の見直し
- 成長分野への新規投資
- 離職率の低下

遊休資産の整理・売却
- 社員満足度の向上

業務の効率化
- M&A
- コンプライアンス

経営情報の共有
- 企業文化の浸透

設備投資戦略
- 安全性
- ブランド確立
- 環境への配慮

222　第3部　EVAによる価値創造経営

4. 報酬制度：Motivation　　Economic Value Added

4.1　投資家との利害の一致を図る仕組み

　価値創造を表すEVAは報酬制度にも連動されるべきである。多くの企業が，様々な指標をボーナスに連動させているが，適切な指標を選択しない限り，報酬制度はそのシステムとして有効に機能しない。適切ではない指標を報酬制度にリンクさせることは，社員に対して適切ではない意思決定と行動を促すことを意味する。報酬は企業が経営目標を達成するための重要な制度であり，適切な設計なしに決してその目標は達せられないことに留意する必要がある。例えば，会計上の利益や，ＲＯＡのような率指標に報酬制度がリンクしているのであれば，価値破壊を行っているにもかかわらず，経営者・社員が多くの報酬を得ることがあるかもしれないのである。

　例えばある企業が，ＲＯＡによってボーナスが決定される報酬制度を採用しているとしよう。ＲＯＡは，単に資産を売却することでも，それに伴って利益率を減少させない限り，改善することができる。また，ＲＯＡが下落するとの理由で，価値を創造する事業の拡大を棄却してしまう恐れがある。ＲＯＡのような率指標の大きな欠点は，現在のＲＯＡが意思決定時のハードルレートとなってしまうことである。この問題は現在のＲＯＡが資本コストより高いときにはもちろん，資本コストより低いときにも顕在化する。もしある企業のＲＯＡが８％で，資本コストが10％の場合，資本コストを下回っていたとしても，その８％の利益率を超えるプロジェクト全て（例えばＲＯＡ９％のプロジェクト）が，ＲＯＡを向上させてしまう。その一方で，もし現

在のROAが20%だとすると、資本コストの10%を上回り、価値を創造するプロジェクトも（20%を上回らない限り）棄却されてしまう可能性が高いのである。

　価値創造とリンクしたEVAに基づいて報酬を支払うということは、経営者・社員と株主の利害を一致させることにつながる。他の経営指標とは異なり、EVAはそれを最大化することが常に株主価値の創造へと結びついている。つまり、EVAを用いれば、株主が満足する場合に経営者・社員が十分な報酬を受け取ることができ、逆に株主が満足しない場合には経営者・社員も十分な報酬を受け取ることができないような仕組みを作り上げることができる。企業統治の基本的な概念である両者間の利害の一致がこのような報酬制度によって可能になるのである。

　株式会社の所有と経営の分離が始まって以来、経営者にいかに所有者（オーナー）意識を持たせて会社を運営させるかということが企業統治におけるもっとも重要な課題となっている。株式会社の所有者は株主であり、経営者は株主のいわば代理人として日々業務上の意思決定を行っている。しかしながら所有と経営が分離しているために、経営者は時に株主の利益に反した行動を取ってしまうことがある。EVAに基づく価値創造経営においては、経営者あるいは社員が株主に対して生み出す価値の一部を報酬として受け取ることになるため、その行動・意思決定が所有者（株主）の考えと一致したものとなり、企業がより多くの価値を創造する方向を目指すようになるのである。

　また、EVA報酬制度では、EVAの改善目標に対する達成度に応じて報酬額を支払う。既に述べたように、重要なのはEVAの絶対額ではなく改善額であり、適切なインセンティブ報酬制度はEVAの改善額に連動したものである。EVAの改善額を重視することは、現在従事する事業のEVAが黒字であろうと赤字であろうと、等しくボーナスを得る機会が与えられることを意味する。EVAのプラスの部分を改善することだけがEVAの改善とは

4．報酬制度：Motivation　　225

□ 図表4－1　ＥＶＡ報酬制度

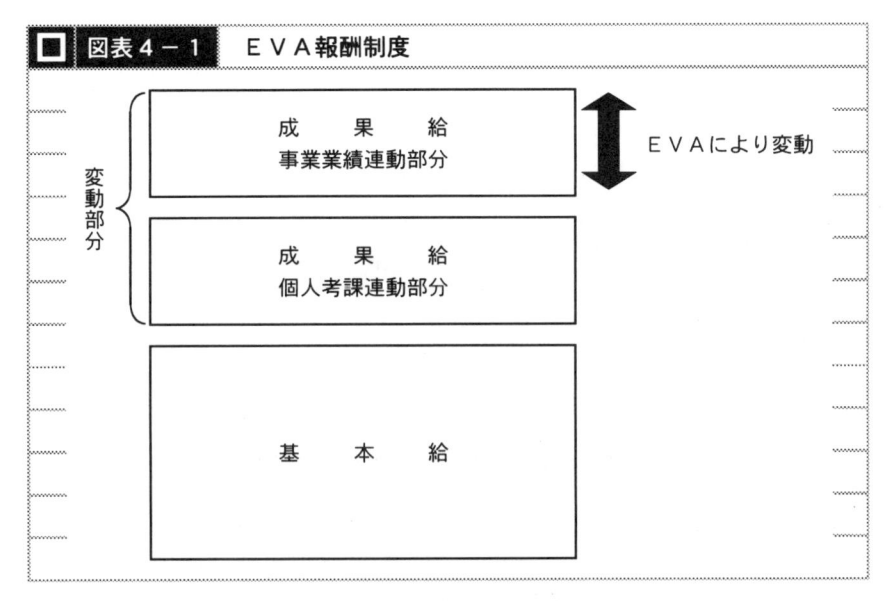

| 変動部分 | 成　果　給　事業業績連動部分 | ＥＶＡにより変動 |
| 成　果　給　個人考課連動部分 |

基　本　給

限らない。ＥＶＡのマイナス幅を縮小した場合も，それが株主の期待に応えるレベルであり，価値創造であるならば，プラスのＥＶＡを改善した際と相応の報酬を得るべきなのである。この枠組みは，業績が著しく異なる複数の事業を有する企業においても，公正・公平な動機づけのツールとして確立できる。有能な社員が大きなＥＶＡの改善が見込める困難なプロジェクトに取り組むための動機づけともなるであろう。

4．2　ＥＶＡ報酬制度の基本構造

【図表4－2】は，基本的なＥＶＡ報酬制度の構造を示したものである。横軸にはＥＶＡの改善額，縦軸にはボーナス額が取られている。原点はＥＶＡの改善目標額であり，ＥＶＡ改善目標を達成した場合に，ＥＶＡにリンクしているボーナスに関して，あらかじめ定められたボーナス額が支払われることを表している。このボーナスの金額を決めるときには，その金額が同業

図表4-2　EVA報酬制度におけるボーナス額の決定

（グラフ：縦軸「ボーナス額」、横軸「EVA改善額」。右上がりの直線。縦軸上に「目標ボーナス額（業績連動部分）」、横軸上に「EVAの改善目標額」。横軸下部に「改善未達」←、「超過改善」→の矢印）

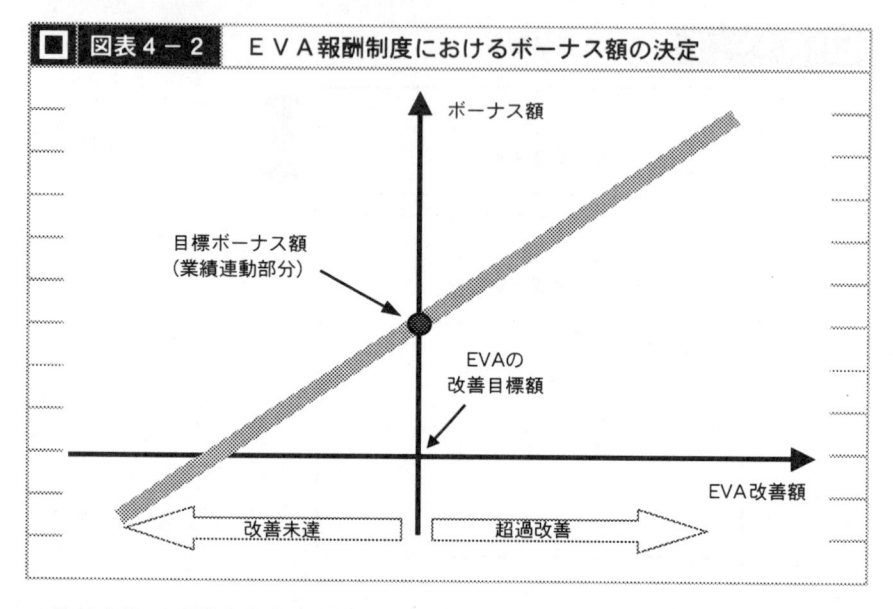

他社と比べて低くなりすぎると人材流出につながり，逆に高くなりすぎると株主が損失を被ることになるという点に留意する必要がある。

　EVA報酬制度においては，EVAの改善目標額を上回る改善を成し遂げることができれば，株主は期待を上回るリターンを得ることになるため，経営陣・社員は目標ボーナス額を上回るボーナスを受け取ることが正当化される。逆に，EVAの改善目標額を達成できなければ，株主は期待リターンを得ることができないため，経営陣・社員は目標ボーナス額すら受け取ることができないということになる。ボーナス額の基準値を決定する改善目標額は，前章で紹介したように様々な観点から妥当性を検証した値が用いられる。

　一般的によく目にする現象は，この目標値を決定する段階での事業部門と管理部門の非生産的な精査であったり，上司と部下の交渉である。事業を遂行する事業部門は確実な計画達成を目指し，なるべく「堅い」目標値を設定することを試み，その実態を認識している管理部門は目標値の前提となる詳細な項目まで精査を行い，何とか高い目標を掲げるように働きかける。しか

し，ＥＶＡ報酬制度においてはそのような交渉ごとから得られた数値ではなく，より客観的かつ妥当な数値を使用する。また，可能な場合は3年間程度の中期的なスパンで目標値を設定し，報酬制度の基準値も同期間は固定することが望ましい。これにより年度毎の交渉によるボーナス額の決定を避けると同時に，より中長期的な価値の創造を促すことができるからである。

さて，【図表4－2】にある右上がりの直線は，ＥＶＡの超過改善額に対して，どれだけのボーナスを受け取れるかを表すものだが，この直線の傾きはどのように決定すべきであろうか。その際には，事業の特性がどのようなものであるかということを考慮しなければならない。例えば，ガス・電力などの公益事業に属する企業Ａと，ハイテク産業に属する企業Ｂの2つの企業について考えてみよう。この場合，企業Ａの業績は非常に安定しており，業績の変動性が小さいといえる。一方，企業Ｂは事業サイクルに左右されやすく業績の変動性も相対的に大きいといえよう。業績の変動性が小さいということは，極端に高い（もしくは低い）ＥＶＡの改善というのは起こりにくい。一方，業績の変動性が高ければ極端に高い（もしくは低い）ＥＶＡの改善が起こる可能性が高い。このような場合に，もしこの2つの企業の報酬制度の直線の傾きを同じにしてしまうと，企業Ａの意思決定者の報酬は常に安定しており，企業Ｂの意思決定者の報酬は大きく変動することになる。同じ程度に能力のある経営陣・社員は同等に報いられなければならないとすると，属している事業が違うというだけでＥＶＡ改善に対する報酬が大きく異なることは好ましくない。従って，この例の場合には，公益事業に属する企業Ａの報酬制度の直線の傾きを，相対的に急にすることが必要になる。業績が安定している企業Ａの意思決定者にとっては，ＥＶＡを少し改善させるだけでも大変な労力が必要となる。傾きが急であれば，ＥＶＡをわずかでも改善させれば多くの報酬を得ることができるため，このようなＥＶＡ改善の労力に報いることができる。一方，相対的に直線の傾きが緩やかな企業Ｂの意思決定者は多少ＥＶＡを改善させても多くの報酬を得ることはできないし，逆にＥ

VAが大きく悪化しても報酬額はそれほど下がらない。つまり，事業の変動性を考慮して直線の傾きを決めることにより，異なる事業に属する経営陣・社員のEVA改善に対する努力をフェアに評価することができるのである。

さて，この基本的なEVA報酬制度の構造図は，ボーナス額に上限・下限がない形となっている。一般的に，報酬制度においてはボーナスの支払額に上限や下限をつけることが多いが，EVA報酬制度においてはこのような上限や下限がない報酬制度を基本として考える。この上限・下限がない形のメリットは，経営陣・社員に常に業績を最大化させるようなインセンティブを与えることができるという点である。この点についてもう少し詳しく考えるために，ここで，ボーナスに上限と下限がついているような報酬制度を考えてみよう（【図表4－3】参照）。

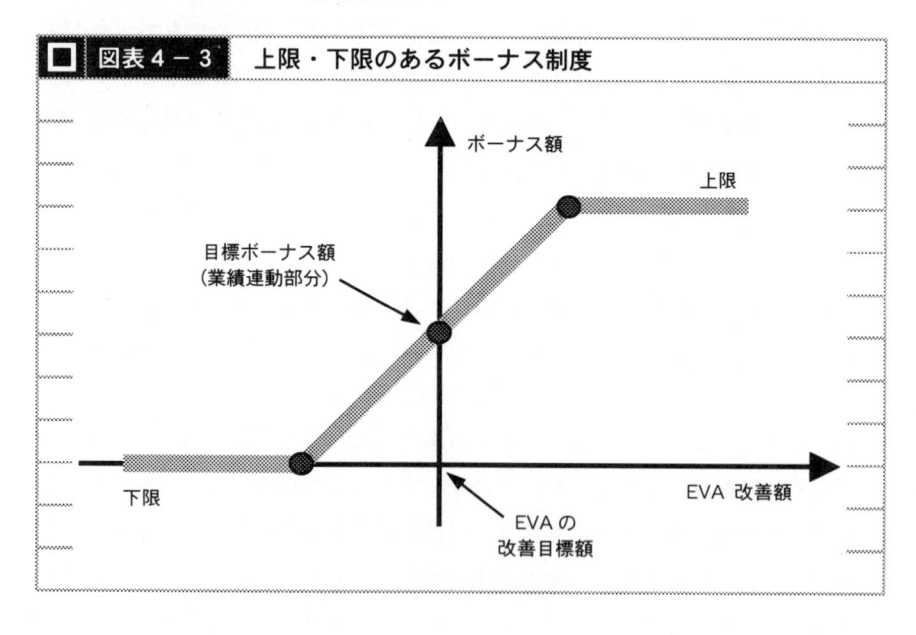

図表4－3　上限・下限のあるボーナス制度

このような形の報酬制度の場合，今期の業績が好調でボーナスが上限を超えることが確実だということがわかると（例えば，第3四半期で既に予算達

成のようなケース），できる限り今期の業績を抑えて，翌期に一部繰り越すようなことが生じかねない。なぜなら，今期はこれ以上どれだけ頑張っても，ボーナスは定められた上限の水準のままだからである。一方，逆に今期の業績が不調でボーナスが下限を下回ることが確実な場合は，できるだけ今期の業績を悪くして，来期の目標の達成を容易にさせようということも起こりうる。なぜならば，今期の業績がどれだけ悪くなっても，ボーナスは下限よりは下がらないからである。つまり，報酬制度に上限と下限を設けることによって，株主の利害と相反するような行動が誘発されかねないという問題が生じてくる。

逆に上限と下限がない報酬制度の場合は，常にＥＶＡを最大化しようとするインセンティブが働くことになる。ＥＶＡをより多く改善することで報酬額が必ず上昇するため，業績が好調な場合には更に上を目指して，一方で業績が悪い場合には悪化額を最小限にくいとめようとする努力が行われる。従って，株主と経営陣・社員の利害を一致させるためには，上限や下限のない報酬制度の方が望ましいということになる。

ただし，上限・下限のない報酬制度にも問題点がある。例えばボーナスに上限がないとすると，経営陣・社員は当期の業績をとにかく向上させて多額の報酬を受け取り，その直後に退職してしまうようなことも可能性としては起こりうる。このような短期的視点からの意思決定がなされると，長期的な企業価値の創造にはマイナスに働くことが懸念される。またボーナスに下限がないので理論上ボーナスがマイナスとなることもあり，その分の基本給を目減りさせることの是非等，実務上の問題が生じる可能性もある。

このような問題点に対処する1つの手段として，当期のボーナスの一部を企業に留保し，将来のＥＶＡの改善に応じて留保額を払い出す仕組みがある。「ボーナス・バンク」あるいは「ボーナス・リザーブ」と呼ばれる仕組みがこれにあたる（【図表4－4】参照）。

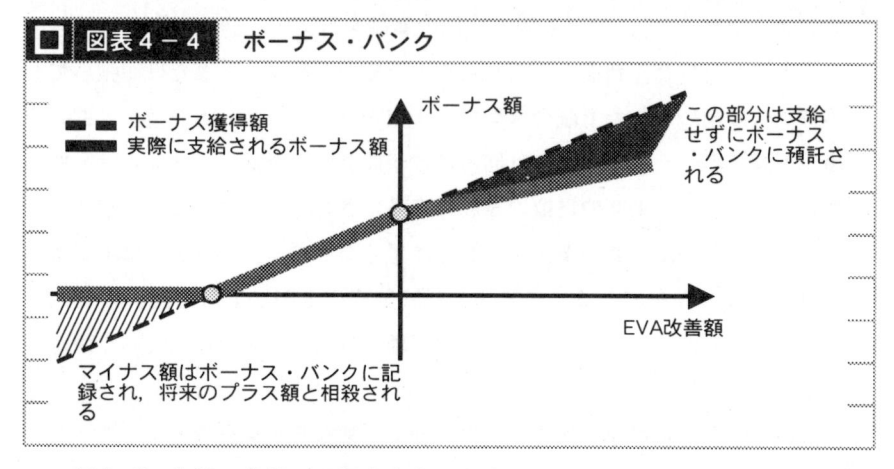

図表4-4　ボーナス・バンク

- - - ボーナス獲得額
━━━ 実際に支給されるボーナス額

ボーナス額

この部分は支給せずにボーナス・バンクに預託される

EVA改善額

マイナス額はボーナス・バンクに記録され、将来のプラス額と相殺される

　例えば、今期の業績が目標を大きく超えるものであったとすると、報酬額のうち、ある一定の払出の上限を超える金額はボーナス・バンクに留保され、翌年度以降に持ち越される。このような仕組みを導入することにより、今期に短期的な利益を追求してEVAを改善させても翌期に業績が悪化した場合には留保されたボーナス額を得ることができなくなるため、長期的な観点からの意思決定を行わせることが可能になる。逆に、業績が悪い期には、マイナスの金額が留保されることになるため、更に悪い業績にはならないよう努めるようになる。

　ボーナス・バンクの設計にあたっては様々なカスタマイズが可能である。例をあげると、次のようなものがある。

- ある一定の基準額までのボーナスは自動的に当期に支給されるが、超過分のボーナスについてはいったんボーナス・バンクに積み立てられる。そのバンクの累積額の3分の1までの額が当期に支給される。残額は翌期以降に繰り延べられる。
- 報酬制度の直線によって決定されるボーナス額の全額がボーナス・バンクの対象とされ、積み立てられる。積み立てられた分のボーナスの3分の1が毎年社員に支払われる。導入当初はボーナス・バンクにある程度の額を

あらかじめ積み立てておくか，支払の割合を高くすることにより，毎年のボーナスの支払額を平準化する。

ボーナス・バンクの制度は，特に好不調の波が大きい業界に有効である。ボーナスを獲得する権利は業績に連動しつつ，実際の支給額自体は平準化することができるからである。

また，やや余談だが，この仕組みは，実は人材の流動性が高い業界あるいは地域（米国等）において極めて有効に機能する。通常優秀な経営者・社員（マネージャーと呼ぶ）は好業績の結果として，ボーナス・バンクに積み立てを行っているはずである。そして優秀なマネージャーは（多くは競合）他社からの引き抜きの対象となりやすい。もし，このマネージャーが引き抜きに応じ，自己都合で会社を去る場合には，ボーナス・バンクに積み立てられた本来もらえるはずの金額は没収されることになる（定年退職であれば，退職金として支払う）。このような状況であれば，優秀なマネージャーは会社に残る可能性が高くなるであろう。ヘッド・ハンティング，転職に対する一種のディスインセンティブとしての役割を果たすのである。また，逆にマイナスの積み立て額となっているあまり優秀ではないマネージャーは，たとえ今後努力してボーナスの権利を得たとしても，現在のマイナスの積み立て額と相殺されてしまう。ボーナスの支給が今後何年間か期待できないと考えるマネージャーは，自発的に転職を考えるかもしれない。人材が米国に比べてそれほど流動的ではない我が国においては，現実的な話ではないかもしれないが，ボーナス・バンク制度には，このように優秀な人を引きとめ，優秀でない人材に肩たたきをするという，ちょっとしたトリックも施されているのである。

4.3　ＥＶＡ報酬制度の検討事項と導入例

　ＥＶＡ報酬制度の基本的な仕組みをご紹介してきたが，実際にＥＶＡ報酬制度を導入する際には様々な考慮すべき点が存在する。以下においては，ＥＶＡ報酬制度の設計において検討すべきと思われる重要なポイントについて触れていく。

◆参加対象者

　参加対象者をどこまでにするのかは，それぞれの企業の事情に応じて決定されるべきものであるが，理想的にはＥＶＡ報酬制度を経営陣はもちろん中間管理層や一般社員にも適用し，組織の隅々にまで浸透させるのが望ましい。一般的には，まず経営陣からＥＶＡ報酬制度を導入し，ＥＶＡへの理解や価値創造経営に向けた経営インフラの構築が進むにつれて，組織全体に浸透させていくという例が多い。

◆ＥＶＡ連動部分のウエイト

　報酬制度のうちＥＶＡに連動する部分の割合は各職位（権限の大きさ）や資格に応じて決定される必要がある。例えば，職位の最も低い一般社員はＥＶＡへ影響を与えるだけの権限が大きくないため，ＥＶＡ連動部分のパフォーマンス・ボーナスの報酬全体に占める比率は比較的小さく設定されるべきである。職位が係長，課長，部長，役員と上がるほど，意思決定の権限が大きくなり，その結果としてＥＶＡに与える影響力も大きくなるわけであるから，報酬におけるＥＶＡ連動部分はより大きくなるように設定されるべきである。

4. 報酬制度：Motivation

◆EVAボーナスの変動幅

　この点はどの程度EVA改善目標を上回った場合に，どの程度のボーナスを得ることができるのかという問題である。業績に対するボーナス額の感応度を決定する直線の傾きをどのように設定するかということであり，事業の変動性等を加味した上でシミュレーションを行い，最終的に設定されることになる。

◆支給額の平準化

　先に述べたように，EVA報酬制度を構築する際には，上限や下限を設けない形が理想的であるが，実際には社内事情等から上限や下限を設ける形の報酬制度を使用している企業も少なくない。もし上限や下限を設定する場合には，なるべく上限や下限を超えるような事態が起こりにくい報酬制度にしなければならない。上限や下限を超えると先にあげたようなデメリットが顕在化することになる。上限と下限の間の直線部分に収まる確率が高くなるような報酬制度を設計し，経営陣・社員にインセンティブを与えることができるようにしなければならない。また上限・下限を設定しないのであれば，ボーナス・バンクの採用を検討する。

◆EVAを連動させる単位

　EVAに報酬を連動させると一言でいっても，どこのEVAに連動させるべきかという問題が必ず生じてくる。連結全体EVAなのか，事業部EVAなのか，あるいは更にそれより細かい部門のEVAを対象とするのか，ということである。

　最も簡単なのは連結全体のEVAに報酬制度をリンクさせる方法であろう。この場合の問題点は，いわゆる「ただ乗り」現象が起こるという点である。つまり，ボーナスが連結EVAに連動していると，不調な事業部門に属している場合でも他の好調な事業部門のおかげで連結業績が好調に推移し，高い

ボーナスを得ることができる可能性がある。逆に自分の事業部門が好調でも，他の事業部門に足を引っ張られる形で連結業績が不調になり，ボーナスが減少してしまうこともありうる。このような問題点を解消するために一般的に行われるのは，連結全体よりも下の単位，例えば事業部門のEVAに報酬制度を連動させるということである。こうすることにより，より自身の携わる事業業績を改善させるインセンティブがわくことになる。

但し，このように事業部門のEVAに連動させる場合にも問題点はある。それは自らの事業部門の業績さえ良ければいいということで，他の事業部門との協力関係が損なわれるというものである。あまりにも自分の事業部門の業績だけに固執してしまうと，企業全体としての価値創造という視点が抜け落ちてしまう可能性があるのである。この問題点を解決するには，報酬制度を連結EVAと各事業部門の両方のEVAに連動させるという方法が考えられる（例：連結EVAに25％を連動，事業部門EVAに75％を連動）。また，そもそも事業部のEVAを考える際に，利益相反が起こるような細かい単位でEVAを測定しないというのも解決方法の1つである。これらの手段により，各事業部が自らの業績の改善に努める一方で，全社的な視点の意思決定を行うよう促すことができるのである。

このような検討を繰り返した上でEVA導入企業は各社各様の報酬制度を整備している。新聞に掲載された記事をもとに状況を簡単に見てみよう（【図表4－5】参照）。

例えば，花王はEVAの導入初年度から全社員を対象にEVA連動ボーナスの支給を始めた。これは社員全員に早期に価値創造活動を意識させ，正しい意思決定を促すということを狙ったものといえる。それに対してソニー，旭化成，キリンビール等は経営陣，管理職層から順次EVA連動ボーナス制度を導入するというアプローチを取っている。これは全社員に先立ち，まず経営トップが価値創造経営に関するコミットメントを表すということとともに，各意思決定の結果がEVAに直接表れない現場の第一線で業務に従事す

図表4-5　各社のEVA報酬制度

	導入時期	概　　　略
花　　王	00年3月期	全社員を対象にEVA連動ボーナス支給。報酬全体の2%から10%が連動。 （日経00年6月9日）
ソ　ニ　ー	00年3月期	管理職以上にEVAリンクボーナス。 （企業会計2001, Vol.53 No.2, 日経ビジネス01年5月21日）
旭　化　成	01年3月期	事業部門別に設定したEVAの達成度に応じ，各部門の管理職（出向含め4,000人）に賞与の割増分を支給。 （日経産業01年3月23日）
キリンビール	01年12月期	役員，工場長，カンパニー社長ら約70人の年間賞与の一部にEVAを連動（約25%から約10%） （日経産業01年9月7日）
メルシャン	02年12月期	管理職（300人，従業員の約3割）を対象にEVA連動賞与。カンパニーに所属する管理職は5割を当該カンパニーに，残る5割を全社EVAに連動。 （日経金融02年1月8日）
リロホールディング（日本リロケーション）	03年3月期	役員含む全社員（230人）を対象にEVA達成度に応じた業績年棒。業績年棒の全人件費の割合は13-35%。 （日経01年4月25日）

る一般社員には，EVAよりもむしろEVAドライバーのような更にブレイクダウンした指標で評価，報酬連動を考えるという配慮もあるようである。

　また，報酬連動の対象となる単位であるが，花王の場合はチーム・ワークを重視するという考え方に基づき，報酬の連動単位は連結EVAを用いている。業績の把握自体は連結のみならず様々な単位で行っているが，あえて報酬に連動するEVAは連結ベースとしているのである。ソニー，旭化成等は事業やカンパニー等，部門ごとのEVAに連動した報酬制度になっている。

メルシャンはその折衷型といえる。

　更に，企業によってはボーナス額を決定する直線の角度に工夫をし，強力なモチベーションを与えるような制度を構築している企業もある(【図表4－6】参照)。

　これはEVAの改善目標を超過した場合はより大きな感応度でボーナスが増加していくというような仕組みであり，なんとしても目標を達成し，更にEVAを改善させることを促す仕組みである。実はこの枠組みは理論的には問題がある。なぜならば，目標を100パーセント2年連続で達成するときにもらえるボーナスと，1年目に50％達成し，2年目に150パーセント達成する場合のボーナスの額が異なるからである。このような枠組みでは，短期的な利益操作，売上や費用の先送り・先取り等の計上時期の操作を誘発することにもなりかねない。しかし，この企業ではそのような利益操作の問題は発生しないと社員を信じた上で，より動機づけに重きをおいたEVA報酬制度を設計したのである。

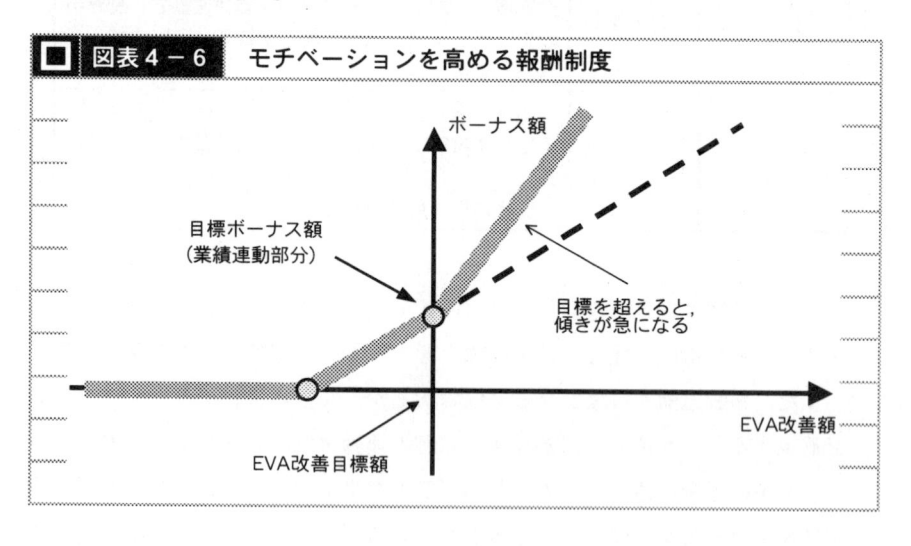

図表4－6　モチベーションを高める報酬制度

縦軸：ボーナス額
横軸：EVA改善額

目標ボーナス額（業績連動部分）

目標を超えると，傾きが急になる

EVA改善目標額

4.4 長期インセンティブ,他報酬ツールとの関連

　ＥＶＡは財務指標に基づくため,取組みの結果を客観的に捉えることができる。また会計上の数値に調整を加えることで,ＥＶＡは中長期的な価値創造を目指す指標に定義することもできるため,必ずしも短期的な業績のみを評価するわけではない。しかし将来の取組みをより直接的に報酬に反映していきたいということもあるであろう。

　その際には,前述のバランス・スコアカードを活用し,非財務的な先行指標を報酬に連動させることが解決策の１つになる。しかし,注意しなければならないことは,財務数値が結果を表し,極めて客観的であるのに対し,非財務的な先行指標には恣意性が必然的に入ってしまうということである。指標自体の選定,その目標水準の決定,様々な指標のウエイト付け等,慎重に決定すべき事項が多々あり,それぞれ適切な判断が必要である。また,取組みの１つひとつが本当に価値創造に結びついているかを検証するためには何年間かのトライ・アンド・エラーが必要とされる。

　もう１つの解決策としては,ストック・オプションを含む株価連動ボーナスの導入が考えられる。株価には将来の期待が込められ,将来の業績も既に反映されているのであるから,株価連動報酬により,将来の業績に対して今報いることが理論上は可能になる。また株価連動ボーナスの長所としては,恣意性が入らないということもあげられる。株価は市場において決められるもので,直接働きかけることはできない極めて客観的な数値である。もちろん,(米エンロンのケースのように)不適切な情報開示によって株価に何らかの操作を試みることも可能ではあるが,基本的に企業の様々な取組みの最終的な結果を表すのが株価である。従って株価は,将来をも反映するとともに非常に客観的な数値ということができる。しかし,残念ながら株価は短期的には企業の実力と別の要素で変動し,株価連動ボーナスのみに頼ることは

現実的には不可能ともいえる。また株価は，結局のところ市場が判断した企業全体の将来価値の青写真に大きく左右されるものであり，平均的な社員がこれに大きく関与できる可能性は極めて低いことも忘れてはならない。株価に直接影響を及ぼすことができないような社員に対して，価値創造につながるような行動に対するインセンティブを与えることが難しいのである。

　EVAは企業価値を説明する指標ではあるが，EVA経営自体は株価と切り離すことが可能である。様々な影響によって短期的に大きく変動する株価の日々の値動きに一喜一憂することには意味がない。完全株価連動ボーナスと異なり，EVAでは企業価値を意識しつつも，いったんEVAという業績評価指標によって目標を決定してしまえば，その後は株価ではなく，EVAの改善目標額をどのように達成するのかということで評価されることになる（【図表4－7】参照）。

　報酬制度に関するアプローチは様々あり，それぞれ特徴を有するので，これらのツールを組み合わせることでより完成度の高い制度とすることは可能

図表4－7　各種インセンティブ報酬の特徴

	EVA連動インセンティブ報酬	バランス・スコアカード	ストック・オプション等株価連動報酬
長所	・財務に基づき客観的 ・調整により中長期的な価値創造を動機づけることは可能 ・株価の影響を受けない	・非財務的な先行指標も取り込む ・様々な取組みを直接評価	・将来に関する業績予想も反映 ・株式市場に存在する数値に基づくため客観的
短所	・将来の取組みを定義しモニタリングするのが実務上困難	・恣意性が混入 ・先行指標と価値創造のリンクが不明確	・株価は様々な要因で変動（社員の行動から乖離する） ・平均的な社員の日々の取組みとの関連が薄い

である．以下では，EVA報酬制度とストック・オプションの組み合わせについて考える．

4.5　ストック・オプションとの併用

　ストック・オプションというと米国における不祥事との関連もあり最近では短所ばかりが指摘されているようである．一方で，我が国においてもその導入企業は着実に増加していることも事実である．ここでは，ストック・オプションは使いようによっては非常に有効であり，特にEVA報酬制度との組み合わせによって，短期的な業績と中長期的な継続的価値創造を同時に促す仕組みとして機能するということを述べてみたい．

　ストック・オプションとは経営者あるいは社員に自社の株をある一定の価格で購入する権利を与え，株価が権利行使価格より高くなればその分経営者あるいは社員がメリットを受けるようにするものである．ストック・オプションに関して指摘される問題点の1つは，ダウンサイド・リスクがない，というものである．経営陣へのストック・オプションの付与は通常無償で（ただで）行われるため，その後の株価が上昇せずにたとえ紙くずになったとしても報酬は減ることはない．つまり業績悪化の責任を少なくとも報酬によっては問われないということになる（なお，我が国において「ストック・オプション」という言葉は無償で発行する新株予約権とされ，新株予約権の有利発行の一形態として位置づけられている）．一方アップサイドに関しては，株価に連動する報酬は青天井である．リスクがゼロに対してリターンが大きすぎる（無限である）報酬では，経営陣はリスクを省みずに大きなリターンを求めることが正当化される．結果として経営上非常に大きなリスクを取ることを促してしまうというのである．

　しかし，これはストック・オプションの問題ではない．問題なのはストック・オプションを無償のものとして捉え，オプションの価値を考慮に入れて

いないことである（この場合はコール・オプションの議論をしながら，そのオプション・プレミアムを考慮に入れていない，ということになる）。オプションには価値があり，その価値が報酬として経営者・社員に提供されている。オプションの付与を無償で行うという考え方が問題なのである。

これに関してはオプションの付与をＥＶＡ報酬制度と組み合わせることによって解決が可能である。例えば，今年度のＥＶＡ連動ボーナスが100万円だったとしよう。この100万円は経営陣が１年間努力した結果である業績に連動している。この100万円の半分である50万円を現金で支給し，残りの50万円をストック・オプションとして支給する。この組み合わせにより，当期の業績を上げた結果として，経営陣は現金50万円を手にすることができるが，残りの50万円は今後の株価に連動して支給されることになる。最悪のケースでは，このオプションは紙くずとなりうるから，50万円は無価値になるかもしれない。ここでは100万円という報酬のうち半分の50万円をリスクにさらす，いわば質に取り，更なる継続的な業績改善を促す仕組みとなりうるのである。また同時に，短期的な業績のみを追求することの魅力を失わせることができる。

ストック・オプションの権利行使価格の設定についても再考すべきである。現在の株価だけではなく，投資家の期待リターンである株主資本コストを加味した行使価格が望ましい。例えば，株主資本コストが10％と推定されるとすると，年間の株式総合利回りは10％と期待されているということである。簡便化のために配当をゼロとすると，現在の株価が100円の株式は，１年後には110円になっていることが期待されていることになる。この期待をオプション行使価格にも適用する。現在の株価が100円でオプションの権利行使期間が３年後からだとすると，（３年後における）行使価格は100円×1.1×1.1×1.1＝133円となる（配当を加味する場合は理論上その分だけ株価は下落するため，別途考慮する必要がある）。この行使価格は現時点において投資家が納得する価格である。３年後の株価が133円以下だとすれば，現在の株価

4. 報酬制度：Motivation

である100円以上であったとしても投資家は満足しない。経営陣は3年後に投資家を満足させた場合にのみ利益を得ることができ，満足させられなかった場合にはオプションは価値を失うという枠組みにすることにより株主との利害の一致を図るのである。それに対して，3年後の行使価格を現在の株価と同じ100円と設定されたとしよう。3年後の株価が仮に110円だったとすると，株主は満足していないのにもかかわらず，経営陣はストック・オプションを行使することによって利益を得るという状況になってしまう。これは経営者と株主との利害の一致という観点からは不適切だといわざるを得ない。

　更に，オプションを付与する回数についても検討の余地はある。株式市場全体が好調な時期に一括してストック・オプションを付与することになると，その時点の株価を反映して設定される権利行使価格は自然と高くなる。このような場合でその後株式市場全体が低迷すると，権利を行使できなくなるため，結果としてインセンティブ報酬として機能しないことになる。しかしこの状況は付与回数を何回かに分割することで回避できる。例えば一度に100株分のストック・オプションを付与する代わりに，4年間に分割して25株ずつ権利を付与するのである。これにより，4回に分けられたストック・オプションの行使価格はその時々の株式市場の状況に応じて設定されるため，株式市場全体の動きの影響を緩和することが可能になる。

　以上のようにストック・オプションにはまだまだ改良の余地が多くあるが，慎重に設計し，さらにＥＶＡ報酬制度と適切に併用することで，これまで以上に有効な報酬ツールとして機能する可能性を秘めているのである。

5. 意識改革：Mindset

> Economic Value Added

5.1 啓蒙活動の重要性

　EVA経営の4つのMの中でも，Measurement, Management Process, Motivation の3つは，EVAを中核とする経営を形作るいわば「ハードウェア」の部分と呼べるだろう。但し，どれだけ優れたハードウェアであろうとも，それを使いこなすための「ソフトウェア」に不都合があれば全体としてうまく機能しない。そして，EVA経営において，このソフトウェアにあたるものが4つ目のMである Mindset（意識改革）であるといえる。

　「導入時には指標の定義，経営プロセスの整備，報酬制度の設計等に時間を取られ，意識改革に関してはややおろそかになりがちだったが，導入後になって初めてその重要性が身にしみた」とはあるEVA導入企業の導入推進者の意見である。EVAを全社的に浸透させていくという目的を達成するためには，様々な媒体を介した啓蒙活動が不可欠なのである。

　意識改革のために大きな役割を果たすものの1つが，EVAに関する「研修」である。価値創造経営を行うためには，社員1人1人が，日常的なあらゆる意思決定の場において，企業の価値創造と整合性の取れた判断を下すことができるようにならなければならない。そのためには，EVAがどのようなものであるのか，どのようにすればEVAが改善するのかという点について十分理解している必要がある。EVAを導入したのはいいが，一部の人々しかその内容について理解していないというような状況では，全社的なEVAの改善を達成するのは難しい。研修は意外と軽視されがちな部分であるが，

5．意識改革：Mindset

一般に成功しているＥＶＡ企業ほど，研修に力を入れているといっても過言ではない。

研修に加えて，意識改革のために重要な役割を果たすのが，経営トップのＥＶＡ導入に対する強いコミットメントである。経営トップからのＥＶＡ導入に対する強いコミットメントがないと，従業員が「また何か新しい指標が持ち出されてきた」，「どうせ数年たったらまた変わるであろう」といった印象を持ってしまい，本気でＥＶＡの改善に取り組むような雰囲気が生まれない可能性がある。経営トップ自らが，企業としてどのような方向性を目指しているのか，そしてそのためにはＥＶＡがどのような役割を果たすのか，といった点について明確な意思表明を行うことで，企業全体をＥＶＡの改善という同じベクトルに向かわせることができるのである。

研修の一環としての役割も果たし，更にトップのコミットメントを表明する場を提供することができるものとして有効なのが，ＥＶＡに関する「社内報」の作成である。このような社内報においては，ＥＶＡがどのようなものであるかについて，誰にでもわかりやすいように平易な言葉で説明が加えられる。同時に，経営トップの全社員に対する意思表明の場としても使用される。

ＥＶＡを導入したＡ社では，社内におけるＥＶＡ推進グループが，全国の工場・営業所を訪ね，会議形式での研修会を数多く行ったほか，遠隔地の従業員もＥＶＡを理解できるよう，社内イントラネットに独自のｅ－ラーニング・プログラムを開発した。このプログラムにおいては一般的なＥＶＡ及び価値創造経営の概念に始まり，後半には実際Ａ社が行ってきた意思決定のケースが用意されており，非常に取り組みやすい内容になっている。この他にも，Ａ社では社内報への掲載やパンフレットの配付等，多面的な媒体を使用して社内の啓蒙活動を行っている。

また，別のＢ社では，社長を含む経営陣20数名全員が４時間×４回の企業財務・ＥＶＡ勉強会に出席し，ＥＶＡについて深く理解した。その上で，コ

図表5-1　研修風景

　ミットメントを各営業拠点へ社内衛星放送を通じて発信した。また同時期に開催された会社関連行事においてもEVAに関する経営陣の深いコミットメントを示した。更には，その後4千名以上の単体の社員全員に対して2時間半のEVA研修会を開催したのである。

　啓蒙活動に関する取組みは各社各様であり，中には「EVA検定試験」を用意する企業もある。いずれの企業にも共通しているのは，継続的に研修会を開催していることと，意識改革を推し進めるために，経営トップのコミットメントを何らかの形で社内向けに明確に発信しているということである。例えばソニーの出井会長は社内報において，「『企業価値は自分に関係ない』と思っている社員が多ければ多いほど，その企業に将来はないといっても過言ではない」と発信し，他人事ではなく，社員1人1人が価値創造活動に参

画することを強力に促している。

5.2　IR：投資家とのコミュニケーション

　EVAは企業価値と結びついている指標であるから，投資家との対話，IRの中でEVAを活用していくというのは自然な流れである。例えば，実際の株式市場における評価から導き出されるMVAと，社内的なEVA見通しから計算されるMVAを比較し，その乖離について分析，説明するということも考えられる。

　EVAに関するIRにおける取組みについては，EVAの数値に関する開示という面では海外企業の方が進んでいる。例えば，メトロ（独）は，アニュアルレポートにおいて，EVAの考え方についての解説や傘下のグループ各社毎のEVAの数値を開示している。また同じドイツの企業であるシーメンスは，アニュアルレポートでのEVAの数値及び計算方法の開示に加えて，四半期業績発表のプレスリリースにおいて，四半期EVAの金額及び前年同期比の数字の開示も行っている（両社とも資本コストの具体的水準についても言及している）。

　また，企業を評価する側の機関投資家である米年金基金最大手のカルパース（CalPERS，カリフォルニア州公務員退職年金基金）は，保有銘柄の評価基準としてEVAを使用している。

　一方，日本企業に目を向けてみると，こちらは海外企業のような詳細な数値の開示に踏み込むケースは今のところほとんどないが，一部ではEVAの情報を投資家と共有しようという試みも始まりつつある。例えば，日本におけるEVA第一号企業である花王は同社の2002年度版アニュアルレポート中で，2000年のEVAの数字を100としその後のEVAの推移を指数化した数値を開示した（また2003年度決算短信においても同様の開示を行っている）。花王のアニュアルレポートでは同社の後藤社長が投資家にEVAのメッセー

図表5-2　カルパース新聞記事（日経金融新聞2002年5月2日）

カルパース「問題企業」を公表
企業統治、5社に改善要求

【ニューヨーク＝斉藤真紀子】米カリフォルニア州公務員退職年金基金（カルパース）は財務内容やコーポレート・ガバナンス（企業統治）に問題があるとする米企業五社の社名を公表した。投資先の約千八百社を対象に毎年、長期の株価動向や企業統治のあり方、経済的付加価値（EVA）の増減などを査定している。

問題企業としてゲートウェイの場合は、過去数年間でみてもEVAを生んでいないと指摘。企業統治の面でも監査の独立性や、敵対的買収に対抗するためのポイズン・ピル（毒薬条項）採択などを問題視している。

問題企業に対しては、株主議決権の行使として、株主提案を実施した。具体的には、ゲートウェイに取締役会の再編を要求。同社は一カ月間検討したうえで、内容が妥当なら話し合うと回答している。

ルーセントにも同様の提案をし、クエストには経営陣の再選に反対を唱えている。NFLにも同様の提案をしている。ルーセントに関しては、役員報酬の決定機関である取締役会のメンバー再選に反対した。カルパースのウィリアム・クリスト理事長は「今回挙げた企業はほんの一部」と指摘している。

カルパースは二月末、米議会や米証券取引委員会（SEC）に対し、企業統治を強化するための改革案を提出した。

カルパースが指摘した問題企業と主な問題点	
ルーセント・テクノロジーズ（通信機器）	元CEOの退職金高すぎる
クエスト・コミュニケーション（通信）	多額の役員賞与と取締役兼任の利益相反
ゲートウェイ（パソコン）	経済的付加価値生まず
NFL（ケーブルテレビ）	―
シンシナティ・フィナンシャル（保険）	社内取締役の割合高い

図表5-3　ミネベアアニュアルレポート（抜粋）

このほかにも，企業価値の鑑定，人の評価，組織の活性化，賃金の適正配分，企業価値の向上をもたらすコーポレートガバナンスの強化などが総合的経済力を左右致します。

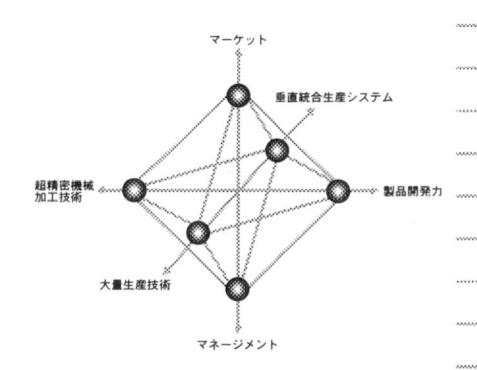

（図：マーケット，垂直統合生産システム，製品開発力，マネージメント，大量生産技術，超精密機械加工技術）

Q： EVA®の導入もマネージメントの質的向上，総合的組織力強化のために導入したのですか？

A： その通りです。最初に述べましたように，資産に対する収益性という考えは，経営の軸として不可欠だと考えております。しかし，ROA（総資産営業利益率）は税率指標であり，資産収益性を企業価値の向上に結び付ける点で限界があります。

このため，2003年4月から段階的にEVA（経済付加価値）経営システムの導入を開始致しました。最終的には事業だけでなく製品もEVAによって評価しております。また，当初は執行役員と国内買いの社員を対象とした連結EVA連動の賞与制度を導入しますが，時期を見て対象メンバーを拡大すると共に，事業や製品部のEVAに連動した賞与制度を導入する考えでおります。今後もさらにマネージメントと総合的組織力の質の向上をはかり，戦略を適切かつ迅速に実行し，企業価値の向上を実現して参る所存です。

ジを伝えるという形を取っているが，同様の形式がミネベアの2002年度版アニュアルレポートでも取られている。全体的にいって，日本のＥＶＡ企業の多くは，まずＥＶＡというものについて投資家の理解を深めるのが先決であると考えているようである。

このように海外企業と日本企業の間ではＩＲにおけるＥＶＡの取組みに若干の差があるようであるが，いずれの企業も報酬とＥＶＡ改善額とのリンクを強調しているという点では共通点がある。これは，報酬制度をＥＶＡの考え方に沿った形で構築しなければ，真の価値創造は達成できないとの認識を各社が持っていることの表れであるといってよいだろう。

6. 実践EVA：花王のケース

Economic Value Added

　第3部では，「EVAによる価値創造経営」について述べてきたが，最後に実際に企業の中でEVAがどのように使われているのかを紹介する。なお，以下は日本におけるEVA導入第一号企業である花王の山本財務部長を交えて行われたパネルディスカッションの模様である。

ブルームバーグセミナー　パネルディスカッション

（平成15年3月5日，ブルームバーグオーディトリアムに於いて）
パネリスト：花王株式会社　会計財務部門　財務部長　山本照雄
　　　　　　ゴールドマン・サックス証券会社　ヴァイス・プレジデント
　　　　　　　　　　　　　　　　　　　　　　　　　　　　　藤森裕司
　　　　　　スターン スチュワート　日本支社長　本合暁詩
司　　会：ブルームバーグ　L.P.小笹俊一

　　　　　　　　　　　　　　　　　　　　　　　　（敬称省略）

花王のEVA

　【司会】　日本のEVAの歴史というものはやはり花王を抜きには語れないわけですが，実際に初のEVA導入企業として，どのようにEVAを取り入れていったのか，そして今どのような段階に至っているのかにつきまして，まず山本様からご説明いただこうと思います。山本様お願いいたします。

【山本】　花王は99年の4月からEVAを導入しておりますので，この3月期で4年が過ぎるところです。それでは，花王のEVA経営の特色について5つのポイントに絞って簡単にご説明します。

まず1点目は，花王のマネジメントはEVA経営というものに大変コミットしているということです。EVAを継続的に改善する，増加させるということを経営目標の中核に置いており，EVAを継続的に増やしていくことで企業価値を増大することが正しい経営なんだ，と考えています。花王は二十何年増収，増益といっていますが，EVAの導入前から，利益の増加に対してこだわるという伝統がありました。そのこだわりが，EVAを入れたことによって，資本コストを引いた後の真の利益であるEVAを増やすということが大事だ，利益のみならず資本コストを考慮すべきだ，という経営に切り替わってきているといえます。EVAによって，更に利益意識というものが強化されたのです。

2点目は，モチベーションに関してです。花王ではEVA連動賞与を初年度の99年4月から導入しています。当初社内の一部には，連動賞与はもう少し後にしてはどうかという意見もありました。しかしやはり，賞与まで連動しないと社員はEVAに対して真剣にはなってはくれません。現在のEVA連動賞与は，国内の社員についていいますと，連結のEVAの改善目標に対する達成度合で変動します。事業部別のEVAは計算していますが，賞与については連結EVAを使っています。社員全員がEVA連動賞与の対象となっていますが，年収に対しての変動割合はランクによって異なっており，部課長クラスで10％，若い人だと4％～2％，役員だと20％あるいはそれ以上，となっています。99年度，2000年度は，改善目標を達成しており，最初の年は150％，2000年度が200％ですから倍，ともらえたわけですが，2001年度はEVAそのものは増加したものの，改善目標には届かなかったため，90％と若干下がりました。昨年は改善目標に届かなかったことで年収的には若干下がったわけですが，基本的に社員のEVA連動賞与については，増えても減っても納得性が高いという評価であり，今のところ良好に受け入れられていると見ています。

3点目は，マネジメントプロセスへの適用についてなのですが，EVAは資本コストを考慮しているため，非常に合理的な判断基準であるということができます。2つの例をあげたいと思います。1つは，花王では，サプライチェーン・マネジメントをプロジェクトとして行っていますが，2002年3月期までの5年間で，在庫40％減，品切れ60％減少を達成しました。これはもちろんコンピューターシステムを駆使し，精緻なモデルを作り上げた結果，より正確な需要予測，出荷予測が可能になったことがポイントではあるのですが，商品の品切れと在庫を同時に減らすということは，EVAの観点から見ると，品切れが減るということでNOPATが増加し，在庫が減るということで資本費用も減り，業績に非常に貢献しているわけです。EVAを入れたことによって，そのような取組みの結果がはっきりと評価できるようになりました。

　2つ目の例は，EVAは自社株買いの判断基準としても有効だということです。これまで，花王は2千億円近くの自社株買い入れを行ってきています。当初，社内の一部には，社員がせっかく稼いだお金を株主に払ってしまうのはもったいないじゃないか，というような見方もありましたが，EVAを導入していましたので，資本というものは預かったもので，それにはコストがかかっている，従ってお金として置いておくだけではEVAはプラスにならない，当面使わないお金については市場に戻していくということがより合理的だという説明が可能になりました。もちろんキャッシュの活用は，自社株買いだけではなく，M＆Aも含めて資本コストを上回る投資に長期的に使っていくというのが最重要なのですが，それでも使わないお金は市場に返していく，ということがEVAだと説明しやすいのです。

　4点目はスターン　スチュワートというコンサルティング会社を使ったことによる効果です。当初，EVAの導入にあたっては，自分で勉強して花王流に入れたらどうだという意見もありました。しかし，スターン　スチュワートさんにお世話になって結果的には大きな効果があったと思います。効果の1点目は，短期間に導入できたことです。2つ目はEVAの導入にあたっての主体は

あくまで花王であり、スターン　スチュワートさんはEVAの技術をトランスファーするというふうに役割を分担できたこと。そして3点目は、連結ベースのEVAを上げるためには、アジア、ヨーロッパを含めた海外拠点にも展開する必要があるわけですが、その際にグローバルにお手伝いいただけるということです。

　5点目はIRについてです。現在対外的にEVAの詳細な数字は開示しておりませんが、市場においては、スターン　スチュワートのEVAを導入しており、投資家、株主の視点を取り入れたグローバルスタンダードの経営、企業価値増大の経営が行われているということで高い信頼を得ていると思います。また、EVAを入れることによって、社内に株主の視点、投資家の視点の考え方を植えつけることができ、個別の経済的な判断時に、投資家から見てプラスかどうかという視点が取り入れられたのではないかとも思います。

共通言語としてのEVA

　【司会】　花王さんは社員数が連結で2万人。そこにEVAという言葉は4年で浸透したのでしょうか。

　【山本】　EVAという言葉とEVAを改善するといいのだ、ということは繰り返し行った教育啓蒙の成果もあってかなり浸透しています。また4年の歴史の中で、EVAを使いながら、あるいはEVA賞与をもらいながら更に理解が深まってきていると思います。対外的には、EVAを上げるためには売上も重要ですし、営業利益といった数値も開示しますが、社内的に賞与に連動しているのはEVAだけですので、唯一の、究極の言語、目標となっています。

　【本合】　花王さんでは経営上の様々な取組み、先程おっしゃったサプライチェーン・マネジメントですとか、トータル・コスト・リダクションとか、そ

ういった取組みをEVAという1つの言葉の中で捉えていただいているという点が，特にEVAの浸透に有効ではなかったかと思います。

【司会】　EVAという指標を「1つの言語にする」ということでしょうか。

【山本】　付け加えますと，EVAは権限委譲を可能にする指標だということです。花王では97年にEVAをまずアメリカの子会社で導入したのですが，そのときの目的はアメリカ人の経営者に経営を任せるためというものでした。それまでは，親会社が商品のデザインがどうだとか，細かいところまで口出ししたり，その時々で，利益よりマーケットシェアが重要だとか，売上が重要だとか，直販がどうだとか，そういう一貫性のない指示が見られました。しかし，導入後はEVAさえ上げればあなたは評価します，方法は問いません，とマネジメントを任せることが可能になりました。商品をやめることも含めて権限委譲が可能になったのです。

【藤森】　最近は多くの企業で，資産効率を見直そうというのが，気運としてあると思います。それは間違いなく会社の価値の創造につながってきますから，非常にいいトレンドになっていると思います。それが終わると今度はどうやって売上を伸ばしていくのかという話が出てくるわけで，花王さんも含めた多くの企業がそこを考えていらっしゃるわけです。企業価値を高めていくには，まず第1段階で無駄を省いて効率を上げる，そして次の段階で再成長に向けて投資をしていく，という2段階があるわけですが，EVAはその際に非常にわかりやすい指標だと思います。

日本の企業文化とEVA

【司会】　例えばQC活動などに代表されるように改善活動そのものは日本企

業が強さとして持っていたものですよね。EVAとの関係についてはどうなのでしょうか。

【藤森】 EVAは経営トップがコミットメントを持ってやらないといけないのですが、使い方としてはトップダウンではなくて、むしろボトムアップといいますか、全員でインセンティブという形でシェアをして、みんなをやる気にさせる指標ではないかと思います。極端な話をしますと、ある1人の優秀な社長さんがすべて意思決定をして、会社が回るのであれば、EVAなんていらないわけです。いろんな人たちがちょっとずつ努力をして、そのちょっとずつ、1人10円の積み重ねが何百億円になるというのがEVA経営の本質だと思います。そういう意味では、日本の会社の管理ツールとしては、なじみやすいのではないかというのが、私の個人的な印象です。

【山本】 企業風土とか、企業理念というものとEVAは矛盾するものではなく、並存するものです。基本的に企業の持っているDNAだとか企業風土をきちっと守って、生かしていくということが重要で、株主も花王には花王らしく、また例えばトヨタにはトヨタらしく稼いでほしいと考えているのではないでしょうか。企業価値を上げる、株価を上げるということは普遍的なものですが、それをどういうふうにやるのかは企業ごとに特徴があって当然だと思います。また、そうでなければ、彼らのポートフォリオマネジメント上、分散効果が働かないともいえます。そういう面で、企業がそれぞれ持っている良さは残しつつ、EVAを導入すべきであり、決して今までやってきたことが否定されるわけではないと思います。

投資家の期待を反映した目標設定と報酬へのリンク

【本合】 先程の改善活動という言葉がありましたが、山本さんのお話の中で

も，EVAの改善目標という言葉がありました。実は絶対額ではなく，改善に焦点を合わせることがEVAについては非常に重要です。よくあるのが，EVAを導入すると，せっかく利益がプラスなのに，EVAではマイナスになってしまうから問題だというような議論です。絶対額にとらわれると，EVAが赤字だとリストラするのか等と，社内的に戦々恐々とするばかりで建設的な議論ができなくなってしまうことがあります。EVAがプラスの花王さんはこのような問題はないのでしょうが，目標は絶対額ではなくて改善であり，その目標に対してどう取り組んでいくのかということを評価していくことが極めて重要な点だと思います。

【山本】 EVAの改善目標というのはスターン　スチュワートさんから教わっていまして，企業価値・株価から分析した目標を設定しています。具体的には株価の中に織り込まれている将来への株主の改善期待というものから3年間の改善目標を算出しています。もちろん，株価だけを見てしまうと，毎日変わるわけですから，会社として本来あるべき企業価値はどうか，ということも併せて考慮しながら設定します。その値を上回らないと，社員は賞与をもらえないわけですから，予算はそれを少なくとも上回るように設定しているわけです。ですから予算値がネゴによって決まるということではありません。

【本合】 予算策定，計画策定のプロセスで生産的でないのは，積み上げる部門と管理する部門の交渉です。積み上げる事業部門の方はなるべくハードルを低くするとか，あるいは逆にとりあえず計画は高めにしておくというような，いずれにしても，様々な形で恣意的な思いが入って計画が出てくる。そういう計画の作られ方を管理する本社部門も知っていますから，こちらはそれぞれの計画を精緻に逐一チェックしていくことになります。もし，積み上げの数値とは別に，客観的な目標というものをある程度持っていれば，積み上げの数値が低すぎるのか，高すぎるのか，と判断する材料があるということになります。

内部だけではなく，外の目も目標設定，予算策定のプロセスに取り込んでいくのです。

　【藤森】　私はアナリストとして，本当のEVAと本当じゃないEVAを見分ける個人的な観点を持っておりまして，その1つの基準が「インセンティブとしての利用」です。ただ導入しているだけではなく，成果を社員で共有しているかどうかということです。

　【山本】　花王の場合は，体制的にはほとんどできるようにはなってきているのですが，まだマネジメントそのものが完全な事業部，カンパニー制にはなっていないため，報酬については連結EVAを使用しています。EVAの計算は更に細かいレベルで4年間行っていますが，他社さんのように事業部別のEVAを報酬に連動させるという必要性が若干ないということで，このあたりは今後の検討事項でもあります。しかし，細かいレベルでの業績は個人の目標管理のところで評価はされています。

　【司会】　グローバル経営をされているわけですが，賞与に関する制度は，かなり日本的な要素を盛り込んでいらっしゃるということでしょうか。個人業績も評価なさって，EVAの連動割合を一定に抑えていらっしゃるというのは。

　【山本】　中間管理職についていうと，連結の業績となると個人のコントリビューションの度合いがそれほど大きいとはいえませんので，個人の業績のところは別枠，目標管理で評価する。役員になると，会社の業績が株主から問われるわけですから，ほとんど個人業績がないわけです。そういう意味で，個人業績という，自分のテリトリーの中での評価というものは当然あるべきだということです。

投資家の評価とIR

【司会】 ところで，先程の改善目標に関してなのですが，株価が下がれば，投資家の期待EVAが下がるわけですから，EVAの目標が下がるということが起こりうる。また逆に，ちょっとしたバブル現象が起きたときには，目標が高くなりすぎるということになりますよね。これはどのように考えればよいのでしょうか。

【本合】 IR活動にも関連してくる事柄だと思います。株価が高すぎるには高すぎるなりの理由が，低すぎるなら低すぎるなりの理由があるはずです。この場合は，社内的な将来予想によって求められる価値と，市場がつけている価値の違いを分析していくことが重要になるのではないでしょうか。その際の手段として，価値創造にリンクしているEVAは非常に有効です。

【司会】 実態を見極めるときにもうまく使えるツールということでしょうか。

【本合】 市場の認識と自分たちの認識の乖離具合を考える1つの手段になると思います。

【藤森】 インサイダーとして持っている業績の見通しやプロジェクトの情報により，企業は社内において，将来的な価値をある程度読めるわけです。それと，外から見ていて全くわからない場合のギャップをどういうふうにうまく埋め合わせていくかというのがIR活動であり，その結果，株価のボラティリティを抑えていくというのがIRの役割だと思います。

【会場から】 IRに関連してなのですが，EVAを導入したこと自体は開示していても，その数字については開示していないのはなぜでしょうか。

【山本】 アニュアルレポートや決算短信，有価証券報告書の経営方針のところで，花王はマネジメントとしてＥＶＡにコミットしています，ＥＶＡの改善を経営目標にしています，ということをはっきり書いています。ただ，いくら改善する，いくら改善したとか，という開示はしていません。

【司会】 藤森さん，実際に投資家の方から，企業のＥＶＡがどうなっているのかと問い合わせを受けるケースはあるのでしょうか。

【藤森】 実際会社で計算されているＥＶＡと，我々が外から見るＥＶＡとは別ですから，ＥＶＡがどうなっているか，というのはあまりありませんが，ＥＶＡの源泉である資産効率がどうなっているかというところに相当注意を払っているような気はします。例えばＲＯＥ，ＲＯＣが上がっている場合じゃないと買わない，というのは外国人投資家の共通した認識だと感じています。

【山本】 社外に数字を開示すると，いろいろと細かいことまで出すことが必要になります。出してもいい時期には来ているのかもしれませんが，まだやってはおりません。社内的には賞与に連動していますので，きっちりとした継続的なルールで計算を行っておりその数値は共有されています。

【藤森】 ＥＶＡ第１号企業のコカコーラさんは，過去に発表されていたＥＶＡを，計算方法の変更に伴い変更しました。会社の都合でころころ変わると余計わかりにくくなりますので，あまり開示していただくことに対して，マーケットは要求をしていないというのが私の感想です。

【本合】 日本企業で数字を開示されている企業はまだないようです。どのように意思決定に使っていくのかということによって，ＥＶＡの計算式を変える必要が出てくることがありますので，開示される場合にはコカコーラの例のよ

うに，連続性がなくなるという点が課題になると思います。ですから外部の発表用の数値というよりも，内部的な指標としてEVAを整理されている企業が多いのだと思います。また，一般的にEVAのマイナスは即退場，というやや誤った認識も影響しているのではないでしょうか。企業から見ればEVAはマイナスだが改善はしてきているというような状況のときに，マイナスだということで批判されてはかなわない，ということです。このような理由でもう少し時期を見極めようという企業が多いのではないでしょうか。欧米の会社では，EVAの計算式や資本コストの率と併せて，EVAの計算と結果，改善額を開示されている企業も数多くあります。おそらく今後1～2年の間で日本でもそういった企業が出てくるのではないかと思います。

【司会】 ブルームバーグのデータで投資家の動きを見てみると，花王さんの外国人持ち株比率が93年の14％から，96年で20％，最近では30％超となっています。

【藤森】 やはり，外国人投資家が評価し，外国人投資家比率の高い会社は，経営の透明度だとか，クオリティが高く評価されているといえるのではないでしょうか。

【司会】 昨今話題の持ち合い解消現象に関してですが，ブルームバーグの端末で花王さんの大株主のリストを見てみますと，日本の機関投資家が売っており，外国人投資家が買っているということがわかります。山本さんも実感をお持ちですか。

【山本】 金融機関，特に銀行さんの政策保有は，ここのところずっと減っています。最近ですと，年金の代行返上に伴ってお売りになっている国内の機関投資家もあるのではないかと思います。そういった売りを吸収しているのが，

1つは自社株買い，もう1つは外国人投資家の買い入れではないかと思います。外国人株主の比率が増えるというのは，EVA経営も含めて評価していただいているということだと思いますね。

経営システムとしての有効性

【司会】　花王さんに続いて日本企業でもEVA導入が相次いでいるのですが，これが入れてみるとなかなかうまくいかないというのはどのようなところに理由があるのでしょうか。

【本合】　やはり「導入した」というのが「測るだけ」，になっているのではないでしょうか。EVAもアルファベット3つですから，ROA，ROEと同じようなものとして取り扱っていらっしゃるというようなケースだと思います。98年末に我々がオフィスを東京に開設した当時はEVAが1つの流行り言葉のように扱われていました。そのときに多くの企業が導入を発表されましたが，経営企画部門ですとか財務部門の自己満足だけで終わってしまい，実際の取組みにまで結びついていないケースが多かったようです。ほとんどの社員にとっては，それこそ，川をはさんで向こう側の出来事の数値としてしかとらえていないといったような状況です。

【山本】　花王では，社員の意識調査を行っておりますが，EVAを入れたことに対する社員の評価として，管理職の場合は8割がEVAを導入したことに賛同しています。スタッフでは，それが6割ぐらいになる。賞与の連動の割合が違うというのも1つありますが，残りの約35％は，EVAの導入の意義はわかるけれども，その効果はまだ判断できない。これは1年半前のアンケートの結果なのですが。オープンアンサーの調査では，EVAを毎年毎年改善していくということを徹底してやっていますので，短期志向になりすぎるのではない

か，あるいは，新しいことにチャレンジするということが阻害されているのではないか，というようなコメントもあります。本来は企業価値を上げることが最終的な目標であり，必要なことにチャレンジすることによって長期に渡ってＥＶＡを上げていくことが可能になるわけですので，この考え方は本当は誤解なのですが，そういう誤解を時間をかけながら解いていくしかないと思います。しかし，現実にはそういう意見も，部門によっては起こっているというのは事実です。ただ，導入当初は株価に対してのアレルギーもあり，企業価値だとか，なんでそんなことをやらなければいけないのだとか，価値観の違いだとか，そういった見方もあったわけですが，これは４年を経てだいぶ克服されています。

　【司会】　経営システムとしてのＥＶＡでよく指摘されることをもう一回確認したいのですが，どうしても短期志向になってしまうのではないかとか，新しいビジネスに出て行く場合に，どうしても保守的になってしまうのではないかということを心配する声が少なくないようなのですが，本合さん，この点についてはどういうふうに理解すればいいんでしょうか。

　【本合】　財務の数値ですから，そういう面からいえば，何にもないよりは短期的に，保守的になるかもしれません。しかしだからといってＥＶＡが問題だという議論にはならないと思います。ＥＶＡではなく経常利益であれば短期的，保守的にならないかというと，そんなことはないわけです。また，ＥＶＡを導入したので，長期的な優れた製品が開発できなくなったとおっしゃる方もいらっしゃいますが，全く管理をしなかったら，優れた製品が開発できたのかというと，そうとは限らない。重要なのは経営の意思決定の中にある程度財務的な裏付けを数値として持っておく，そして妥当な意思決定をするためにその数値というものを使っていくということだと考えています。

外圧としてのコンサルタント

【司会】 最後に,「外圧」としてのコンサルティング会社についてお聞きしたいと思います。山本さん,会社を変えるときに,外圧が役立ったということはありましたでしょうか。企業の中で変えていくということに皆さんご苦労なさっているわけですが,外から風を入れることによって,変化は起こるのでしょうか。

【山本】 EVAを入れるときに最初3ヶ月ほど,導入スタディーのプロジェクトを組んで,3ヶ月後に本格導入するかどうかを決定するプロセスを踏みました。その3ヶ月でスターン　スチュワートさんから延べ10時間ぐらい常務会でプレゼンテーションをしてもらいました。社員では10分の説明でも,なかなか聞いてもらえないこともありますから,「外圧」がそういう意味では役立ったと思います。

【本合】 EVAを計算して,ここの事業はプラスです,こちらはマイナスです,というところまではある程度簡単に到達できると思いますし,いろいろな企業さんがやっていると思います。しかし,そこで終わるのではなく,そこからどういうふうにEVAを使っていくのかということが重要です。具体的には,目標値にどういうふうに落としていくのか,指標自体が正しい意思決定を促すようなものになっているのか,具体的な取組みにどう落としていくのか,というような検討であり,そこが我々のノウハウのコアの部分です。我々がこの検討を重要視するのは,過去の実績を把握するためのいわば後ろ向きの指標としてだけではなく,前に向かってどうEVAを使っていくかということについての検討の深さが,後の経営に大きな違いとなって表れてくると思うからです。

【司会】 それでは大きな拍手をお願いいたします。どうもありがとうございました。

参 考 文 献

〔論　文〕

（第1部）
- 藤森裕司「株式市場からみたＥＶＡ」（『企業会計』Vol.51　No.12，1999年11月）

（第3部）
- 本合暁詩「「攻めの経営」への転換期　今こそ問われる真の収益力」（『週刊東洋経済』2004年1月10日号）
- 本合暁詩「会計ビッグバンとＥＶＡ」（『週刊東洋経済』2003年11月8日号）
- 本合暁詩，井上淳「ＥＶＡが日本企業にもたらしたもの－価値創造経営の現状と今後の課題－」（『証券アナリストジャーナル』2003年1月号）

〔書　籍〕

（第1部）
- Ａ・ダモダラン著『コーポレート・ファイナンス戦略と応用』（三浦良造，兼広崇明，蜂谷豊彦，中野誠，松浦良行，山内浩嗣訳，東洋経済新報社，2003年2月）
- 野口悠紀雄，藤井眞理子著『金融工学』（ダイヤモンド社，2000年6月）
- 伊藤邦雄著『ゼミナール　現代会計入門』（日本経済新報社，2003年1月）
- 伊藤邦雄編著『企業価値を経営する』（東洋経済新報社，1999年5月）
- ツビィ・ホディ，ロバート・Ｃ・マートン著『現代ファイナンス論』（大前恵一郎訳，ピアソン・エデュケーション，2000年6月）
- トム・コープランド，ティム・コラー，ジャック・ミュリン著『企業価値評価』（マッキンゼー・コーポレート・ファイナンス・グループ訳，ダイヤモンド社，2003年12月）

- Krishna G. Palepu, Victor L. Bernard, and Paul M. Healy "Introduction to Business Analysis & Valuation", South—Western, A division of International Thomson Publishing Inc.

(第3部)
- スターン スチュワート著『EVAによる価値創造経営－その理論と実際－』（ダイヤモンド社, 2001年12月）
- Ehrbar, Al "EVA：the real key to creating wealth", John Wiley & Sons, Inc., 1998
- Stern, Joel M. with Ross, Irwin "Against the grain：how to succeed in business by peddling heresy", John Wiley & Sons, Inc., 2003

索　引

■あ
ROE …………………………………98
ROA ……………………………97, 223
IR ……………………… 245, 252, 257
IRR（内部収益率）…………………65
アセット・ファイナンス
　（Asset Finance）……………………8
アンシステマティック・リスク
　（非市場リスク）……………………45

■い
EBITDA ……………………………172
EV／EBITDA倍率 …………………137
EVA …………………………………156
EVAスプレッド ……………………195
EVAドライバー ………211, 213, 222, 235
EVAの計算 …………………………109
インタレスト・カバレッジ・レシオ……87

■え
エクイティー・ファイナンス
　（Equity Finance）……………………8
NPV（Net Present Value）………64, 202
FGV …………………………………163
M&A ……………………………………3
MM理論の問題点 ……………………59
MVA ……………………114, 153, 199
エンタープライズバリュー（EV）……121

■お
オペレーティング・リース取引…………15

■か
会計制度改革 ………………………170
回収期間法（Payback Period）………64
改善 …………………………177, 184, 187
加重平均資本コスト …………………55
株価キャッシュフロー倍率 …………137
株価収益率 …………………………135
株価純資産倍率 ……………………136
株主資本コスト …………………21, 168

■き
CAPM（Capital Asset Pricing
　Model）………………………………21
共分散（Covariance）………………29
銀行EVA ……………………………177

■け
限界利益分析 ………………………123

■こ
効率的フロンティア …………………38
コーポレート・ガバナンス
　（企業統治）…………………160, 224
コマーシャル・ペーパー………………9

■さ
最適ポートフォリオ …………………44
財務レバレッジ ………………………98
サステイナブル成長率 ………………54

■し
CEO（Chief Executive Officer）……2
CFO（Chief Financial Officer）………2
COV …………………………………163
システマティック・リスク
　（市場リスク）………………………45
資本コスト ………………20, 175, 176, 191
資本市場線（Capital Market Line）……42
資本費用 ……………………………110

社債 …………………………………… 9
修正されたMM命題 ………………… 59
証券市場線（Security Market Line：
　ＳＭＬ）…………………………… 48

■す

ストック・オプション ………… 237, 239

■せ

ゼロ％利益成長モデル ……………… 127

■そ

相関係数 ……………………………… 33

■た

ターミナル・バリュー ……………… 108

■ち

調整項目 ………………………… 173, 176
直接原価計算 ………………………… 123

■て

ＴＯＢ ………………………………… 77
デット・ファイナンス
　（Debt Finance）………………… 8
デフォルト・リスク ………………… 11
転換社債型新株予約権付社債 ……… 19

■と

トレード・オフ理論 ………………… 60

■ね

ネット負債 …………………………… 121

■の

ＮＯＰＡＴ ……………………… 109, 129

■は

配当のアナウンスメント効果 ……… 75

配当利回り（Dividend yield）……… 134
配当割引モデル（Dividend Discount
　Model）………………………… 21, 51
バランス・スコアカード ……… 181, 237
バリュードライバー分析 …………… 150

■ひ

非経常項目 …………………………… 171
標準偏差 ……………………………… 35

■ふ

ファイナンス・リース取引 ………… 15
フリー・キャッシュフロー ………… 5
分散（Variance）…………………… 22

■へ

ベータ（β）…………………… 47

■ほ

ポートフォリオ理論 ………………… 21
ボーナス・バンク …………………… 229
保守主義 ……………………………… 169

■む

無差別曲線 …………………………… 43

■ゆ

優先株 ………………………………… 18
優先株式 ……………………………… 17

■よ

４Ｍ …………………………………… 159

■り

リース ………………………………… 14

執筆者紹介

井上　貴裕（いのうえ　たかひろ）（第1部担当）
（有）井上ファイナンシャルアソシエイツ代表取締役

　組織再生等に関する財務コンサルティング業務及び企業研修の講師を主たる業務としている。メガバンク，外資系金融機関，政府系金融機関をはじめとする財務系及び金融系研修での豊富な講義経験を持っている。
　1997年明治大学経営学部卒業後，明治大学大学院（1999年）及び上智大学大学院（2001年）にて2つの経営学修士号を取得（MBA）。
　著書に『会社の数字を読む事典』（学習研究社）。

矢崎　芽生（やざき　めい）（第1部担当）
会計士補

　現在明和監査法人にて監査業務に従事している。
　2000年慶應義塾大学商学部卒業。

藤森　裕司（ふじもり　ゆうじ）（第2部担当）
ゴールドマン・サックス証券会社　東京支店　投資調査部　ヴァイス・プレジデント
日本証券アナリスト協会検定会員，会計士補

　野村総合研究所にて約5年間，日用品業界のアナリストとして勤務した後，1998年2月にゴールドマン・サックス証券会社に入社。2002年インスティテューショナル・インベスター紙のアナリスト・ランキングで「食品部門」において第1位に選ばれる。2002年下半期に調査担当セクターを民生用エレクトロニクスに変更。2004年インスティテューショナル・インベスター紙のアナリスト・ランキングで「民生用電機機器部門」において第5位に選ばれる。
　1993年一橋大学経済学部卒業。

本合　暁詩（ほんごう　あかし）（第3部担当）
　スターン　スチュワート　日本支社長

　新日本製鉄を経てスターン　スチュワートに入社。化学，医療機器，住宅，不動産，小売，飲料，運輸，精密機器，医薬等の業界における数々の価値創造経営プロジェクトを先導。国際大学大学院国際経営学研究科非常勤講師（価値創造マネジメント）。国際基督教大学，マギル大学MBAプログラム等において特別講義を担当。
　1993年慶應義塾大学法学部卒業，1999年国際大学国際経営学研究科修了（MBA）。
　共著に『EVAによる価値創造経営　その理論と実際』（ダイヤモンド社）他，論文・寄稿多数。

著者との契約により検印省略

平成16年8月8日　初版第1刷発行	CFOのための バリュエーションと企業価値創造

著　者	井　上　貴　裕 矢　崎　芽　生 藤　森　裕　司 本　合　暁　詩
発行者	大　坪　嘉　春
印刷所	税経印刷株式会社
製本所	株式会社　三森製本所

発行所　東京都新宿区　　株式　税務経理協会
　　　　下落合2丁目5番13号　会社
郵便番号 161-0033　振替 00190-2-187408　　電話(03)3953-3301(編集部)
　　　　　　　　　FAX (03)3565-3391　　　　(03)3953-3325(営業部)
URL　http://www.zeikei.co.jp/
乱丁・落丁の場合はお取替えいたします。

Ⓒ　井上貴裕・矢崎芽生・藤森裕司・本合暁詩　2004

本書の内容の一部又は全部を無断で複写複製（コピー）することは，法律で認められた場合を除き，著者及び出版社の権利侵害となりますので，コピーの必要がある場合は，予め当社あて許諾を求めて下さい。

Printed in Japan

ISBN4-419-04424-1　C2034